Business Analysis

洞察真实商业世界的
逻辑与策略

王彦平 著

电子工业出版社
Publishing House of Electronics Industry
北京·BEIJING

内容简介

本书可以帮助职场人跨越职场鸿沟，从熟练技工成长为管理者。本书提供了一条从管理者的核心能力（远见）到管理者的交付物（战略规划）和战略落地的（实战策略）的清晰路径。本书以真实的商业故事为背景，以军事战略与企业战略的类比为方法，并以真实商业世界的策略验证为闭环，带领读者理解商业策略的底层逻辑，建立商业思维。

本书中深入底层的商业逻辑、真实的企业案例、独到的运营策略适合企业管理者、经营分析师和数据分析师，以及迫切希望突破职场"天花板"的职场人阅读。

未经许可，不得以任何方式复制或抄袭本书之部分或全部内容。
版权所有，侵权必究。

图书在版编目（CIP）数据

商业分析：洞察真实商业世界的逻辑与策略 / 王彦平著 . —北京：电子工业出版社，2024.5
ISBN 978-7-121-47709-6

Ⅰ．①商… Ⅱ．①王… Ⅲ．①商业信息－数据处理 Ⅳ．① F713.51
中国国家版本馆 CIP 数据核字（2024）第 077369 号

责任编辑：张慧敏　　　　　特约编辑：田学清
印　　刷：北京宝隆世纪印刷有限公司
装　　订：北京宝隆世纪印刷有限公司
出版发行：电子工业出版社
　　　　　北京市海淀区万寿路 173 信箱　　邮编：100036
开　　本：720×1000　1/16　　印张：17.5　　字数：351 千字
版　　次：2024 年 5 月第 1 版
印　　次：2024 年 5 月第 1 次印刷
定　　价：109.00 元

凡所购买电子工业出版社图书有缺损问题，请向购买书店调换。若书店售缺，请与本社发行部联系，联系及邮购电话：（010）88254888，88258888。

质量投诉请发邮件至 zlts@phei.com.cn，盗版侵权举报请发邮件至 dbqq@phei.com.cn。
本书咨询联系方式：faq@phei.com.cn。

前言 PREFACE

> 师夷长技以制夷。
>
> ——魏源《海国图志》

为了更详尽地解释商业分析的概念，从而让读者更容易理解真实商业世界的逻辑与策略，本书列举了许多真实商业世界中的案例，从商业的角度对这些案例进行描述、分析、解释和说明，让读者从中汲取对自己有用的精华，同时剔除其中不合时宜的糟粕。笔者希望本书能对正在学习商业分析的读者有所启发。

为什么写本书

1946 年，现代管理学之父彼得·德鲁克（Peter Drucker）在《公司的概念》中描述了企业中的管理者和熟练技工这两类人：

> 管理者必须具备的能力与熟练技工需要掌握的技术截然不同。前者的要求更高、更抽象。熟练技工只需要懂得他的工具如何使用，管理者则必须理解大规模生产的原理，而且他们必须把这些原理运用到人员和原材料的组织上去，这些都不是熟练技工需要掌握的东西。另外，大规模生产的原理是可以通过学习了解到的，而技术只能依靠多年的实践才能获得。

管理者和熟练技工就相当于如今企业中的通才和专才。我们在每一家企业中都能找到这两类人。从熟练技工到管理者，从专才到通才，是每一个职场人都需要跨越的鸿沟。

但是，市面上现有的书大都只单独关注其中的一类人。数据分析、Python、Excel、SQL 等工具书只告诉专才如何进一步提升他们的技能。战略、组织、企业管理类的书则是站在通才的角度从理论层面进行介绍的。

以上问题造成职场人在工作中和职业发展上的巨大鸿沟。在工作中，专才精通于自己的专业技能和工具操作，但缺少商业常识，无法洞察真实商业世界的底层逻辑。而在职业发展上，专才很难成长为通才。这正是本书想填补的空白。本书从熟练技工的视角出发，以工具书的讲解模式对真实的商业世界进行讲解，对管理者的商业远见、战略规划等知识进行拆解，以真实的企业案例作为背景，带领读者进入真实的商业世界，跨越职业鸿沟，突破职场发展的"天花板"。

本书的知识结构

管理者最重要的生存技能是什么？这是职场人非常关心的问题，也是本书首先要回答的问题。

本书以远见开篇，以商业环境、战略规划和实战策略为主线完整地呈现出商业思维逻辑和实战方法论，并在每一篇中，通过对驱动因素进行拆解，清晰地阐述底层逻辑。

在商业环境篇（第 1～4 章）中，读者可以看到管理者的核心生存技能（对商业环境的远见），由人口变化带来的技术、经济、社会和政策变化对商业环境的影响，以及管理者对远见的交付物——企业战略。

在战略规划篇（第 5～7 章）中，读者可以看到战略规划背后的思考与逻辑、步骤与节奏，并且可以完整地参与一次从 0 到 1 的市场渗透过程，以及从 1 到 100 进入主流市场的战略执行过程。

在实战策略篇（第 8～12 章）中，读者可以学习到真实商业世界中的商品组合、商品库存、商品定价、广告及营销、商品布局和展示等策略，并且可以在现实场景中寻找、体验、验证这些干货。

本书的特色

本书是一本从战略到策略的综合实战商业书，书中所涉及的案例、企业、人物、策略均为真实的。同时，本书通过以下几种方法确保读者在阅读过程中有兴趣、看得懂、学得会、能上手、可验证。

读者，有兴趣

本书以一个个真实的商业故事为例，对远见、战略和各种商业策略进行讲解，没有枯燥的公式和方法论。同时，本书以从商业的视角看电影这种轻松的方式提高读者的阅读兴趣。

内容，看得懂

本书使用广泛类比的方法对商业概念、战略和策略进行解释与说明。在战略方面，本书将军事战略与企业战略进行详细的比较。此外，本书还将马拉松比赛与行业终局进行类比，将篮球比赛中的"挡拆"战术与商品组合策略进行类比等。

概念，学得会

本书将抽象、晦涩的商业概念和战略名词拆解为一个个具体的案例、事件及过程，并对其中的每个部分都进行详细解释。

策略，能上手

读者在阅读本书时不需要具备任何专业背景和基础知识，因为书中的概念和涉及的知识点都被拆解到底层了。

干货，可验证

本书内容干货满满，所有策略都可以在现实世界中被发现并进行验证。

本书适合的读者

本书适合的读者有企业管理者、经营分析师和数据分析师。本书中的真实案例可以拓宽管理者的思路，策略及方法可以将经营分析师和数据分析师从抽象的数字及报表中拉回真实的商业世界，帮助其理解商业世界的底层逻辑，培养商业思维。

本书适合的读者还有职场中的专业型人才。面对越来越残酷的竞争环境、不断增长的年龄、越来越近的职场"天花板"，如何从熟练技工成长为管理者成为职场中的专业型人才无法回避的问题。本书中清晰的学习路径和翔实的商业案例正是解决这个问题的"一剂良药"。

本书的学习建议

管理者正向且有重点地阅读

笔者建议管理者从第 1 章开始正向阅读，重点阅读第 3 章、第 5 章、第 6 章、第 7 章。其中，第 3 章中军事战略与企业战略的对比可以大大拓宽管理者的思路；第 6 章中的反客为主、离间计、偷梁换柱、远交近攻、瞒天过海和釜底抽薪则是经过验证的商业策略。

职场人逆向且有重点地阅读

笔者建议职场人从接地气的实战策略篇开始阅读，即从第 8 章开始逆向阅读，重点阅读第 8～12 章。笔者在这些章节以工具使用说明书的方式讲解了 5 个可以上手实操的商业策略，因此本书可作为职场人的案头运营工作手册。

经营分析师和数据分析师等相关从业者通读全书

笔者建议经营分析师和数据分析师等相关从业者通读全中，通过完整地学习宏观的商业环境和微观的运营策略来理解业务的底层逻辑，从而摆脱工具人思维，建立商业人思维。

致谢

特别感谢电子工业出版社的张慧敏老师，从选题到立项，再到后期的审校，她都从专业视角提供了宝贵的建议，并付出了大量时间和精力。

王彦平

目录
CONTENTS

01 第1篇 商业环境篇

第1章 持续增长的秘密
- 1.1 远见是对商业增长的自信　003
- 1.2 如何获得远见　005
  - 1.2.1 前置指标是变化的风向标　006
  - 1.2.2 前置指标背后的底层逻辑　009
- 1.3 每家企业都离不开的两类人　010
  - 1.3.1 管理者和熟练技工　010
  - 1.3.2 如何辨别通才和专才　010

第2章 商业环境演进的底层逻辑
- 2.1 商业分析的原点　016
- 2.2 如何预测及预测什么　017
  - 2.2.1 你到底在预测什么　018
  - 2.2.2 预测中的变与不变　027
- 2.3 谁在改变商业环境　029
  - 2.3.1 变革的星星之火：技术　029
  - 2.3.2 技术的最佳搭档：经济　030
  - 2.3.3 剧变的开始：社会　031
  - 2.3.4 边界和围栏：政策　032
- 2.4 用终局思维理解行业　032
  - 2.4.1 所有行业都来自家庭　033

2.4.2 理解后工业社会和服务经济　034
2.5 行业的终局模式　035
2.5.1 惨烈竞争模式——完全竞争　036
2.5.2 效率领先模式——垄断竞争　037
2.5.3 利润控制模式——寡头垄断　038

第3章　军事战略 vs 企业战略
3.1 如何赢得一场战役　040
3.2 如何赢得一次商业竞争　041
3.2.1 企业战略是军事战略的延伸　042
3.2.2 成功的企业创造价值，失败的企业追逐利润　042
3.2.3 商业竞争的3个智慧：天时、地利、人和　045
3.2.4 道与术，战略与战术　047
3.3 为什么我的战略没有用　048
3.3.1 人是战略最大的门槛　048
3.3.2 环境是战略最大的制约　049
3.3.3 速度是战略最大的优势　050
3.4 每个企业战略都需要环境、能力、领导力和价值观的支撑　051
3.4.1 环境扫描和分析——抓住机会，规避风险　052
3.4.2 能力来自人才的组织方式　052
3.4.3 理解领导力的本质　055
3.4.4 价值观是企业战略路径上的"面包屑"　058

第4章　商业分析的本质是对人口的洞察
4.1 理解人口在商业中的作用　061
4.1.1 从统计年鉴中寻找线索　062
4.1.2 财报中永恒的"主角"：人口规模　064
4.2 理解人口与新技术的相互影响　066
4.2.1 新技术如何促进人口规模增长　067
4.2.2 技术创新的8个阶段和技术变革的7个主要方向　068

4.3　理解新技术带来的经济环境改变　071
　　4.3.1　技术通过有收入人口影响经济　071
　　4.3.2　技术创造出新职业　072
4.4　理解新技术带来的社会环境改变　073
　　4.4.1　技术对社会环境的具体影响　073
　　4.4.2　人们对社会环境的适应方式　075
4.5　理解技术、经济和社会对政策的影响　076
　　4.5.1　主动变化：新技术带来的政策变化　077
　　4.5.2　被动变化：政策适应技术和社会的改变　078

02 第 2 篇 战略规划篇

第 5 章　如何开始一次完整的战略规划

5.1　战略由目标激发　083
　　5.1.1　目标出现问题，战略就被激发　083
　　5.1.2　如何看清问题的本质　084
5.2　战略的终点和方向　085
　　5.2.1　目标是终点　086
　　5.2.2　业务是方向　086
5.3　商业环境扫描　087
　　5.3.1　如何发现环境中的机会　088
　　5.3.2　佳能的商业环境扫描案例　090
　　5.3.3　佳能战略中的 PEST 因素拆解　093
5.4　企业能力评估　093
　　5.4.1　什么是企业的核心竞争力　094
　　5.4.2　如何使用企业的核心竞争力　096
5.5　理解企业的组织结构变革　099
　　5.5.1　福特汽车公司的战略与组织问题　099
　　5.5.2　组织变革从归类开始　100

第 6 章　从 0 到 1，占领商业战役的第一块市场

6.1　商业战役中的先行者优势　104
- 6.1.1　竞争的差距：先发优势　105
- 6.1.2　竞争的差距：经验优势　107

6.2　商业战役中的洞察与策略　109
- 6.2.1　如何抓住市场中的机会　109
- 6.2.2　产品策略由谁来决定　110

6.3　进入市场的 3 种策略　111
- 6.3.1　突破性产品——反客为主　112
- 6.3.2　竞争性产品——离间计　113
- 6.3.3　改进性产品——偷梁换柱　115

6.4　商业中"排兵布阵"的 3 种策略　122
- 6.4.1　与市场主流产品兼容——远交近攻　123
- 6.4.2　投资互补产品——瞒天过海　126
- 6.4.3　建立有优势的标准——釜底抽薪　128

第 7 章　从 1 到 100，进入主流市场的 5 种战略

7.1　理解产品对战略方向的影响　132

7.2　如何快速向主流市场渗透　135
- 7.2.1　理解垂直一体化战略　135
- 7.2.2　理解水平一体化战略　138
- 7.2.3　向主流市场渗透的"刹车点"　141

7.3　先行者的反击　143
- 7.3.1　看不见的"护城河"　143
- 7.3.2　理解资金在企业扩张中的作用　143

7.4　如何在主流市场中增长　147
- 7.4.1　理解市场扩张战略　147
- 7.4.2　理解产品扩张战略　149

7.5　如何突破行业的"天花板"，实现增长　151

03 第 3 篇
实战策略篇

第 8 章　如何摆放商品——理解商品组合策略

8.1　理解商业运营中的 6 类商品　157

　　8.1.1　看不懂的东西——新奇商品　158
　　8.1.2　炫耀和展示——流行商品　159
　　8.1.3　每个人的刚需——基本商品　160
　　8.1.4　塑造影响力——专业化商品　161
　　8.1.5　双胞胎组合——最畅销商品和高毛利商品　162

8.2　运营中的商品势能法则　163

　　8.2.1　新奇商品的广告与营销势能　164
　　8.2.2　流行商品的引流与留存势能　164
　　8.2.3　最畅销商品和高毛利商品的购买与毛利势能　165
　　8.2.4　基本商品和专业化商品的竞争与传播势能　167

8.3　成功与失败的差距在于商品组合方式　169

　　8.3.1　如何操纵概率——商品摆放组合策略　170
　　8.3.2　人为提供暗示——商品展示组合策略　171
　　8.3.3　最后的明示——商品推荐组合策略　172

第 9 章　买与卖的节奏——理解商品库存策略

9.1　买的对是第一步——商品采购策略　176

　　9.1.1　如何对流行趋势进行预测　177
　　9.1.2　按采购日历订购商品　179
　　9.1.3　预防采购失误的对策和采购失误的代价　184

9.2　永远保持克制——最小完整库存策略　185

　　9.2.1　库存的"量"：规模　186
　　9.2.2　库存的"量"：数量　188
　　9.2.3　库存的"质"：商品类别　189

9.3　永远先人一步——商品快速售卖策略　191

　　9.3.1　按销售日历售卖商品　192

9.3.2　自动定期降价策略　　195

第 10 章　谁来决定商品价格？——商品定价策略

10.1　从讨价还价到单一固定价格的底层逻辑　　200
10.1.1　集市中的讨价还价　　200
10.1.2　现代商店的单一固定价格　　201
10.1.3　理解定价策略与供给的关系　　203

10.2　从单一固定价格到三分式定价策略　　204
10.2.1　5 美分和 10 美分定价策略　　204
10.2.2　三分式定价策略的雏形　　205

10.3　定价是对消费水平的洞察　　206
10.3.1　定价是客户群体与库存成本的函数　　208
10.3.2　三分式定价策略促进关联商品的销售　　209

10.4　商品价格创造的"成功阶梯"　　209
10.4.1　主要品牌和辅助品牌　　209
10.4.2　建立商品的"价格锚点"　　211
10.4.3　iPhone 的定价策略　　212

第 11 章　如何创造幻想？——广告及营销策略

11.1　看得懂是最有效的策略　　218
11.1.1　为什么说广告是幻想的起点　　219
11.1.2　写出高中生能懂的广告及营销内容　　222

11.2　理解广告技巧和场景化营销策略　　225
11.2.1　巴纳姆的 12 项广告策略　　225
11.2.2　韦奇伍德的场景化营销策略　　233

11.3　你理解的广告不是真实的广告　　235
11.3.1　橱窗中的广告策略　　235
11.3.2　价格战中的广告策略　　237
11.3.3　爆款商品的广告策略　　239
11.3.4　商品名称中的广告策略　　240

第 12 章 如何展示商品？——商品布局和展示策略

12.1 理解商店场景在销售中的作用　　246
12.1.1 创造吸引力——商店布局的目标　　246
12.1.2 提高曝光率——整体布局策略　　247
12.1.3 平效优先——位置和空间分配策略　　248
12.1.4 引导客户视觉——货架设计策略　　250

12.2 没有最好，只有最合适——商品展示策略　　252
12.2.1 广泛大量展示策略　　253
12.2.2 特别展示策略　　254
12.2.3 组合展示策略　　255
12.2.4 杂乱展示策略　　256
12.2.5 标牌展示策略　　256

12.3 色温的"魔术"——商品的照明策略　　257
12.3.1 照明对商店和商品的影响　　258
12.3.2 如何利用照明促进商品销售　　258

12.4 真实商品的布局和展示策略　　260
12.4.1 杂货的布局和展示策略　　260
12.4.2 肉类的布局和展示策略　　261
12.4.3 烘焙食品的布局和展示策略　　262

参考文献

01 商业环境篇

第 1 篇

商业环境篇

> **羚羊与猎豹的故事**
>
> 在自然界中，猎豹的奔跑速度可以达到 115 千米/时左右，是所有动物中的短跑冠军，羚羊的速度则是 70~110 千米/时。在羚羊的世界里，生存不是简单地依靠速度和一时的能力爆发，而是依靠对环境和危机的时刻观察和判断。
>
> 对生存环境进行扫描，提前发现危险的羚羊成功地活了下来，继续成长、繁衍、壮大。我们认为这种行为有远见。

第 1 章
持续增长的秘密

与自然界相似,在真实的商业世界中,只有能够对环境进行扫描,适应变化,不断进化,并且有远见的企业才能生存下来,获得持续性的增长。

迈克尔·波特(Michael Porter)在他的《竞争战略》一书中指出:

企业盈利能力的第一个基本决定因素是行业吸引力。行业盈利能力不是产品外观或技术含量的函数,而是行业结构的函数。每家企业的管理者都知道,选择一个有吸引力的行业获得成功,比在没有吸引力的行业里努力要容易得多。很明显,方向重于速度,选择大于努力。

> 要点金句:选择大于努力,在一个富有吸引力的行业获得成功,比在没有吸引力的行业里努力要容易得多。

要在真实的商业世界中做出正确的选择,就需要对所处的环境进行分析和判断,从中发现危险并寻找机会。就像羚羊对环境危机的观察和判断一样,我们把企业对环境和危机持续进行观察与判断的过程称为商业环境扫描。如图 1-1 所示,我们把从环境扫描到寻找机会,再到进行决策的完整过程称为商业分析。

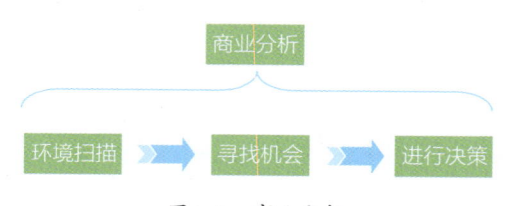

图 1-1　商业分析

1.1 远见是对商业增长的自信

1903 年,梅西百货在先驱广场的新商店开业。一天晚上,创始人罗兰·梅西（Rowland Macy）带着女儿步行回家。当走到百老汇的帐幕前时,罗兰·梅西停了下来并对女儿说:

> 弗洛伦斯（Florence）,我要你非常小心地时刻注意这个角落,半个世纪后,纽约的商业活动将集中在三十四街和四十二街之间。这里将成为这座美丽城市未来的商业中心。

罗兰·梅西的远见是正确的,此时宾夕法尼亚铁路公司已经制订了进入曼哈顿的宏伟计划,每天将有 16 万人通过铁路进入纽约。

罗兰·梅西的成功取决于他独有的一种能力:有远见。更具体地说,他的成功源于他对当时美国的城市化趋势,以及纽约和先驱广场在城市化过程中所扮演的角色的准确判断。这种远见让他在为新商店选址时,敢于以 25 万美元的天价购买一个 30 英尺（1 英尺 =0.3048 米）×50 英尺的突出"尖角",并且坚信它是打开整个先驱广场的"钥匙"。梅西百货在先驱广场中的位置如图 1-2 所示。

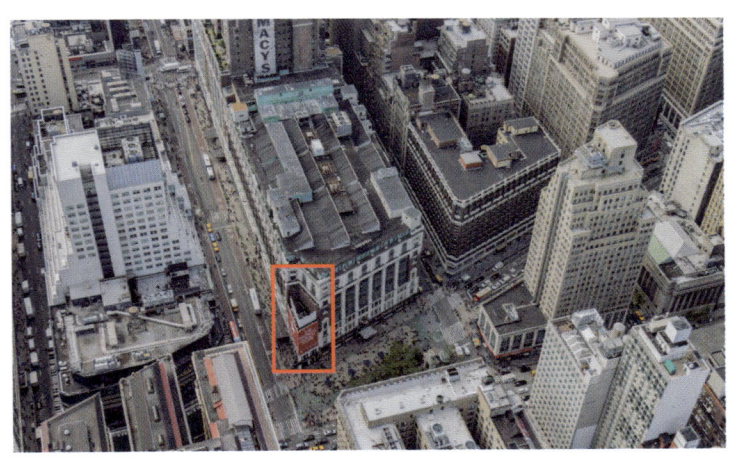

图 1-2　梅西百货在先驱广场中的位置

中国围棋中有一句古老的术语"金角银边草肚皮",指的是围棋中相同的棋子落在棋盘的位置不同,获得的效率和结果就完全不同,角上围得最多,边上次之,中腹最不易围空。不知道罗兰·梅西是否了解中国围棋中蕴含的古老智慧,但他确确实实地在真实的商业世界中展现了围棋中的智慧。

鸟瞰梅西百货在先驱广场中的位置,与"金角银边草肚皮"这句话不谋而合,如

图 1-3 所示。从图 1-3 中可以直观地看到突出的三角位于先驱广场中 6 条主要大街的交汇点，位置十分重要。

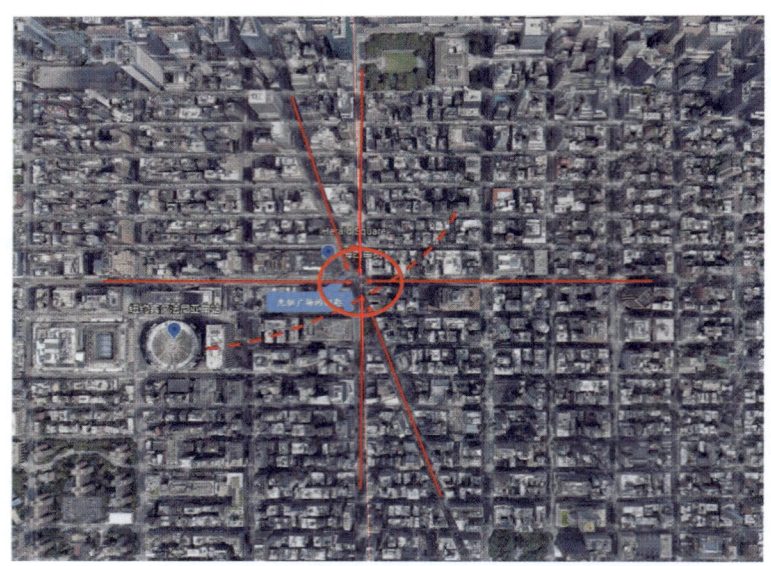

图 1-3　梅西百货在先驱广场中的位置鸟瞰图

有远见是每个成功者的基本能力，拥有远见的人，我们称之为通才。这种通才不只是罗兰·梅西一个人。1917 年，《福布斯》杂志的创办人贝蒂·查尔斯·福布斯（Bertie Charles Forbes）统计了美国前 50 位企业家的基本信息，其中 24 人出身平民阶层。纪录片《美国商业大亨传奇》讲述了这些企业家的故事。

这些成功者与其他人最大的区别就是拥有远见。这种能力让他们在面对危机时能做出正确的选择。比起传奇的经历和成功的结果，我们更感兴趣的是他们如何获得远见。

1. 消息和实地观察带来的远见

1886 年，"杂货之王"伍尔沃斯（Woolworth）听到同行开始向纽约扩张的消息，便跟随到达纽约，并这样描述当时的情景：

自由女神像刚刚揭幕，纽约还只是一个满是待建设，铺着鹅卵石路面和马车的大工地，城市中最常见的标注是"危险！当心起重机！"。

这些场景验证了伍尔沃斯心中的远见（1880 年，美国的乡村人口比例为 71.8%，农业创造的财富占全美国财富的 56%。随着城市化的开始，人口和财富开始向城市转移）。

2. 数据带来的远见

1913 年，詹姆斯·彭尼（James Penney）把商店从乡村迁移到纽约，并把名字从"金科玉律杂货店"更改为"彭尼百货"。1925 年，邮购企业西尔斯·罗巴克的第三任总裁罗伯特·伍德（Robert Wood）在人口统计年鉴中发现了他的远见——将西尔斯·罗巴克的业务从乡村转向城市，开始在城市中建立实体零售商店。

无论是消息还是数据，都是一个事物的两个不同面。回过头来对这些成功的企业进行复盘就会发现，无论是梅西百货、FW 伍尔沃斯公司、彭尼百货，还是西尔斯·罗巴克，都通过城市化进程实现了巨大的增长，而这都依赖于创始人的远见。

有远见不仅是企业持续增长的秘密，还是商业世界中每个管理者必备的基本能力（缺乏这种能力的管理者，我们称之为"伪高管"）。每一次宏大的社会趋势和变革都会成为企业增长的重要驱动力，我们将这种驱动力称为风口。

> ⏰ **要点金句**：有远见是每个管理者必备的基本能力，缺乏远见的管理者很容易变成"伪高管"。

1.2 如何获得远见

如何获得远见呢？大多数时候这种能力会被神化，被归因为一种禀赋、运气或者商业直觉，甚至是灵光一现。但实际情况远没有这么"玄幻"，商业枭雄也不是神。获得远见有迹可循。

仔细分析成功者的轨迹就会发现，罗兰·梅西的远见来自试错，他的前两次创业都不在纽约，并以失败结束，直到他随着城市化进程举家搬迁到纽约；伍尔沃斯的远见来自他跟随同行在纽约的亲眼所见；罗伯特·伍德的远见来自他对人口统计年鉴中数据变化的兴趣。无论是误打误撞、跟随趋势，还是洞察数据，都是远见的预兆。我们将这些预兆称为远见的信使：前置指标。

> ⏰ **要点金句**："横看成岭侧成峰"，从不同角度看问题会得到不同的答案。解决商业问题最有效的方法是类比分析。

通过对前置指标的学习、量化和分析，发现不同指标间相互影响的顺序和规律就可以获得远见。其中最重要、最有效的方法是类比分析。历史总会高度相似，但又不是简单地重复。过去的教训为未来的行为提供指导，在商业行为中也是如此。

那么，什么是前置指标呢？

前置指标在生活中非常常见，如在盛夏炎热的午后，当天空中乌云密布、电闪雷鸣、狂风大作时，我们就知道马上要下雨了。乌云、闪电、雷声和狂风就是下雨这件事的前置指标。

1.2.1 前置指标是变化的风向标

前置指标可用于替代不断试错及实际观察，是发生在重要事件之前的一些现象和变化。金鱼浮水、打闪、乌云密布、蜻蜓低飞、闷热、蚂蚁搬家、狂风大作、打雷等都是下雨的前置指标，如图1-4所示。前置指标就像远见的信使，大声宣告着即将到来的变革。能够读懂这些前置指标的人，就获得了远见。

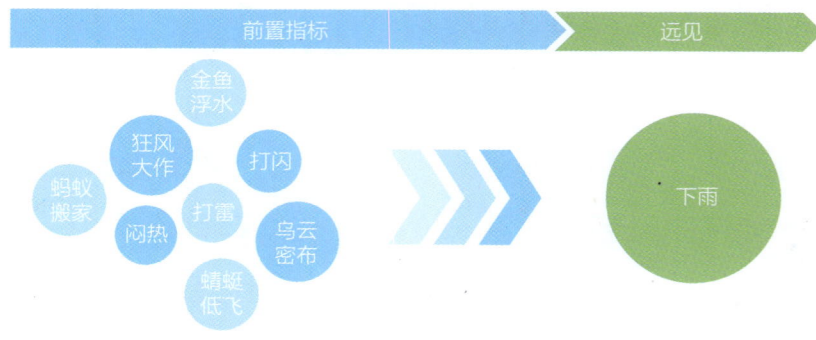

图1-4 下雨的前置指标

按照这种方法去思考就会发现，前置指标很简单，我们在日常生活中做出很多判断和决策都是依靠前置指标进行的。按照这种方法继续思考，人口出生率是婴儿用品市场的前置指标，人口老龄化是老年用品市场的前置指标，结婚率是大家电市场的前置指标，可支配收入是市场需求的前置指标等。大部分事件在发生之前都有明确的前置指标，找到这些前置指标并不困难。

1. 通用汽车公司的前置指标

1922年，杜邦分析法的创始人、通用汽车公司的财务总监唐纳森·布朗（Donaldson Brown）通过前置指标获得远见。唐纳森·布朗通过关注未来人口数量、人均收入、公路建设里程等多个前置指标对通用汽车公司从采购、资源分配、制造到销售的流程进行控制和协调（见图1-5），使内部的管理更加适应外部的市场变化。

图 1-5　通用汽车公司的前置指标

2. 向前一步的前置指标

当唐纳森·布朗通过前置指标协调通用汽车公司的生产时，自己也成为石油行业中一个关键的前置指标。

1912 年，随着电力和汽油发动机技术的普及，新泽西标准石油公司（现在是埃克森美孚公司的一部分）的总裁沃尔特·蒂格尔（Walter Teagle）发现主要产品从煤油变成了汽油，而汽车市场的变化与汽油市场的增长息息相关。当汽车的生产和消费高速增长时，汽油和润滑油市场也快速发展。同样，汽车生产减慢也会导致汽油的出货量趋于平缓。

汽车的潜在需求量成为汽油和润滑油的市场需求的前置指标，如图 1-6 所示。新泽西标准石油公司的原油采购、炼油和生产都需要根据汽车市场的变化进行控制和协调。

图 1-6　汽油和润滑油的市场需求的前置指标

3. 向后一步的前置指标

汽车的潜在需求量、汽油和润滑油的市场需求又成为零售业的前置指标，如图 1-7 所示。1930 年，迈克尔·库伦（Michael Cullen）观察到汽车的普及改变了人们的购物习惯，他在写给克罗格管理层的信中解释了他的远见和背后的逻辑：

首先，人们的移动距离增加了、速度提高了，这意味着他们不必一定要去家门口的商店购买产品。拥有汽车的人可以开车到距离更远的商店选购产品。

其次，为了吸引这些消费者，商店必须拥有足够大的停车场。

1930年，迈克尔·库伦辞掉了在克罗格的职位，开设了一家大型商店——金库伦联合商店。它是超级市场（简称超市）的雏形。

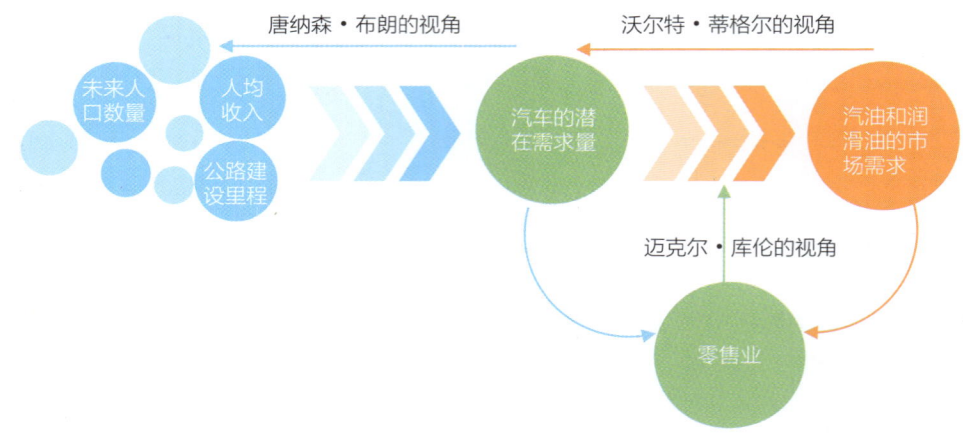

图1-7　迈克尔·库伦逻辑中零售业的前置指标

如今，这些前置指标依然在发挥作用，影响着零售业。亚马逊在财报电话会中回答"燃油价格上涨对业务有何影响"这个问题时这样说：

汽车燃油价格上涨会增加消费者的日常开销，这将挤走消费者用于购物的预算，甚至会影响消费者的信心，改变他们的购物习惯。这些习惯可能包括购物频次、购买的产品组合和订单总价等。而对亚马逊的物流服务来说，燃油价格上涨会增加运输和产品交付成本、降低毛利。但是与开车到实体店购物相比，由于汽车燃油价格的不确定性，消费者会选择固定价格的Prime会员服务，通过拼单等形式均摊成本。在这种情况下，亚马逊的Prime会员服务变得更有价值。

4. 知易行难的前置指标

从通用汽车公司的视角来看，未来人口数量、人均收入、公路建设里程是汽车的潜在需求量的前置指标；从新泽西标准石油公司的视角来看，汽车的潜在需求量是汽油和润滑油的市场需求的前置指标；从零售业超市的角度来看，汽车的潜在需求量、汽油和润滑油的市场需求都是零售业的前置指标。

发现这些前置指标并不难，难的是如何选择有价值的前置指标，以及如何预见这些前置指标的变化和变化方向。在选择和分析前置指标时，我们应该向前看多宽、看多深？

我们应该如何发现和判断其中的相关和因果关系？毕竟不是每个人都有和罗兰·梅西一样的胆量。

1.2.2 前置指标背后的底层逻辑

利用前置指标，我们可以在不进行试错和实地观察的情况下产生远见。深入关注前置指标的人能够获得远见，广泛关注前置指标的人会有更多的机会。

很明显，更深入关注未来人口数量、人均收入、公路建设里程指标的唐纳森·布朗更好地协调了生产和销售的关系；更广泛关注汽车的潜在需求量、汽油和润滑油的市场需求指标的迈克尔·库伦成功地发现了超市这个机会。

从关注到预测，从分析到干预，前置指标变得越来越重要。如今，大型停车场和会员加油站（见图 1-8）已经成为超市的标准配置。这种直接影响、干预和改变前置指标的方法也在竞争中为业务带来了更好的表现。

图 1-8　山姆会员店（Sam's Club）的会员加油站

那么，我们对前置指标的关注到底应该多深入、多广泛呢？每个前置指标都会受到其前置指标的影响。例如，汽车的潜在需求量的前置指标是新建公路里程，新建公路里程的前置指标是城市人口密度，城市人口密度的前置指标是城镇化水平，城镇化水平的前置指标是产业政策等，如图 1-9 所示。

图 1-9　汽车市场中层层嵌套的前置指标

因此，换个角度来看这个问题，所有指标都是对现象的度量，而所有现象都是由人的行为产生的。进一步来看，人的所有行为都是为了适应环境的变化并且有规律可循的。因此，前置指标是可以通过预测获得的，并且前置指标的终点是人对环境变化的度量。在商业世界中，为了简化复杂的环境变化，我们将环境变化的驱动因素归类为 4 个：技术、经济、社会和政策，这也是前置指标的 4 个驱动因素，如图 1-10 所示。

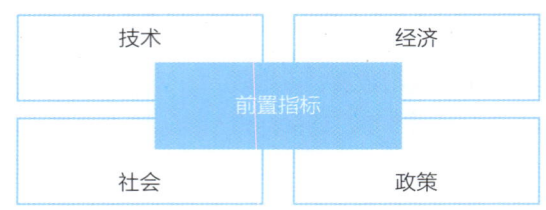

图 1-10　前置指标的 4 个驱动因素

1.3　每家企业都离不开的两类人

1.3.1　管理者和熟练技工

1946 年，彼得·德鲁克在《公司的概念》中讲述拥有不同技能和知识的人在一个大型组织中怎样分工时分别描述了两类人：管理者和熟练技工。

1.3.2　如何辨别通才和专才

前面曾提到，拥有远见的人才能被称为通才。反过来说，想要拥有远见，就必须成为一个通才。那么，什么样的人是通才呢？

在所有通过劳动分工进行生产的企业中都有两类完全不同的人——通才和专才。通才是指通用型人才，而专才则是某个特定领域的专业型人才。1946 年，彼得·德鲁克将这两类人称为管理者（通才）和熟练技工（专才）。如今，阿里巴巴为这两类人设立了 M（Management）序列和 P（Profession）序列职级成长体系。

通才和专才是企业中不可缺少的两类人，但这两类人在工作任务、劳动报酬、职业"天花板"方面有非常大的差别。笔者的一位数据分析师朋友在连续加班几周、反复修改分析报告之后提出这样一个问题：

我的老板不会写 SQL，Excel 没有我用得熟练，图表没我做得精美，甚至根本不懂 Python，他没有数据专业性。但是，为什么他是我的领导？为什么他的薪资比我高？为什么他能质疑我的分析结论？这不就是外行领导内行吗？

在回答这个问题之前，我们先来看一下专才是如何出现的。

1. 劳动分工产生专才

自从 1776 年亚当·斯密（Adam Smith）在首次出版的《国富论》（全称为《国民财富的性质和原因的研究》）中通过一个别针的制造过程阐明了劳动分工和效率之间的关系后，专才就出现了。

亚当·斯密在《国富论》中列举的制造别针的例子如下：

一个工匠独自在一天的时间里大概可以制作 20 枚别针。如果将制作的过程分解为 18 道工序，分别由 10 个人进行操作，一个人抽铁丝，一个人将铁丝拉直，一个人截取适当的长度，一个人将截断的铁丝一段磨尖，一个人打磨铁丝另一端，一个人制作圆形端头，一个人涂色，一个人包装……这 10 个人就可以每天制作 48 000 枚别针，平均每个人每天制造 4800 枚别针。

在这个例子中，制造一枚别针的工作通过劳动分工由一个人完成变为由 10 个人完成，而这 10 个人中的每个人都只负责别针制造中单一的步骤，这 10 个人每个人都是专才，如图 1-11 所示。

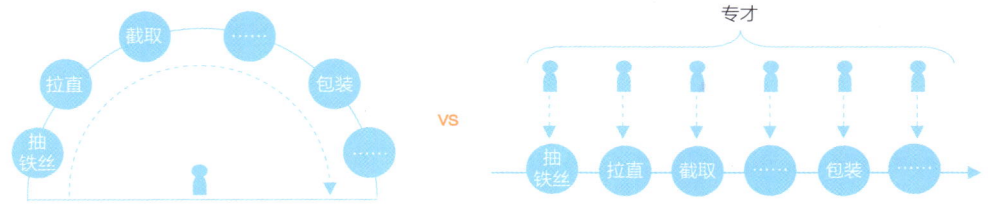

图 1-11　在制造别针的劳动分工过程中出现的专才

随后，1899 年，泰勒（Taylor）在伯利恒钢铁公司通过实验，改进了亚当·斯密的劳动分工：将劳动分工划分为业务和职能两个部分（见图 1-12），并且通过基础教育、岗前培训、配备合理的工具、保证合适的工作量、建立标准生成流程等 9 个措施对专才进行进一步的细分，进一步提高了生产效率。

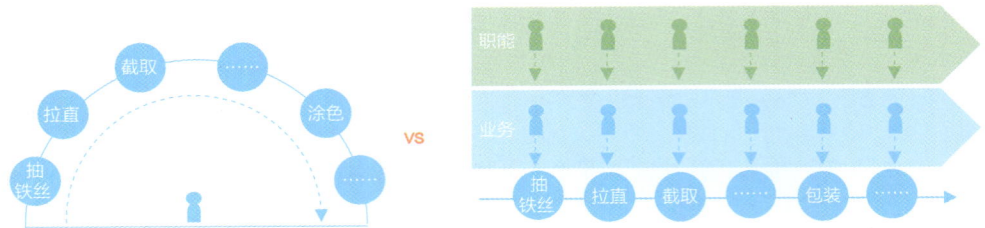

图 1-12　泰勒将劳动分工划分为业务和职能两个部分

业务部门负责直接完成企业的目标，创造利润；职能部门通过培训、组织、提供工具、改善流程来提高业务部门的效率。二者共同完成企业的目标，分享利润。这时，业务人员和职能人员之间的协同效率，以及带来的产出和利润就成为企业在劳动分工中进一步优化和改善的目标，被称为人效。

在自动化技术和人工智能出现以后，将一项技术工作分解为几项简单的工作，使用机器将提高工作效率，这也意味着专才将被机器替代。亚当·斯密在《国富论》中提到过这样一个小故事，即一个男孩的贪玩实现了最早的从劳动分工到自动化的过程：

最初，蒸汽机运作时需要雇用一个男孩在活塞上下升降时打开或关闭汽锅与气缸之间的通道。有一次，其中一个贪玩的男孩发现，只要用绳子将开闭该通道的阀门把手系在气缸的另一部分上，阀门就随之自动开合了，这样他就可以与同伴们玩耍了。就这样，自从蒸汽机发明以来，其最大的改进之一被一个想要减少自己劳动量的男孩找到了。

专才是劳动分工产生后出现的专业型人才，精通于某项特定技术、某个具体操作或工具、某项具体工作或业务，依靠自己在某个领域内的专业知识和技术能力谋生，并以此为荣。随着专业知识和技术的快速发展与不断迭代，一小部分专才变成领域内的专家，其他大部分专才则会在某一时间段由于无法跟上技术进步的速度，或者被更优秀的专才取代而遇到职业"天花板"。

> 要点金句：在企业中，专业化的尽头不是专家化，而是自动化。

2. 市场变化产生通才

通才的出现比专才晚很多，在最初的小型企业中，包括创始人在内所有人都是专才。直到第一个大型企业出现之后，才开始出现通才。这个大型企业就是铁路公司。

早期的小型铁路公司运营里程较短，对一条 50～80 千米的单轨、短程、运输量不大的铁路来说，大约只需要 50 个工人和 1 个主管就可以开始运营了。由于人数较少，主管可以了解每个工人的工作，并且统一负责铁路的货运业务、铁路保养工作、机车维修和保养工作，并制定简单的列车时刻表。这时，每个人都是专才，而主管必须能在任何一个岗位出现人员空缺时进行填补。

> ⏰ 要点金句：复杂的业务和庞大的企业规模使管理者必须成为通才。

在铁路公司开始扩张、运营里程变长后，业务开始变得越来越复杂，同时开始出现通才。以一条 150 千米长的铁路为例，由于线路变长，早晨出发的火车要到傍晚才能到达终点站，这就意味着同一时间要有多辆火车在同一条铁路线上运行。每天早上 6 点、中午 12 点和下午 4 点这 3 个时间点，两头各发 3 辆火车，火车在中途要交会多次。每次交会（会车、让车）都需要在车站进行，需要有专人进行调度；每次会车、让车的等待时间也都不相同，需要有专人在客车和货车间制定交会规则，这就产生了很多附加的工作，如图 1-13 所示。所有这些衍生出来的工作都需要由专人负责协调和统筹，以便避免发生事故，从而造成整条铁路线瘫痪。

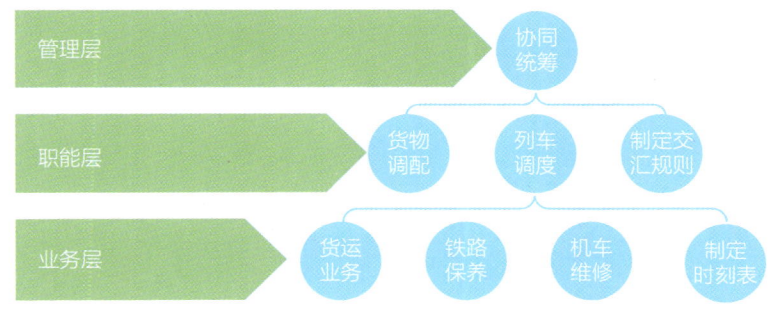

图 1-13　复杂铁路线路人员分工示意

1855 年，伊利铁路公司的总经理丹尼尔·麦卡勒姆（Daniel McCallum）绘制了世界上第一张企业组织结构图，对部门分工、负责人、汇报对象及不同岗位的员工人数进行了记录。

劳动分工、规模化生产、大型企业出现、业务流程复杂化导致通才与专才的出现，并使二者之间的差异越来越明显，但所有通才都必须依赖专才的支持。虽然通才在生产过程中所具备的知识和专业性不及专才，但是通才与专才有着不同的职能。通才的职能是把专才组织在一起，有计划地调配资源进行生产活动，并对整个生产过程进行协调和统筹。通才通常是企业中的管理者、决策者。因此，通才成为人们职业发展中的目标，毕竟没有人想一辈子被别人指挥和领导。同时，在专业化的尽头是自动化的时代，通才更不容易被替代。

> **要点金句**：从专才到通才是职业发展的必经之路，有远见是成为通才要具备的第一种能力。

无论是制造一枚简单的别针，还是一台复杂的计算机，在有劳动分工的企业中，没有任何一个专才能够独自完成这项任务。反过来看，在一项任务或一个产品中，每个专才都只对某个特定部分或者具体环节负责。通才与专才截然相反，他必须对整个任务或产品的完整流程负责。

> **要点金句**：专才的产出物是产品，通才的产出物是决策。

履行这些职能要求通才拥有远见。也就是说，通才必须随时对企业所处的环境进行判断，并且做出正确的决策。只有拥有远见，专才才有可能成为企业中的通才。

【本章知识点小结】

- 选择大于努力，在一个富有吸引力的行业获得成功，比在没有吸引力的行业里努力要容易得多。

- 前置指标是远见的信使，这已经被西尔斯·罗巴克、通用汽车公司、新泽西标准石油公司反复验证。如今，企业对前置指标已经从分析和预测转变为干预和控制。

- 每家企业中都有通才和专才这两类人，从专才到通才是职业发展的必经之路。

【思考和下一步行动】

你是哪一类人？

拥有远见是通才必备的能力。你是专才还是通才呢？辨别通才和专才最常用的方法是提问。提问有时是在不经意的聊天中进行的，但更多地出现在企业的面试过程中。

面试通常包含两类问题：第一类问题针对专才，检验其专业技能；第二类问题针对通才，辨别其是否拥有远见。第二类问题通常出现在面试的开始和即将结束的时候，如你为什么想要加入该企业，你对该企业了解多少，你怎么理解你要负责的业务，你对这个行业怎么看，你还有什么问题吗，等等。

那么，你的职业规划是什么？你在自己的企业中是专才还是通才？下面有一个简单的测试可以让你得到答案。

◎ 是否能准确地描述出自己日常的工作内容和职责？

◎ 是否日常的具体工作多于跨部门的会议，并且讨厌这种会议，感觉是在浪费时间？

◎ 是否长期在一个固定的部门工作，并且对其他部门的工作内容毫无兴趣？

◎ 是否长期按照一套固定的工作流程完成手头的项目或工作，对违反流程感到厌烦？

◎ 是否在工作中长期使用并且依赖几个特定的工具，并对掌握高级技巧感到骄傲？

◎ 是否在工作中喜欢使用专业术语以展示专业性，尤其是在进行跨部门沟通时？

◎ 是否长期与固定的部门和同事开会协调工作进度，并且经常划分责任？

◎ 是否很少在日常工作中遇到业务以外的突发事件或新问题？

如果对于以上问题，你的大部分答案是"是"，就说明你是专才，需要尽快有所改变；如果你的大部分答案是"否"，甚至产生了疑问，就说明你正在成为通才。

第 2 章
商业环境演进的底层逻辑

工蜂的故事

工蜂的平均寿命在春季约为 35 天,在夏季约为 30 天。工蜂通常只在植物开花的季节采蜜授粉,并且不断地重复这种工作。所以在工蜂的一生中,花蜜总是富足的,工作总是相似的,世界也总是温暖的。

但是,工蜂并不知道温暖的夏季结束后会有寒冷的冬季,更不知道年复一年,四季不断更迭,周而复始。

2.1 商业分析的原点

我们在某些方面和工蜂很像,在 2000 年之后出生的人被称为"互联网原住民"。在这一代人的认知中,网络购物、网约车、社交软件、外卖等商业现象都是理所当然的存在。存在即合理,对于自他们生来就存在的现象,他们无须费力思考。

我们又比工蜂幸运,因为大约在公元前 14 世纪的殷商时期出现了象形文字——甲骨文,它在经过不断地进化后被沿用至今,这些文字让我们能够追溯并记录"理所当然"的起源。

如今,我们身边的商业现象都不是理所当然的,每个商业现象背后都有在适应环境变化的过程中不断演进的历史。每种商业战略和竞争策略背后都有沉淀在时间背后的底层逻辑。交易和市场不是在我们这一代人中才产生的,要进行商业分析,看清楚商业现象的本质,我们就需要转过头去"向后看",在真实的商业世界中,从成功的大型企业中寻找商业分析的起源。

> **要点金句**：必须承认，在商业世界中，我们不是最聪明的那群人，也不是第一次做这件事的人，甚至不是第一次遇到商业问题的人，相同的问题早已被成功的企业解答过上百次。

"在商业历史中，BC 意味着在钱德勒之前。"BC 的本义为公元前，《商业周刊》借用这一词汇赞誉钱德勒（Chandler）在商业史上的重要作用。

钱德勒用了几十年的时间，追踪并记录了宾夕法尼亚铁路公司、杜邦公司、通用汽车公司、美国钢铁公司、西尔斯·罗巴克等多家大型企业的兴衰历史，被称为伟大的企业史学家。

也许你不太了解钱德勒和他的企业史，但你可能听说过安索夫矩阵和 SWOT（Strengths、Weakness、Opportunities、Threats，优势、劣势、机会、威胁）战略分析框架。

战略管理的鼻祖伊戈尔·安索夫（Igor Ansoff）在他的研究中曾经多次引用钱德勒的观点。他曾表示：

> 钱德勒通过对美国商业史的分析已经说明了商业环境、产品和组织结构之间的关系。随着国家经济的发展，企业可以获得不同的机会。随着企业利用这些机会并因此改变其以前的战略，出现了经营不足的问题，这决定了新的组织形式。

SWOT 战略分析框架的提出者肯尼斯·安德鲁斯（Kenneth Andrews）在描述企业战略时也曾引用钱德勒的观点，他表示：

> 钱德勒采用了我喜欢的方向，他将战略描述为"……确定企业的基本长期目标和目标，采取行动方针和分配必要的资源以实现并完成这些目标"。

肯尼斯·安德鲁斯、伊戈尔·安索夫和钱德勒被认为共同提出并普及了商业战略的概念。由此可见，现代商业战略和企业管理的概念的源头正是对企业史的研究。

2.2 如何预测及预测什么

我们经过对企业史进行研究发现，成功的企业有一个共同的特征——能对商业环境进行准确的预测，也就是有远见。前置指标是获得远见的基础，而对商业环境的预测则是预见前置指标的关键因素，如图 2-1 所示。

图 2-1 商业环境与远见的关系

谈到预测,你首先会想到什么?是巫师手里的神秘水晶球,还是 Excel 中的回归方程式?在对复杂的商业环境进行预测时,它们都会失去魔力,因为它们忽略了一个重要的因素——时间。

在进行任何预测之前,我们都必须思考两个方面的问题。

◎ 我们预测的到底是什么?当我们预测同一个产品在下一季度的销售量和 5 年后的销售量时,我们是在说同一件事吗?我们应该使用同一种方法吗?

◎ 预测的准确性。一天后和一年后是完全不同的。未来是混乱、复杂和未知的,因此所有的预测都变成了假设、猜测。在没人能实现精准预测的情况下,能提高 1% 准确性的人就有更大的可能性胜出。

2.2.1 你到底在预测什么

我们在说预测这个词的时候,谈论的是当下(今天)之后将要发生的事情。明天是未来,明年是未来,5 年后是未来,10 年后是未来,100 年后也是未来(见图 2-2),这些未来的名称一样,但本质完全不同。

图 2-2 不同度量尺度下的未来

当我们需要对这些不同的未来进行预测时,首先要搞清楚两件事。第一件事是我们预测的是哪一个未来?第二件事是在对不同的未来进行预测时,我们预测的事件和所需的能力是什么?

1. 1 年内预测的是常识

1 年内预测的是高频事件,每个人都会多次遇到和经历这些事件,并且大部分事件在 1 年中发生的概率都比较稳定。

例如,每年都分为 12 个月和 4 个季节,夏季总是跟在春季的后面。在 1 年中,一个人的身份和生活习惯大概率不会发生改变,所以大部分事件在 1 年内是固定的。

由于发生的概率较大,因此这些事件被总结成了规律,变成了生活中的常识,这就是常识的形成过程,如图 2-3 所示。这些常识被总结成各种历法、星象等。例如,农历中的二十四节气就是对 1 年内太阳照射在地球上不同位置造成的气温、降雨变化规律的总结。这些规律在被不断地传播和使用过程中成为人们生活中的常识,在农业生产过程中被用来进行气象预测。

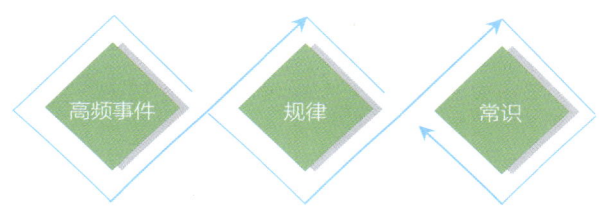

图 2-3　常识的形成过程

完整经历过 1 年的人会记住频繁发生并且不断重复的事件,从而可以依靠常识对接下来的变化进行预测。在企业中完整经历过 1 年的人会记住频繁发生并且不断重复的业务事件,形成业务常识,从而可以依靠这些常识对接下来的业务变化进行预测。而在行业中锻炼过 1 年的人也会记住频繁发生并且不断重复的行业事件,形成行业常识,从而可以依靠这些常识对行业在未来 1 年的变化进行预测。因此,1 年内预测的是常识。

> 要点金句:1 年内的预测依靠的是日常经历和积累的常识。

除非有非常特殊的事件发生,否则对于 1 年内的大部分事件,我们都可以依靠经验和规律进行预测。这里所说的依靠经验和规律进行预测并不是闭着眼睛瞎猜,而是一种数据内化的形式。这个过程只有在非常高的频率下才会形成,所以它只适用于 1 年内的预测,而不适用于更长时间的预测。

2.1 ～ 3 年预测的是经验

1 ～ 3 年预测的是经验。3 年的时间比 1 年要长,其中的变化因素也会更多。1 ～ 3 年大概率不会产生人口代际上的变化,因此我们可以依靠历史数据进行预测。在 3 年内,一个人可能从北京迁居到上海,一个学生可能会变成一名雇员,一个女青年可能会变成一位母亲，一个老年人可能开始退休生活。在 1～3 年的周期中，前一拨人的人口数据可以被用于预测后一拨人的行为。

例如，育儿经历、消费经历、工作经历等都是对 1～3 年经验的汇总（见图 2-4），我们也经常利用别人的经验进行预测。

图 2-4　生活中常见的经验

下面是不同年龄段的人的消费变化。

虽然婴幼儿和少年本身没有可支配收入，但他们的所有需求几乎都是刚性的，并且由父母和整个大家庭（如爷爷、奶奶、姥姥、姥爷等）的可支配收入支撑，所以婴幼儿和少年的消费能力是以整个家庭的可支配收入为基础的。

到了青年阶段，人们开始获得收入，产生可支配收入。随着可支配收入的积累，消费能力逐步提升。此时，人们到了结婚的年龄。在结婚后，重要的变化是消费由个人消费转为家庭消费，并且开始对耐用消费品产生需求。

在中年阶段，有子女的人的消费重心从个人娱乐、耐用消费品转向子女的抚养和教育。同时，由于其父母进入老年阶段，他们开始承担赡养父母的责任，个人和家庭的消费需求开始减弱。

在老年阶段，人们不再继续产生新的可支配收入，可能还需要补贴大家庭中的子女，以及为未来可能产生的医疗费用进行准备。

无论在婴幼儿、少年、青年、中年还是在老年阶段，每个阶段人口属性的变化都会导致消费发生变化。尤其是在人口代际中出现婴儿潮这种事件时，每过渡到一个年龄阶段都会产生很大的变化，而对于一代人什么时候经历少年阶段、什么时候结婚、什么时候步入中年阶段，我们都可以根据年龄结构预测出来。

> ⏰ 要点金句：1～3 年的预测依靠的是学习和传承亲历者的经验。

此外，竞争环境也会发生变化，只有很少的初创企业能存活 3 年以上，这足以说明在 1～3 年这个时间段中的变化因素要比 1 年内多得多。因此，1～3 年的预测依靠的是由亲历者的历史数据形成的经验。

3. 3～5 年预测的是趋势

3～5 年预测的是趋势。3～5 年比 1～3 年更长一些。从事件和频率的微观视角来看，3～5 年比 1～3 年充满了更多的变化。但从更加宏观的趋势角度来看，3～5 年则更加稳定和可预测。通常，3 年也是进行战略规划的最小时间粒度。

在 3～5 年的时间内，除了人口结构会继续发生变化，技术也会发生变化，一些技术会从不成熟到成熟、从小范围应用到普及，一些技术会进入低谷期，还有一些技术会进入泡沫期。这些变化会带来行业的变化，甚至带来社会和经济层面的变化。

从 1995 年开始，高德纳咨询公司对各种新科技的成熟演变速度及要达到成熟所需的时间进行预测，并绘制了技术成熟度曲线。

不过，在此之前，技术改变趋势、创造新市场的例子就已经比比皆是了。1874 年，雷明顿 I 型打字机（见图 2-5）出现，当时没有人懂得如何打字，要打完前 4 行文字之后纸张才能从机器中露出，打字的人才能看到自己所打的内容是否正确。

图 2-5　雷明顿 I 型打字机

1878 年，改进版的雷明顿 II 型打字机增加了换行和小写字母的功能。随后，雷明顿 II 型打字机进入办公室，成为必备的办公用品。这时，一个新的职业出现了，即女性速记员。

另一个截然相反的例子是氟利昂的出现。通用汽车公司和杜邦公司合作开发的制冷剂——氟利昂将冰箱引入大众消费市场。对于存在了一个世纪的天然制冰业和冰块贸易来说，这项技术的出现导致了行业的终结。在 20 世纪初，天然冰贸易很快被制冷冷却系统取代。

再来看白炽灯的例子。从 1881 年的碳化竹灯丝变成 1884 年的涂层纤维素灯丝用了 3 年的时间，白炽灯的亮度从 1.68 流明增加到 3.4 流明；从 1902 年的钽丝变成 1904 年的钨丝用了 2 年的时间，白炽灯的寿命从 250 小时增加到 800 小时（见图 2-6），电灯从此取代了煤油灯，并且造成石油的需求量大量减少。

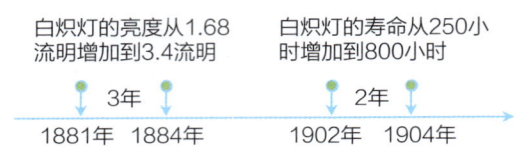

图 2-6　白炽灯的技术演变

> 要点金句：3～5 年的预测是对趋势的预测，其中最重要的是对技术变化趋势的预测。

4.5～10 年预测的是代际变化

5～10 年预测的是代际变化，也就是不同年龄段的人口比例及他们之间的关系。每一代人都有自己的特点，有的沉默，有的张扬，有的自我，有的独立，而这些特点的形成源于他们生活的社会、经济和文化的大背景，以及对上一代人的传承。图 2-7 展示了美国人口不同代际的关系。

- "沉默一代"是"迷茫一代"的子女，他们中的许多人在大萧条时期出生，经历过战争。这代人最大的特点就是沉默。
- "婴儿潮一代"是"退伍一代"的子女，他们强烈地认为自己是独特的一代。
- "X 世代"是"沉默一代"的子女，他们是第一个在父母全职工作的环境中成长起来的，因此有着"钥匙儿童"的绰号。这种成长环境使他们在生活中形成了极端独立的性格特征。

- ◎ "千禧一代"是"婴儿潮一代"的子女,他们以追求自由而闻名。
- ◎ "Z世代"是"X世代"的子女,他们是在"9·11"事件后和经济大衰退后期成长起来的,明白这个世界固有的困境。
- ◎ "阿尔法世代"是"千禧一代"的子女,他们的成长伴随着互联网、人工智能等新技术的发展。他们以自我为中心,相信任何人都可以在社交网络中建立影响力。

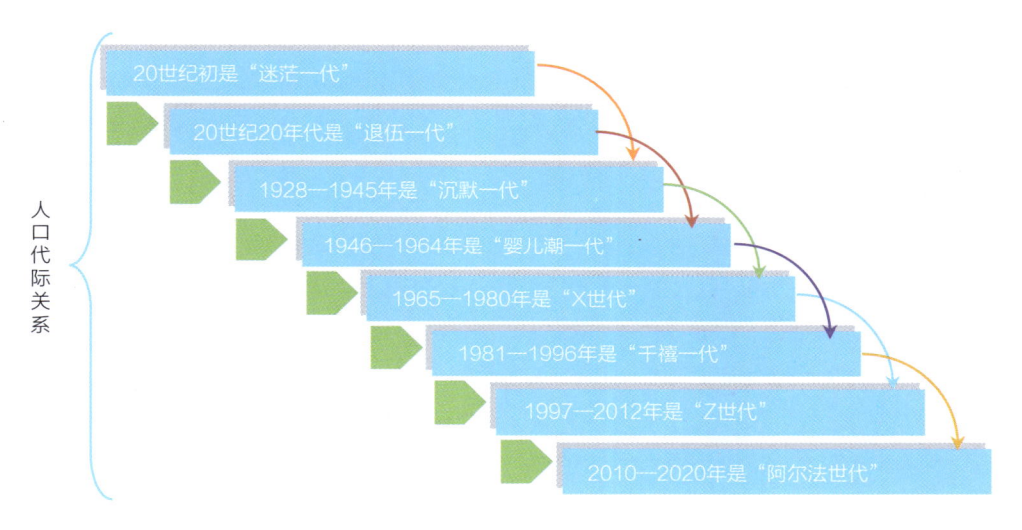

人口代际关系:
- 20世纪初是"迷茫一代"
- 20世纪20年代是"退伍一代"
- 1928—1945年是"沉默一代"
- 1946—1964年是"婴儿潮一代"
- 1965—1980年是"X世代"
- 1981—1996年是"千禧一代"
- 1997—2012年是"Z世代"
- 2010—2020年是"阿尔法世代"

图2-7 美国人口不同代际的关系

可见,每代人都有自己所处的社会环境和不同的生活经历,不同的社会环境和生活经历塑造了他们独特的性格和态度。

笔者在第1章中曾经说过,深入关注前置指标的人能够获得远见,广泛关注前置指标的人会有更多的机会。图2-8展示了"婴儿潮一代"的形成及对行业的影响。

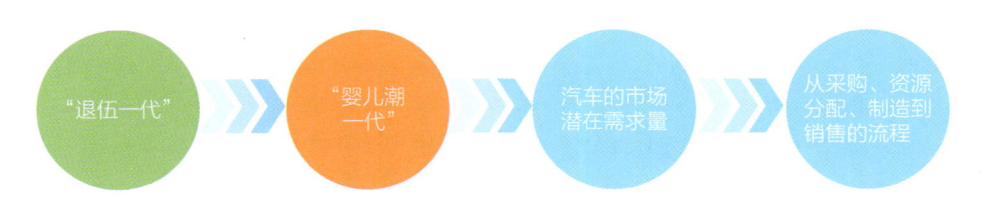

"退伍一代" → "婴儿潮一代" → 汽车的市场潜在需求量 → 从采购、资源分配、制造到销售的流程

图2-8 "婴儿潮一代"的形成及对行业的影响

"婴儿潮一代"的出现是因为他们的父母"退伍一代"在青年时期参军服役,无暇顾及自己的婚姻大事,而在战后相同的时间点大量返回美国,在相同的时间点结婚,在相同的时间点生育。

"婴儿潮一代"在各个年龄段为了适应年龄和环境的变化都创造了很大的需求，我们称之为人口红利。20世纪60年代，"婴儿潮一代"带动了玩具、卡通、流行音乐的成长；70年代，"婴儿潮一代"带动了房地产、汽车业的成长；80年代，"婴儿潮一代"又带动了个人电脑和互联网的成长。

代际的变化持续发生，并且发生变化的时间正在逐渐缩短。因此，5～10年的预测是对人口代际的预测。

> 要点金句：5～10年的预测是对人口代际的预测。

5. 10～50年预测的是周期性事件

10～50年预测的是周期性事件。预测周期性事件的方法有两种，第一种是掌握并利用周期的规律。例如，尼古拉·康德拉季耶夫（Nikolai Kondratiev）通过对英国和美国18世纪末的物价指数，以及法国19世纪50年代末的物价指数进行研究，发现经济生活中存在50～60年的规律性变化，如图2-9所示。

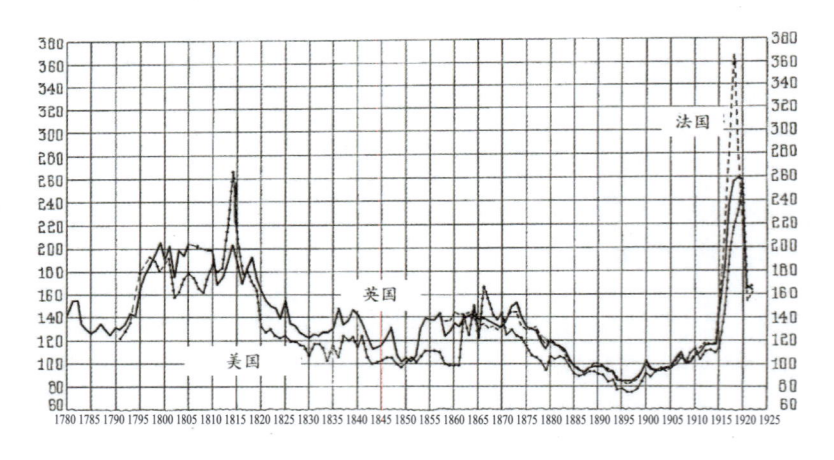

图2-9　18世纪末到19世纪50年代经济生活中的规律性变化

- 经济生活中的第一次长波的上升期从1789年持续到1814年，共计25年；它的衰落开始于1814年，结束于1849年，历时35年。第一次经济周期持续了60年。

- 经济生活中的第二次长波的上升期从1849年持续到1873年，持续了24年；它的衰落开始于1873年，结束于1896年，历时23年。第二次经济周期持续了47年。

这种规律性的波动就是尼古拉·康德拉季耶夫在1926年发现的为期50～60年的康

波周期。他在《经济生活中的长波》(*The Long Waves in Economic Life*)中详细解释了这个周期。周期的前 25 年是上升期，繁荣的年份会更多一些。在上升初期，黄金的产量会增加，经济会扩张。而后 25 年则是衰退期，下降的年份会多一些。在衰退期会出现大量的新技术，而这些新技术在下一个康波周期的上升期中会开始被大规模应用。

如果你感觉为期 50～60 年的周期是屠龙之术，太过宏观，不好把握，在现实中很难用到，那么第二种方法能马上帮到你，我们将这种方法称为 GDP（Gross Domestic Product，国内生产总值）时光机。

GDP 时光机的本质是研究不同国家在不同人均 GDP 阶段行业的变化规律。这种方法在商业分析中对行业和方向具有明确的指导意义，每个不同的阶段都会指向不同的行业爆发。例如，美国近 20 年的人均 GDP 有明显的变化（见图 2-10），这正是行业变化的重要驱动因素。

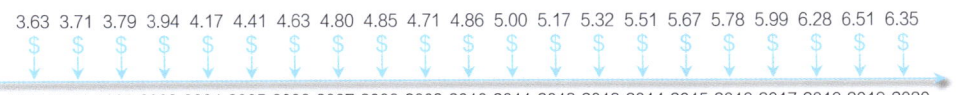

3.63　3.71　3.79　3.94　4.17　4.41　4.63　4.80　4.85　4.71　4.86　5.00　5.17　5.32　5.51　5.67　5.78　5.99　6.28　6.51　6.35

2000　2001　2002　2003　2004　2005　2006　2007　2008　2009　2010　2011　2012　2013　2014　2015　2016　2017　2018　2019　2020

图 2-10　美国近 20 年的人均 GDP 数据（单位：万美元）
（数据来源：世界银行）

市场研究的领导者欧睿信息咨询公司对全球 205 个国家的消费者和行业信息进行了研究，并对其中 80 个国家跨越 20 年（1990—2010 年）的 GDP 数据与人们生活中的衣食住行、教育、餐饮、时尚、健康、出行等多个行业的演进关系进行深入分析（这 80 个国家的人口占全球人口的 85%，其 GDP 占全球 GDP 的 98%），形成了超过 40 年的完整数据库和 700 多页的《世界消费者生活方式数据手册》。

从这些数据中可以得出很多结论，我们仅摘录其中的一小部分。

当人均 GDP 在 2000 美元以下时，人们主要喝烈酒；当人均 GDP 在 3000～4000 美元时，啤酒的消费曲线陡峭上扬；当人均 GDP 超过 5000 美元时，红酒和啤酒的消费曲线都会上扬。

当人均 GDP 为 800～3000 美元时，汽车市场需求迅速增长，人均汽车拥有量也大幅度提高。中国机械工业联合会的专家说，当人均 GDP 达到 1000 美元时，汽车开始进入家庭。而当人均 GDP 达到 3000 美元时，私人购车需求将出现爆发性增长。

当人均 GDP 超过 1000 美元时，对营养品和保健品的需求集中爆发，乳制品行业将进入快速增长期。当人均 GDP 水平超过 5000 美元时，对追求健康和良好精神的消费支出将有显著的提高。

> ⏰ **要点金句**：10～50 年预测的是周期性事件，其中每个周期每个阶段的 GDP 与生活方式之间都存在紧密的联系。

因此，10～50 年预测的本质是周期。感兴趣的读者可以按照自己所在地区的 GDP 水平、商店及超市中的产品，以及日常生活中的一些现象进行比较。

6. 50～100 年预测的是资源

50～100 年预测的是资源，具体地说是能源。从商业分析的角度来看，能源对供给和需求的影响如图 2-11 所示。

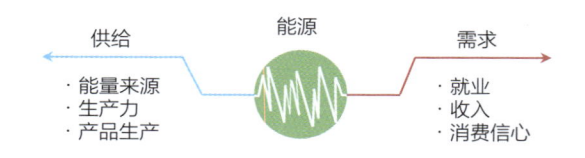

供给
·能量来源
·生产力
·产品生产

能源

需求
·就业
·收入
·消费信心

图 2-11　能源对供给和需求的影响

早期的能源以木材为主，当时人们还不了解煤炭和石油，森林是唯一的能源来源。因此，森林资源的枯竭意味着能源危机。而能源的短缺限制了生产力的发展，灌溉用的渠道和建筑用的砖、陶土都需要木材产生的热量来制造。因此，能源的短缺迅速影响了大部分产品的生产。

当生产和开工不足时自然会影响到就业和收入，这还只是比较小的影响。更大的影响是，当能源富足、产品丰富时，人们能真实地感受到经济的增长，相信明天会更好。当出现能源危机时，生产、就业、收入等整体的增长受到限制，每个人都受到影响，因此人们会感觉到明天充满不确定性，消费信心会降低。这种影响会体现在多个方面，最直观的就是人们的消费观念变了，消费欲望开始降低，需求从物质层面转向精神层面，而这也造成需求的减少。

在历史上，木材和煤炭支撑了农业时代，石油支撑了工业时代，而电力则支撑了信息时代。每个时代都有与之相匹配的能源，如煤炭可以用于烧制陶器，但无法用于发动内燃机，汽油可以用于驱动内燃机，但无法用于驱动芯片。因此，将发生在农业时代的木材危机转换到工业时代就是石油危机，而同样的问题也会在信息时代出现。

> 要点金句：50～100 年预测的是对资源消耗和替代对商业环境产生的影响。

2.2.2 预测中的变与不变

英国零售业巨头德本汉姆斯的董事会主席约翰·贝德福德（John Bedford）在退休时告诫他的继任者：

> 管理者最重要的职责是理解社会变革的本质，以及德本汉姆斯在现代零售业中的角色。

如果一个管理者对未来环境的判断是持续增长，他就会持续增加投入并进行企业扩张。如果一个管理者对未来环境的判断是衰退，他就会开始减少投入或进行企业转型。但实际情况并没有这么简单，有些管理者可能直接拍脑袋进行预测，拍胸脯保证，最后拍屁股走人。

如何最大限度地提高预测的准确性？答案是选择预测那些不变的部分，避免预测那些变化的部分。

未来的环境包括诸多因素，这就像太极一样，这些因素混在一起便是混沌未分阴阳的状态，而一旦区分出了可变事件和不变事件，就分出了阴阳两极，如图 2-12 所示。

图 2-12 混沌的未来中包含的可变事件与不变事件

智慧总是相通的，逻辑总能相互印证。哈德逊研究所的创建者赫尔曼·卡恩（Herman Kahn）提出未来是被多重因素驱动，由多重趋势构成的。一个长期、重大的趋势是由多个基本、多重、相互作用的事件或现象组成的。我们稍加分析就会发现，在这个多重趋势中，既有变量，又有常量。

> 要点金句：一个长期、重大的趋势是由多个基本、多重、相互作用的事件或现象组成的。

1. 趋势中的不变事件

在组成未来趋势的众多事件中，总有一些事件比其他事件更有可能发生改变。我们称不太可能发生改变的事件为趋势中的不变事件。趋势中的不变事件不发生改变的一个原因是历史的惯性，换句话说，在预测开始之前就已经发生了，并且将持续很长一段时间；一个原因是变化本身遵循了一条最优路径，所有其他的路径都会带来更高的成本；还有一个原因是它符合自然规律和人的本性，如追求更健康的身体、更美好的生活、更大的安全感、更多的休闲娱乐，以及实现更高的人生价值等。

根据上述 3 个原因，我们列举了一些趋势中的不变事件。

（1）城市化和特大城市的增长。

（2）工业化和现代化程度加深。

（3）休闲娱乐的时间增加。

（4）人们受教育的程度不断提高。

（5）科技知识不断积累。

（6）技术在行业间扩散。

2. 趋势中的可变事件

在除去趋势中的不变事件后，剩下的就是趋势中的可变事件。趋势中的可变事件通常没有固定的变化规律，但并不是完全不可预测的。我们可以通过归类和拆解的方式提高预测的准确性。

趋势中的可变事件的变化模式包括 5 种。

（1）静态的水平趋势，或者说维持现状，不会更好，但也不会变坏。

（2）持续上升或增长趋势，这还可以被细分为线性、指数、对数等多种增长模式。

（3）持续下降或衰退趋势。

（4）循环或周期性有规律地波动趋势。

（5）不规则的多重变化趋势，或者说没有规律的变化。

接下来，预测趋势中的可变事件的问题被进一步拆解成两个小问题。

- 第一个问题是判断趋势中的可变事件在预测的时间周期内的变化模式。
- 第二个问题是在选定的变化模式内确定趋势中的可变事件的变化节奏和速度。

到这里，我们介绍完了预测前的两个思考过程，即预测的是什么、如何提高预测的准确性。还有一个关键的问题需要思考：哪些因素对预测的趋势产生了重要的影响？

2.3 谁在改变商业环境

第 1 章曾介绍过，所有指标都是对现象的度量，而所有现象都是由人的行为产生的。换句话说，人是影响商业环境最重要的变量。

进一步来看，人的所有行为都是为了适应环境的变化并且有规律可循的。为了简化复杂的环境变化，我们将远见的驱动因素归类为 4 个：技术、经济、社会和政策，如图 2-13 所示。

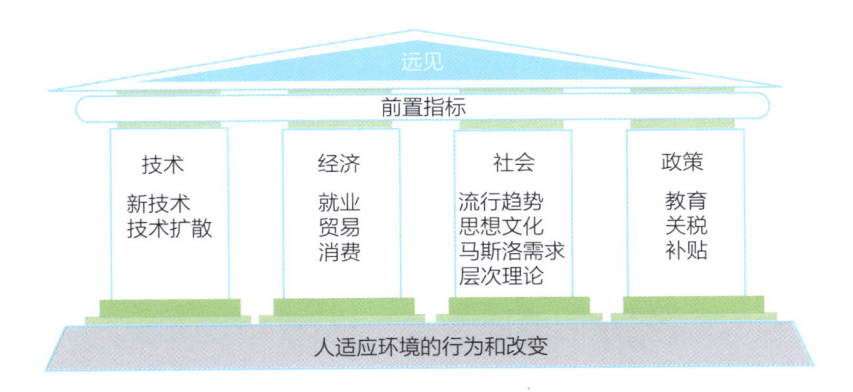

图 2-13 远见的 4 个驱动因素

2.3.1 变革的星星之火：技术

在技术、经济、社会和政策 4 个因素中，技术的变化速度最快。同时，技术扩散会连带引起其他几个因素的变化。

从宏观角度来看，最大的一次技术变革是 18 世纪 60 年代发起的工业革命，飞梭、珍妮纺纱机、蒸汽机都是在这时出现的。这些技术带来了劳动分工，从纺纱行业开始，一个又一个行业开始进行改造,并生产出大量产品。

从微观角度来看,技术会在不同的行业间扩散。在工业革命中,蒸汽机先被用于提水,随后被应用到纺纱行业,最终被应用到运输行业、采矿业。相同的技术扩散范式重复出现在不同的行业中。

> ⏰ 要点金句:从 18 世纪到 21 世纪,从工业革命到信息革命,从蒸汽机到芯片,相同的技术扩散范式重复出现在不同的行业中。

电动机技术从最早的工业用途到家用,经历了从大型化到小型化的扩散过程,如从工业机床到汽车里用于启动发动机的马达、从洗衣机到电动牙刷、从榨汁机到电动橡皮擦等。芯片技术的扩散也遵循相同的路径,如从大型工业计算机到个人计算机、从智能手机到电子体温计、从感应开关到智能夜灯等。这些技术扩散对原有的行业进行了改造,并创造出新的需求。

当一项技术日益完善,并开始向不同行业渗透时,就成为趋势背后的驱动因素。

2.3.2　技术的最佳搭档:经济

紧随技术发生变化的是经济。技术的变化总是会带来经济的变化,利用新技术对行业进行改造,甚至是颠覆,可以带来新产品和新需求,新产品和新需求会促进贸易和消费,贸易和消费又带来经济变化,这就是新技术对经济变化的影响路径,如图 2-14 所示。

新技术 → 新产品和新需求 → 贸易和消费 → 经济变化

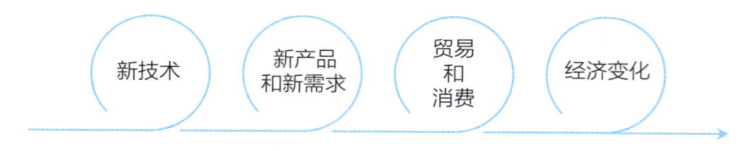

图 2-14　新技术对经济变化的影响路径

从宏观层面来看,在工业革命之前的 16 ~ 18 世纪中,全球贸易的平均扩张速度为每年增长 1%。到了 1800 年,海运货物数量是 3 个世纪前的 23 倍。

技术的变化带来了更多的产品,以及更高效的运输方式,更多的产品和更高效的运输方式带来了更多的交换和贸易。技术的变化也带来了劳动分工,劳动分工让越来越多的人在市场上购买产品,而不是像大多数中世纪的农民那样消费自己的劳动成果。

从微观层面来看,技术带来了新产品和新消费。在 1874 年雷明顿 I 型打字机出现后不久，女性速记员职业开始出现。女性从全职主妇变成一股新的消费力量，随之而来的是对服装行业的改变。其中最具代表性的是杜邦公司生产的针对职业女性的尼龙丝袜。

> ⏰ **要点金句**：雷明顿打字机的技术改进创造了职业女性群体，杜邦公司将原来用于制造降落伞和绳子的尼龙制成丝袜并进入这个全新的市场，形成了尼龙的第二增长曲线。

2.3.3 剧变的开始：社会

紧随经济发生变化的是社会。经济变化对社会的影响从宏观和微观两个层面产生。

从宏观层面来看，当经济的增长使一个国家变得强大时，贸易和消费就变成社会中竞相追逐的对象。商鞅在《商君书·农战》中就清楚地说明了背后的逻辑：

> 国之所以兴者，农战也。……国待农战而安，主待农战而尊。

简单来说就是国家依靠农耕和作战而得以安定，君主依靠农耕和作战而得以尊显。要使农耕受到重视，就要以农耕作为唯一的奖赏条件。

从微观层面来看，按照马斯洛需求层次理论，当技术和经济使较低层次的生存需求和安全需求被满足后，人们就会逐渐产生更高层次的需求。这时，社会就会发生变化，人们的需求开始分层。不同的需求层次带来不同的社会需求，而不同的社会需求带来不同的行业和产品改变（见图2-15）。

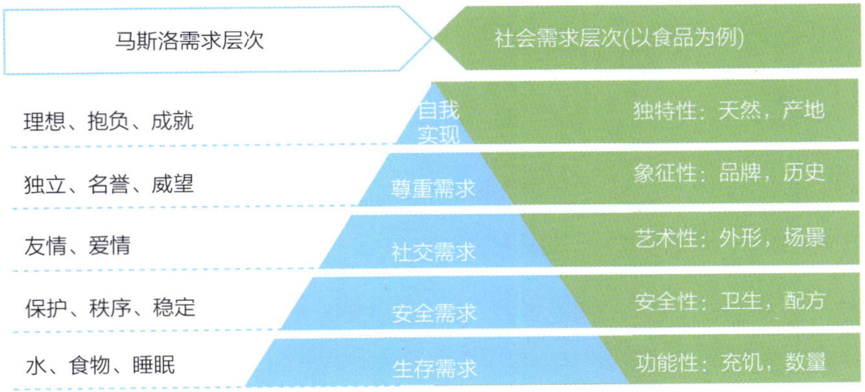

马斯洛需求层次		社会需求层次(以食品为例)
理想、抱负、成就	自我实现	独特性：天然，产地
独立、名誉、威望	尊重需求	象征性：品牌，历史
友情、爱情	社交需求	艺术性：外形，场景
保护、秩序、稳定	安全需求	安全性：卫生，配方
水、食物、睡眠	生存需求	功能性：充饥，数量

图2-15 马斯洛需求层次和社会需求层次

2.3.4 边界和围栏：政策

紧随社会发生变化的是政策。政策虽然是最后一个变量，却是最有力量的。政策虽然是无形的，却与每个行业、每个人密切相关。

从宏观层面来看，政策以牌照许可、进出口管理、投资限制、基础设施建设、教育改革等多种改造和影响环境的方式出现。

从微观层面来看，比较直观的政策有关税政策、补贴政策等，如 1982 年的关税政策对美国的摩托车行业产生了很大的影响。

1982 年，哈雷戴维森向美国国际贸易委员会提交一份呈请书，要求增加对日本摩托车的关税，并将进口税提高 5 年。1983 年，里根政府对哈雷戴维森的竞争对手日本摩托车生产商加征关税，帮助哈雷戴维森的管理层重组公司。高关税导致日本进口摩托车的价格大幅上涨，仅用了 4 年时间，哈雷戴维森就夺回美国摩托车界的老大地位。

2.4　用终局思维理解行业

每个人在跑步之前都会问终点在哪里。终点不仅是目标，还决定了我们跑步的方向、距离、速度及方式。100 米的短跑和 42.195 千米的马拉松是两个截然不同的概念。

在现实生活中，没有人会参加一场不知道终点的比赛。但在真实的商业世界中，很多企业的决策者不知道行业的终局在哪里，盲目扩张，他们在谈到自己行业时说"我的行业没有'天花板'"，从而导致企业以失败告终。

> 要点金句：不知道行业终局的企业增长就像蒙着眼狂奔，不仅会迷失方向，还有可能摔倒。

企业的增长和跑步一样，在谈增长之前需要知道所处行业的终局在哪里。当最终能占领的市场很小时，企业无须多想，竭尽全力就好。而当面对的市场十分广阔时，企业则需要考虑资金、招聘、管理、供应链等因素。

在 2023 年的波士顿马拉松比赛中，世界纪录保持者基普乔格（Kipchoge）因在中途错失补给而输掉比赛。同样，企业也可能因为某个小环节的失误而面临危机。因此，在谈增长之前，企业先要对市场结构进行分析，再选择适合自己的增长方式。

> **要点金句**：在商业分析中，任何抛开行业终局谈增长的行为都是无稽之谈。

在谈行业的终局之前，我们先来看行业的起源和分类。任何一个行业都不是天然存在的，随着时间的推移和环境的改变，一些新的行业会出现，一些旧的行业会慢慢消亡。

2.4.1 所有行业都来自家庭

行业起源于哪里？按照 1971 年的诺贝尔经济学奖获得者西蒙·史密斯·库兹涅茨（Simon Smith Kuznets）的解释，所有的行业都起源于家庭，在劳动分工出现之前，所有人都只消费自己的劳动成果。

在劳动分工出现后，一些体力劳动被慢慢地从家庭中转移出来，形成了新的农牧产业；随后，在城市化的进程中，更多的手工劳动被从家庭中转移出来，形成了制造产业；紧接着，在信息化的过程中，脑力劳动被从每个人的大脑中转移出来，形成了信息产业，如图 2-16 所示。

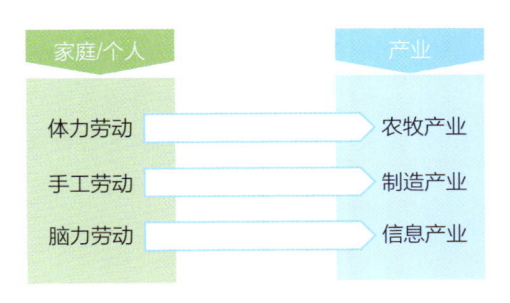

家庭/个人	产业
体力劳动	农牧产业
手工劳动	制造产业
脑力劳动	信息产业

图 2-16 家庭/个人劳动与各产业间的联系

餐馆和预制菜的供给替代了家庭中的部分农作物种植劳动；洗衣机和扫地机器人替代了家庭中的部分清洁服务；智能手机中的天气预报、备忘录、地图导航替代了大脑中的部分判断和思考的过程，甚至部分记忆功能。机器替代部分体力劳动、人工智能替代部分脑力劳动、ChatGPT 替代了部分写作都是如此，家庭生活中的部分劳动被外包了。

> **要点金句**：行业是随着经济活动从家庭中转移到市场上逐步产生和发展起来的。

这也是经济增长最基本的途径。劳动从家庭中（私有）转移到市场上（公有）的速度越快、比例越高，经济增长就越快。反之，当经济下滑时，大部分劳动又重新回归家庭。

例如，人们放弃去餐馆就餐和点外卖，选择自己做饭，以及不会为有附加功能的电子设备支付更多的费用。

这也能解释为什么外卖在城市比在乡村更有市场，城市化带来了更多行业的兴起。在城市，劳动被高度分化，人的劳动技能变得更加单一，生产资料更加专业化，人们没有时间和空间在家庭中完成这些劳动，日常生活中的衣食住行等大部分需求都必须依靠交换和消费来得到满足。

那么，为什么会有劳动从家庭中转移到市场上的趋势？因为劳动分工带来的劳动效率和产值要远远高于家庭中的劳动。当通过交换获得一个物品所需花费的成本比自己亲自劳动花费的成本更低时，人们就会放弃自己劳动，而选择进行交换。这种交换进而推动这些劳动从家庭中转移到市场上。

1976 年的诺贝尔经济学奖获得者米尔顿·弗里德曼（Milton Friedman）举过一个铅笔的例子来说明这件事。大意是这样的：

> 世界上没有一个人能独立制造这支铅笔。制造铅笔的木材来自从华盛顿州砍伐的树木；要砍伐树木，就需要一把锯子；要制造锯子，就需要钢材；要制造钢材，就需要铁矿石。铅笔中间用于写字的铅，实际上是压缩石墨，可能来自南美洲的一座矿山。铅笔上面红色的橡皮是由橡胶制作的，可能来自马来西亚。连接铅笔杆和橡皮的黄铜套圈、笔杆上黄色的颜料和将各部分组合在一起的胶水又分别来自不同的地方。成千上万人通过合作制造了这支铅笔。而当你去商店购买这支铅笔时，大概只花费了几分钟的时间和很少的钱就换取了这些人的劳动。

2.4.2 理解后工业社会和服务经济

在劳动从家庭中转移到市场上之后，就产生了各种各样的行业。行业的分类方法有很多种，采用哪种分类方法，主要取决于分析的目的。常见的分类方法是按经济活动进行分类：第一产业、第二产业和第三产业。此外，我们还可以按生产过程、产品的功能、市场需求等维度进行分类。

行业的分类方法直接定义了社会的类型。当农业占据社会经济主导地位时，社会被称为农业社会；当工业占据社会主导地位时，社会被称为工业社会。

根据思想家丹尼尔·贝尔（Daniel Bell）的理论，当人均 GDP 为 8000～9000 美元时，社会开始由制造业向服务业转型，由工业社会转向后工业社会。后工业社会的一个重要特征是从商品经济转向服务经济。

那么，什么是服务业？有一个笔者比较喜欢的定义方式：服务业是制造业的一部分，在生产者和消费者之间进行干预，使消费者获得更好的体验。服务业的形式及在生产者和消费者之间所起的作用如图 2-17 所示。

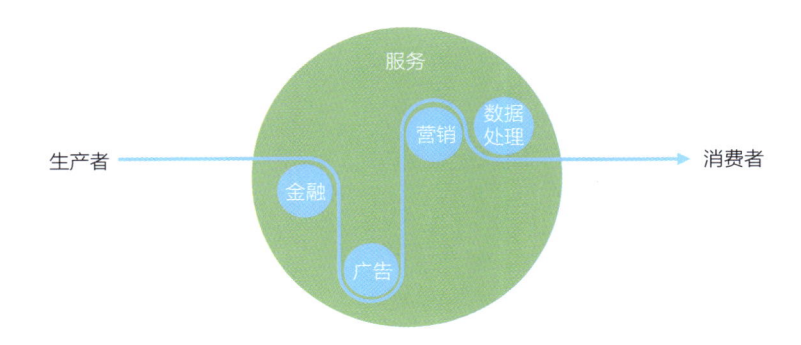

图 2-17　服务业的形式及在生产者和消费者之间所起的作用

根据服务业的定义方式，搜狗输入法是服务，在输入汉字时提供了联想功能，可以排除错别字；Gmail 邮箱是服务，在收发和查找邮件时提供了上下文干预功能；高德地图是服务，在从起点到目的地的行程中提供了路径引导；Office 365 和云存储是服务，在不同地点、不同设备、不同用户间编辑文件的过程中提供了干预功能；共享单车、滴滴出行、自动驾驶是服务，在出行过程中从效率到体验逐级提供了干预功能；美团买菜是服务，在消费者选择食材的过程中提供了干预功能。

2.5　行业的终局模式

在了解了行业的起源和分类、我们当前所处社会的类型及主导经济的行业之后，再来分析一下行业的终局模式。就像田径比赛一样，每家企业都应该知道自己所处行业的最终形态，以及在每种形态中的竞争模式。

行业的终局模式有 3 种，即完全竞争模式、垄断竞争模式和寡头垄断模式。这也是行业终局的演进路径，如图 2-18 所示。

> ⏰ 要点金句：行业的终局模式有 3 种，即完全竞争模式、垄断竞争模式和寡头垄断模式。

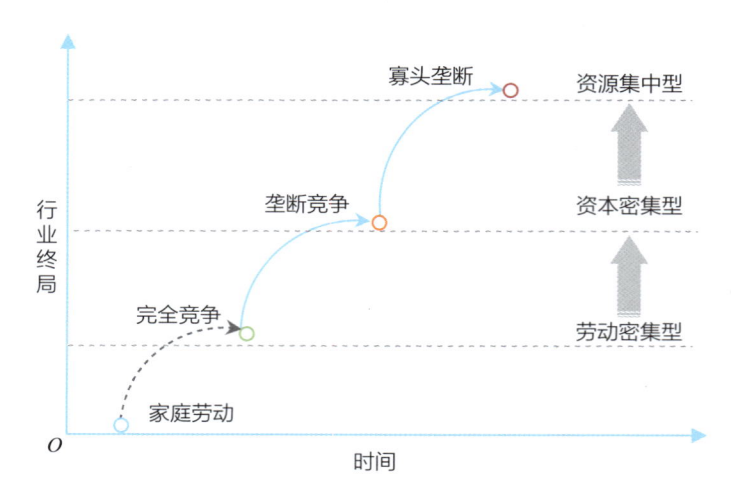

图 2-18　行业终局的演进路径

2.5.1　惨烈竞争模式——完全竞争

完全竞争模式一般出现在劳动密集型行业中。什么是劳动密集型行业？例如，内容创作行业就是劳动密集型行业。因为要写出每个章节、每个段落、每个字都需要人工劳动。内容的数量和质量在一定程度上与消耗的人工成正比，要写出更多的内容，就必须耗费更多的时间，或者增加更多类似的人力。

除此之外，理发行业、手工业等也都是劳动密集型行业。这些行业与农业社会中的粮食种植业类似，土地和劳动力的数量决定了最终的粮食产量。

在劳动密集型行业中，产品的数量与可变成本成正比，规模越大，可变成本越高。在这种情况下，企业的商业模式类似，行业也没有壁垒。谁也无法通过扩大规模（增加人力）来降低可变成本。大量小规模的企业在行业中激烈竞争，为了生存，在不能降低成本的情况下只能通过提高价格来增加利润。同时，增加利润也是进入行业下一个阶段的钥匙。

> 要点金句：在完全竞争模式中，竞争模式是提高价格。

Uber 的 CEO（Chief Executive Officer，首席执行官）曾经这样解释网约车的价格和成本问题（见图 2-19）：

Uber 价格昂贵的原因是你不只为这辆车付钱，还要为车上的另一个人支付费用，通过对出租车进行简单的成本拆解就可以看出，保养成本、车辆成本及驾驶员成本是眼下所有车辆都无法回避的。而比例最高的一块，恰恰存在不小的可优化空间。当车内没有其他人时，在任何地方乘坐车辆的成本都比拥有车辆低。

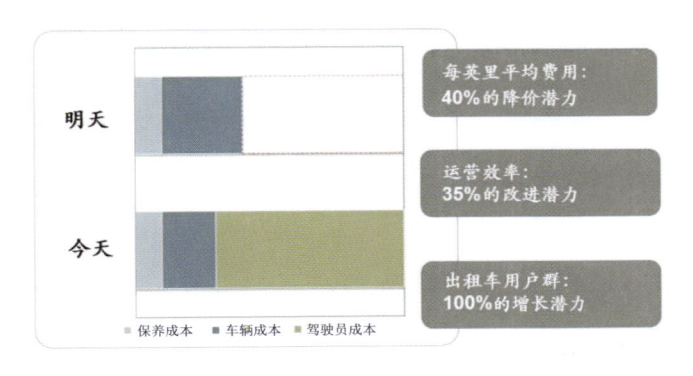

图 2-19　今天和明天的出租车商业模式

（注：“今天”表示驾驶员驾驶燃油出租车的商业模式，
“明天”表示由自动驾驶技术与电动汽车结合而成的网约车模式）

2.5.2　效率领先模式——垄断竞争

在新技术出现后，行业从劳动密集型向资本密集型转变，行业的终局模式也从完全竞争模式变成垄断竞争模式。

例如，在 ChatGPT 出现后，思考和打字工作由人工劳动变成由机器自动化完成。“三个臭皮匠顶个诸葛亮”的时代一去不复返了。机器的效率要远高于人的效率，机器可以全年无休，并且可以同时处理多个任务。但购买机器本身需要大量的资本投入，这时，一旦行业中有一家企业率先进行了这种资本投入，竞争的游戏规则就会被改变，行业开始从劳动密集型转变为资本密集型。

资本密集型行业与劳动密集型行业最大的差别是，通过一套智能写作程序可以在短时间内创作出大量文章，而不需要人工的参与，也不需要寻找更多的人来写作。这里的成本是软件和硬件的费用，这些成本不会随着产品数量的增加而提高，所以当产品的数量不断增加时，固定成本被持续摊薄。而此时行业的终局模式也由完全竞争模式转变为垄断竞争模式。

转型比较晚和无法负担前期资本投入的企业会最先被淘汰，剩下的企业会为扩大规模而战。由于前期的资本投入较大，每家企业都有非常高的沉没成本，无法轻易退出，因此竞争非常容易变成横向的企业并购和以价格换取快速的扩张。

> ⏰ **要点金句**：在垄断竞争模式中，竞争模式是快速扩大规模。

在垄断竞争模式下，规模是取胜的关键，也是企业在面对上下游产业链竞争时对资源进行议价的武器。

2.5.3 利润控制模式——寡头垄断

在资源比较集中的行业，从垄断竞争中胜出的企业之间的竞争将从横向竞争转变为纵向竞争。这时，行业的终局模式也会从垄断竞争模式演变成寡头垄断模式。

从垄断竞争模式中胜出的企业会走向寡头垄断竞争模式，如宾夕法尼亚铁路公司、美国钢铁公司等。

1912年新泽西标准石油公司的故事清楚地说明了寡头垄断模式的演变过程。在垄断竞争模式中，新泽西标准石油公司进行了充分的横向扩张，已经成为一个炼油厂的联合体。横向扩张的另一个结果是规模化和市场的快速扩张。由于需求增加，新泽西标准石油公司经常要以不合理的价格采购原油来满足需求，甚至在严重的时候，当炼油厂准备就绪时却无法获得所需的原油。

垄断竞争模式下的胜利者开始依赖上游的原油的供应。1917年3月，在一次高层内部通信中，墨西哥分公司的总经理向运营和财务经理提出建议：

我认为石油工业真正的动力来源是控制生产，在这方面，我们公司似乎并没有处于有利的位置。

在他提出这个建议两年后，董事会成立了一个外海生产部，将他从墨西哥分公司上调到总部，担任该部门的领导，负责协调和监督新泽西标准石油公司在各个地区的石油勘探和生产活动。

> ⏰ **要点金句**：在寡头垄断模式中，竞争模式是控制上游资源。

📝【本章知识点小结】

◎ 商业环境预测最重要的影响因素是时间。1天、1年和10年的预测方法和准确性

- 是完全不同的。
- ◎ 提高预测的准确性的秘诀是选择预测那些不变的部分，避免预测那些变化的部分。
- ◎ 技术、经济、社会和政策是环境变化的驱动因素，技术的变化速度最快。技术扩散会连带引起其他几个因素的变化。
- ◎ 服务业是制造业的一部分，在生产者和消费者之间进行干预，使消费者获得更好的体验。
- ◎ 行业的终局模式有 3 种，即完全竞争模式、垄断竞争模式和寡头垄断模式。其中完全竞争模式一般出现在劳动密集型行业中，垄断竞争模式一般出现在资本密集型行业中。
- ◎ 从完全竞争模式到寡头垄断模式的转变曾经出现在体力劳动的农牧产业中、手工劳动的制造产业中，也一定会出现在脑力劳动的信息产业中。

【思考和下一步行动】

竞争、效率、利润，你在哪一站？

行业的终局模式决定企业的竞争模式，企业的竞争模式决定了每个人的职业发展。

那么，你所处的行业的终局模式是哪种？这是每家企业的管理者都关注的问题，也是每个商业分析师都需要认真思考的问题，更是你应该关注的问题。

无论你身处的行业的终局模式是哪种，以下 3 点都可以帮助你更早地发现商业环境的变化。

- ◎ 在完全竞争模式中发现新技术，追踪新出现的技术及技术扩散路径。
- ◎ 在垄断竞争模式中关注行业中规模最大的企业，追踪友商的投资路径。
- ◎ 在寡头垄断模式中关注资源，追踪上下游企业的竞争和行业的终局模式。

第 3 章
军事战略 vs 企业战略

温泉关战役

温泉关战役是希波战争中的一次著名战役，也是西方历史上一次重要的战役。公元前 480 年，波斯大军远征希腊，斯巴达国王列奥尼达一世率领 300 名斯巴达的精锐战士在温泉关抵抗波斯大军，成功拖延波斯大军进攻，为雅典及其他城邦准备战役争取到宝贵的时间，也为之后希腊的胜利立下大功。

企业战略起源于军事战略。对于军事战略，我们可以在真实的商业世界中找到与之相对应的商业战略。

3.1 如何赢得一场战役

《荀子·王霸》中将战役取胜的关键因素归结为 3 个：天时、地利、人和。在温泉关战役中，斯巴达能够取得胜利，也是因为具备这 3 个关键因素。

> **要点金句**：《荀子·王霸》中说："农夫朴力而寡能，则上不失天时，下不失地利，中得人和而百事不废。"

在温泉关战役中，斯巴达的精锐战士成功拖延了波斯大军的进攻，争取到时间。回顾列奥尼达一世在整个战役中的行动，可以发现其中有 3 个关键因素：天时、地利、人和，如图 3-1 所示。其中天时和地利都是环境带来的有利因素，而将这三者组织在一起的是列奥尼达一世的领导力。

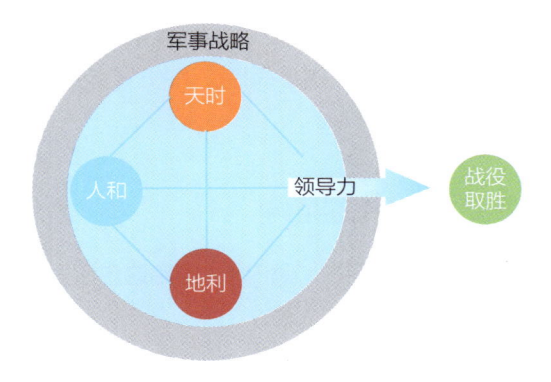

图 3-1 战役取胜的关键因素

我们以温泉关战役为例，对这 3 个关键因素进行拆解。

1. 天时

战役发生时正是希腊的粮食收获时间，这为斯巴达和希腊抵抗波斯大军的进攻做好了准备工作。正所谓"三军未动，粮草先行，兵精粮足，战无不胜"，这是天时。

2. 地利

战役发生在温泉关，温泉关是希腊中部的一处险要关隘，前后长约 5 千米，易守难攻。温泉关周围是难以逾越的山川，不利于波斯骑兵活动，这是地利。

3. 人和

战役中的斯巴达战士是列奥尼达一世从亲卫队中精心挑选出的精锐战士。这些人常年跟随并保护国王，受国王恩惠，并且他们全部都有子女，不会因为阵亡而绝嗣，这是人和。

此外，斯巴达军队的领导者列奥尼达一世认为这次战役是他的使命，他利用领导力将天时、地利、人和这 3 个关键因素组合在一起。

在真实的商业世界中，天时、地利、人和也是一个成功的企业战略应具备的 3 个关键因素。

3.2 如何赢得一次商业竞争

罗伯特·伍德（Robert Wood）说："企业在它的零售和管理中，犯了管理著作中所指出的每一种错误。但最终看来，企业在零售业的持续成功归功于战略计划。从某一方面来说，商场如同战场，就是说总体战略必须是正确的。你可以犯任何战术上的错误，但最终企业仍可获得成功。"

3.2.1　企业战略是军事战略的延伸

管理可以出错，但战略绝对不能错。罗伯特·伍德这句话虽有些偏激，但显示出战略在企业中的重要性。那么，什么是企业战略？

企业战略与军事战略相通。第一个将军事战略应用到企业中的人是伊戈尔·安索夫。1956 年，伊戈尔·安索夫进入洛克希德公司工作，后来成为该公司的副总裁。伊戈尔·安索夫综合了钱德勒的间接经验和洛克希德公司前董事长罗伯特·E. 格罗斯（Robert E. Gross）的经验，提出了企业战略的概念。

3.2.2　成功的企业创造价值，失败的企业追逐利润

企业战略的概念一直在不断进化、不断完善、不断适应环境。企业战略经历了从微观层面的盈利能力到宏观层面的长期生存能力、从短期利润到长期利润、从客单价到客户终身价值的转变，如图 3-2 所示。无论是 1907 年的西尔斯·罗巴克慷慨的"7 天无理由退货"政策，还是 1915 年的大西洋和太平洋食品公司的战略转变，都是企业为了适应市场环境和竞争模式而做出的改变。

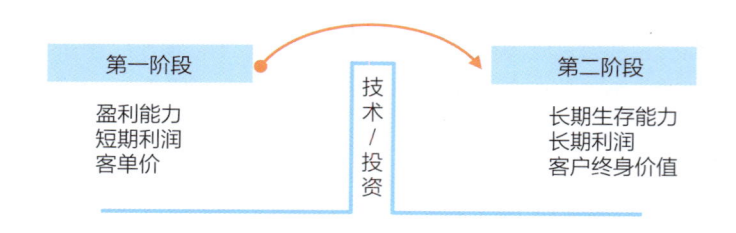

第一阶段	技术/投资	第二阶段
盈利能力 短期利润 客单价		长期生存能力 长期利润 客户终身价值

图 3-2　企业战略不断进化的两个阶段

1. 企业战略进化的两个阶段

战略是战争的谋略。在军事中，战略是利用力量和资源实现既定战役目标的艺术。在商业环境中，企业的战略是在任何复杂的市场环境中都能获得长期且令人满意的回报的艺术。

18—19世纪，长期且令人满意的回报是指企业短期内的盈利能力。这是企业战略发展的第一阶段。

到了20世纪，长期且令人满意的回报进化为企业的长期生存能力。这是企业战略的发展的第二阶段。

在从第一阶段向第二阶段的进化中，彼得·德鲁克打破了利润最大化的传统。他提出生存才应该是企业的核心目标。尽管获得令人满意的盈利能力在微观层面仍然是企业的目标之一，但根据彼得·德鲁克的观点，无论将其解释为短期利润还是长期利润，利润最大化都是错误的概念。

亚马逊的创始人杰夫·贝索斯（Jeff Bezos）在1997年给股东的信中这样描述：

所有的都将围绕长远价值展开。

我们相信，我们是否成功的一个重要衡量标准是我们是否为股东创造了长期价值。这种价值直接来自我们巩固并提高目前自身市场领导地位的能力，我们的市场领导地位越高，我们的商业模式就越具有竞争力。更高的市场领导地位将带来更高的收入、更多的利润、更快的资金周转速度，以及更高的资本回报率。

阿里巴巴的文化和价值观如图3-3所示，其中愿景的第一句就是"追求成为一家活102年的好公司"，这充分体现了彼得·德鲁克提出的生存是企业的核心目标的观点。

图3-3 阿里巴巴的文化和价值观

当然，并不是所有企业的愿景都强调长期生存能力，但所有企业的愿景都与盈利能力、利润最大化无关。

◎ 微软的愿景：以赋能为使命。

◎ 腾讯的愿景：用户为本，科技向善。

◎ 宝洁的愿景：为现在和未来的世世代代，提供优质超值的品牌产品和服务，在全世界更多的地方，更全面地亲近和美化更多消费者的生活。作为回报，我们将会获得领先的市场销售地位、不断增长的利润和价值，从而令我们的员工、股东，以及我们生活和工作所处的社会共同繁荣。

2. 企业战略进化背后的逻辑

企业战略进化主要是为了适应市场和商业环境的变化。企业战略进化的原因有以下3个。

（1）从18世纪到19世纪，技术和资本的增长速度较慢，因此企业很少考虑长期的投入。而到了20世纪初和第二次世界大战后，企业对技术和资本的需求大量增加，对这些占比越来越高的长期投入的回报进行衡量的要求提高了。

（2）在对技术和资本的需求得到满足后，企业的规模不断扩大，企业在社会中的角色也发生了变化——从一个私人企业变成大型公共机构。其中最具标志性的是1846年诞生了第一家现代大型企业宾夕法尼亚铁路公司，以及为其发行债券（见图3-4）筹资的美国第二银行和以J.P.摩根为代表的一批投资银行。大型企业必须兼顾和平衡股东、员工、客户、供应商、公众的目标和诉求。

图3-4　1846年宾夕法尼亚铁路公司发行的债券

（3）在技术和资本的投入比例越来越高的趋势下，短期利润根本无法收回投资，企业必须通过实现规模化来获得长期可持续的回报。这就要求企业战略从获取眼前的短期利润转变为获取长期利润，体现在业务中就是从一次获取大规模利润转变为多次获取小规模利润。简单来说就是改变"一锤子买卖"的运营模式，而活下去是获取长期利润的前提条件。

3. 西尔斯·罗巴克、大西洋和太平洋食品公司、亚马逊的战略演进

1907年，在西尔斯·罗巴克的"7天无理由退货"政策下，客户可以在邮购目录中随意选购并自由退货，这正是他们想要的。退货数量惊人，有时退货所占的空间几乎与准备装运的新货物所占的空间一样大。虽然退货有时几乎使西尔斯·罗巴克破产，但它每次都能挺过去，因为总有比不满意的客户更高兴的客户。换句话说，有足够多满意的客户来维持西尔斯·罗巴克的业务发展。

1915年，大西洋和太平洋食品公司连锁店的销售毛利率在3%左右。约翰·哈特福德（John Hartford）要求把销售毛利率降低到2.5%，并且永远不要超过这个数字。如果销售毛利率提高，就可能表明大西洋和太平洋食品公司正在退出杂货市场的竞争。

无独有偶，杰夫·贝索斯也曾说过："这个世界上有两种企业，一种是尽可能地说服客户购买高利润产品的企业；另一种是拼命把价格降到最低，把利润让给客户的企业。我觉得这两种企业都能非常成功，不过我们坚定地选择做后面这一种企业。"

在考虑到前期投资的情况下，我们就能更好地理解杰夫·贝索斯反复强调的"用户体验"和"我不要利润，我只要增长"的生意经了。

3.2.3 商业竞争的3个智慧：天时、地利、人和

前面介绍过，企业战略来源于军事战略。将军事战略和企业战略放在一起，我们可以发现二者有很多相通之处。企业战略可以被表述为在适当的环境因素下（天时、地利），领导者通过有效（领导力）地组织资源（人和），使企业获得长期且令人满意的回报（微观和宏观目标）。

我们将军事战略和企业战略做一个简单的对比，如表3-1所示。

表 3-1　军事战略和企业战略的对比

关键因素	军事战略	企业战略
目标	拖延波斯大军，为希腊赢得时间	短期利润和长期生存的能力
天时	粮食收获的季节	技术、经济、社会和政策
地利	一处被称为温泉关的希腊中部东海岸卡利兹罗蒙山和马利亚科斯湾之间的狭窄通道	可以利用的资本、经验、技术和人才等因素
人和	国王亲卫队中有子女的精锐战士	对通才和专才的招聘、选择、组合和使用过程
领导力	列奥尼达一世的决心和使命感	领导者的领导能力和价值观

1. 目标

温泉关战役中的目标是拖延波斯大军，为希腊赢得时间。在真实的商业世界中，从微观层面来看，企业的目标是获得令人满意的短期利润；从宏观层面来看，企业的目标是获得长期生存的能力。

2. 天时

温泉关战役中的天时是粮食收获的季节。在真实的商业世界中，天时是行业和市场的变化，而背后的驱动因素则是人为了适应环境而做出的改变，归类为技术、经济、社会和政策。

3. 地利

温泉关战役中的地利是一处被称为温泉关的希腊中部东海岸卡利兹罗蒙山和马利亚科斯湾之间的狭窄通道。在真实的商业世界中，地利是可以利用的资本、经验、技术和人才等因素。

4. 人和

温泉关战役中的人和是国王亲卫队中有子女的精锐战士。在真实的商业世界中，人和是对通才和专才的招聘、选择、组合和使用过程。

5. 领导力

温泉关战役中的领导力是列奥尼达一世的决心和使命感。在真实的商业世界中，领导力是领导者的领导能力和价值观（后文会详细说明）。

3.2.4 道与术,战略与战术

战略与战术有什么区别?这是非常容易被混淆和乱用的两个概念。我们用一句简单的话对二者进行区分:战略向外看,战术向内看。战略关注的是外部环境的变化,战术关注的是内部的方法;制定战略是通才的日常工作,制定战术则是专才的岗位职责。战略与战术的区别如图 3-5 所示。

战略向外看
关注的是外部环境的变化
制定战略是通才的日常工作

战术向内看
关注的是内部的方法
制定战术是专才的岗位职责

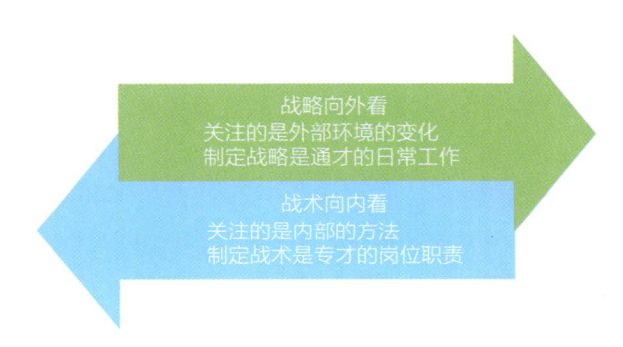

图 3-5 战略与战术的区别

1. 战略关注外部,战术关注内部

在温泉关战役中,战役的时间、地点,选择的战士等是战略;使用什么样的武器,以什么样的队形进攻和防守,在温泉关的哪个路段迎敌,如何应对波斯大军的远射,何时掷出长矛等,这些是战术。

将军事环境类比到真实的商业环境中,市场的变化、新技术在行业中的应用、行业竞争格局的变化、吸引专业人才等是战略;制定工作流程、定价策略、营销策略等是战术。

简单来说,战略关注外部,战术关注内部;战略关注目标,战术关注方法;战略只关注外部环境的变化,这些变化带来的潜在机会,以及在自身资源与潜在机会匹配后的目标选择,而战术只关注实现目标的详细计划和行动。

2. 通才关注环境,专才关注方法

菲洛皮门(Philopoemen)作为战争的指挥者、战略的制定者,熟悉战场中的各种地形特性,了解山脉如何起伏、峡谷如何凹陷、平原如何展开,知道河流、沼泽的特性,并且对这一切予以最大的关注。这是一个将领首要并且必备的技能,因为这种技能会教他如何发现敌人、选择营地、排兵布阵、指挥战斗,以及利用地形优势隐藏自己或者围

攻敌人。

据说，即使在和平时期，菲洛皮门也经常进行战略思考。当他和其他将领在野外时，他常常停下来同他们探讨：如果敌人在那个山丘上，而我们的军队在这里，谁占有优势呢？如何才能快速迎敌呢？如果我们想从这里撤退，我们应该怎么做呢？如果敌人撤退了，我们应该怎么追击呢？但另据说，菲洛皮门连战场上最基本的匍匐前进的动作都做不好。

将军事环境类比到真实的商业环境中，企业的领导者必须了解经济周期如何展开、行业如何演进、新技术何时出现及如何扩散、人口结构如何变化，并且对这一切予以最大的关注。这也是企业的领导者首要并且必备的技能。因为这种技能会教他如何发现潜在的机会、如何在市场上进行扩张、如何分配资源，以及如何利用自己的优势与对手进行竞争。但企业的领导者有可能不熟悉最基本的 SQL、Excel、Python 的操作。在军事环境与商业环境中，通才与专才的区别如表 3-2 所示。

表 3-2 在军事环境与商业环境中，通才与专才的区别

人才	军事环境	商业环境
通才	关注天气变化、地形特征、排兵布阵等	关注技术趋势、社会变化、行业演进等
专才	战斗技能：匍匐前进、枪械的使用等	工具技能：SQL、Excel、Python 等的操作

正所谓"术业有专攻"，这也是通才与专才的区别。通才关注环境和全局，专才关注方法和细节。环境的变化引发战略的变化，而高效的方法可以用于实施战略。

3.3 为什么我的战略没有用

你应该参加过让人一头雾水的企业战略会，听到过激动人心的战略规划，看到过失败的企业战略。为什么战略会失败？因为并不是每家企业都需要战略，也不是每个战略都会有效。即使是相同行业中的两家企业实施同一战略，在不同的环境中实施战略、在不同的时机实施战略，也会产生完全不同的结果。

> 要点金句：战略需要跨越门槛，需要环境支撑，需要先发制人，否则就会失效。

3.3.1 人是战略最大的门槛

人是战略最大的门槛。这里的人指的是企业的领导者和每一个员工。只有跨过这道

门槛，战略才会开始发挥作用。

1886年，通用汽车公司的创始人威廉·杜兰特（William Durant）在收购马车弹簧悬挂专利许可证时不需要战略；1939年，比尔·休利特（Bill Hewlet）和戴维·帕卡德（Dave Packard）在加利福尼亚的爱迪生大街的一间车库里成立惠普公司时不需要战略；1998年，拉里·佩奇（Larry Page）和谢尔盖·布林（Sergey Brin）在车库创业时，他们关心的是技术、应用，甚至是房租的问题，而不是战略。

所有大型企业都经历过从0到1的过程，在这个过程中，企业不关注战略，更关注如何生存下去。

> 要点金句：在从0到1的过程中，企业不关注战略，更关注如何生存下去。

无论是制造业企业还是服务业企业，在从0到1的过程中都是劳动密集型企业。所有企业最终都会走向资本密集型企业或信息密集型企业，所有技术型CEO都会主动或被动地蜕变为管理型CEO。

无论是在流水线上拧螺丝的工人，还是创业初期的技术型CEO，都是战略的第一道门槛。在迈过这道门槛之前，战略没有价值。

3.3.2 环境是战略最大的制约

做一条大池塘里的小鱼，还是做一条小池塘里的大鱼？其命运可能完全不同。同一企业在不同的环境中实施同一战略，结果可能完全不同，所以战略需要有环境支撑，这里的环境是指市场。

> 要点金句：在不同的环境中实施相同的战略，结果可能完全不同。

1884年，美国烟草公司的创始人詹姆斯·杜克（James Duke）租了两台由詹姆斯·邦萨克（James Bonsack）发明的自动卷烟机（见图3-6）生产香烟。自动卷烟机让香烟的产量急剧提升，成本显著下降。面对每天12.5万支的香烟产量，詹姆斯·杜克开始为这种单一的产品寻找新的市场。1901年，詹姆斯·杜克收购了一家小型的英国香烟制造厂，开始向英国市场扩张。

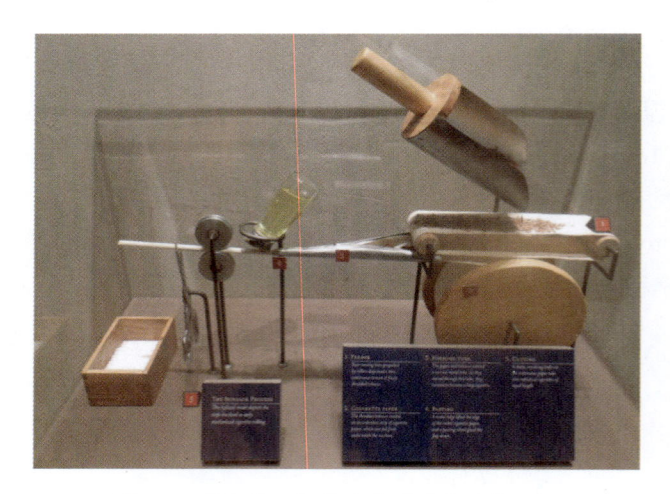

图 3-6　詹姆斯·邦萨克发明的自动卷烟机

几乎在相同的时间，英国的 WD-HOWills 烟草公司也进行了与美国烟草公司类似的技术改进，将每 1000 支香烟的成本从 5 先令 60 便士降低到 5 先令 10 便士。但 WD-HOWills 烟草公司最终没有形成与美国烟草公司相同的生产规模，并且在竞争中失败。面对美国烟草公司的挑战，WD-HOWills 烟草公司与 16 家英国的小型烟草公司联合组成帝国烟草公司，与美国烟草公司进行谈判，最终他们合资成立了英美烟草公司。在英美烟草公司中，帝国烟草公司仅持有 1/3 的股票，并且没有控制权。

同一行业中的两家企业采用了相同的技术和战略，最终结果却不同，原因在于两家企业所处的环境不同。人口规模和购买力是商业成功的两个重要决定因素。当时英国的面积和人口数量都远不及美国，人均收入增长也不及美国。

美国的市场可以消耗掉美国烟草公司生产的香烟，但相同的产量在英国引起的是产能过剩和行业间的恶性竞争。一个是大池塘里的小鱼逐渐长大，而另一个则是小池塘里的大鱼在恶性竞争。这也导致了相同行业、相同技术、相同产品、相同战略下美国烟草公司和 WD-HOWills 烟草公司完全不同的结果。环境是战略的第二道门槛。

3.3.3　速度是战略最大的优势

当机会出现时，第一家实施正确战略的企业会获得成功，并且建立竞争壁垒，其他企业则很难追上。企业需要在机会来临时先发制人，这样才能让战略起效。

WD-HOWills 烟草公司在发现美国烟草公司进入英国市场后，也曾联合 16 家英国的小型烟草公司组成帝国烟草公司，并且模仿美国烟草公司使用新的卷烟机进行大规模生产和管理，但未能成功。因为当市场趋于成熟，并且已经有占主导地位的大型企业（市场主导者）存在时，市场主导者将建立竞争壁垒，其他企业很难获得相同的地位和优势。

> 要点金句：企业要先发制人，因为市场主导者会建立竞争壁垒来阻止后来者的发展。

在美国烟草公司形成规模优势后，大规模生产带来的成本下降使其可以掌握香烟市场的定价权，并且大量增加广告宣传的资金也对市场中的竞争对手和新进入者形成了竞争壁垒。在美国烟草公司制定的价格下，英国一些小型烟草公司获利微薄，勉强生存。换句话说，英国大部分小型烟草公司生活在美国烟草公司的定价压力之下。

相同的竞争逻辑在滴滴出行和快的打车的补贴大战、共享单车的补贴大战、外卖送餐的补贴大战中被不断重复。第一家拥有广阔市场的企业可以实现规模化，同时获得定价权，并建立竞争壁垒。但是，一旦领先者贪图短期利润，定价过高，就会为竞争对手撑起一把"价格保护伞"，竞争对手将在这把"价格保护伞"下茁壮成长。

3.4 每个企业战略都需要环境、能力、领导力和价值观的支撑

战役的胜利依靠天时、地利、人和，企业战略则由 4 个要素相互支持，这 4 个要素分别是环境、能力、领导力和价值观，如图 3-7 所示。环境用于发现商业中的机会和风险，能力决定企业在面对这些机会和风险时自身的优势和劣势，而领导力和价值观则对企业战略具有一票否决权。

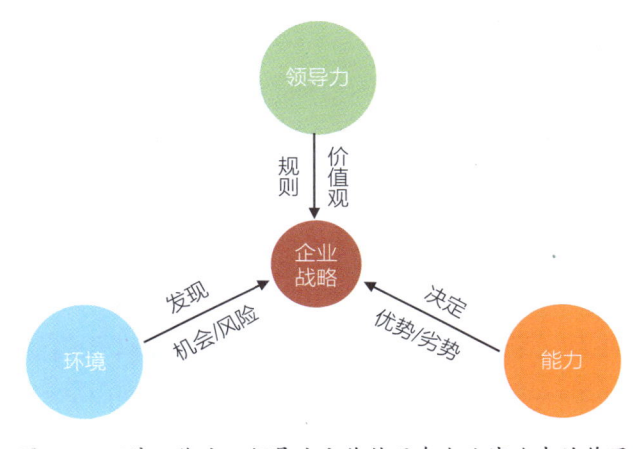

图 3-7　环境、能力、领导力和价值观在企业战略中的作用

3.4.1 环境扫描和分析——抓住机会，规避风险

支撑企业战略的第一个要素是环境。所有企业战略的制定和实施都围绕两个目标——抓住机会和规避风险。对企业环境进行扫描和分析就是寻找机会和发现风险的过程。

环境变化的驱动因素有 4 个：技术、经济、社会和政策。这 4 个因素的变化速度各不相同（技术变化最快，政策变化最慢），每个因素也都有自身固定的变化逻辑。

以环境中的技术变化为例，新技术从出现到应用，总结下来可以归结为 7 个方向（技术变革的 7 个主要方向）。因此，在分析技术这个因素时，我们只需要关注这 7 个主要方向。第 4 章会详细介绍分析方法。

在将环境变化带来的机会和风险与企业中的优势和劣势相匹配后，企业就可以通过扬长避短来确定战略的方向：是发挥优势来拥抱机会，还是补齐短板来规避风险；是选择进攻型战略，还是选择防守型战略。

有的读者可能已经发现了，这部分就是 PEST（Politics、Economy、Society、Technology，政治、经济、社会、技术）分析与 SWOT 分析的一个匹配过程：通过 PEST 分析和 SWOT 分析，可以将发现的机会和风险分别与企业自身的优势和劣势进行匹配。

3.4.2 能力来自人才的组织方式

支撑企业战略的第二个因素是能力。企业的能力由身处其中的每个人的能力组成，所有的优势和劣势由企业中的人才和人才的组织方式（组织结构）决定。简单来说，企业的能力就是如何招募、培养、使用人才，并以最高效的方式将专业人才组织在一起。

关于企业中人才的组织方式，我们可以参考日本企业三井集团和三菱集团的做法。三井集团以纺织品零售起家，三菱集团以航运起家，它们都经历过多次战略转型和组织结构变革。总结下来，企业中人才的组织方式包括 4 种。这些方式虽然简单，但依然有很多企业在使用。

1. 培训计划

企业中的培训计划最早只限于家族内部。三井集团的创始人三井八郎兵卫高利的儿子在家规中就曾明确提出"必须对员工的选拔和培训给予最大的关注"。随着企业规模的扩大，三井集团的培训开始面向外部员工。

日本的第一个留住人才的计划是技术培训。1880年年末，由于当时主要的劳动力是村庄中的年轻未婚女孩，这些十三四岁的女孩在学业还没有完成时就进入企业工作了，因此企业为这些女孩建立了学校。女孩们可以在工作期间继续完成学业，而在毕业前她们也不会离开企业。随后，日本24家棉纺厂纷纷建立了自己的学校。这些企业开展培训的目的是让女孩们更加忠诚地工作，并且通过培训提高其工作效率和操作设备的技能。

随后，这种培训开始在日本企业中被广泛开展。三菱集团的神户造船厂于1905年制订了一项关于培训青年工人的计划。培训的内容包括理论指导和在职培训。当时神户造船厂有300个工人接受了培训，但大部分人在完成培训之后就离开了。原因很简单，缺乏激励措施（直到1959年，稻盛和夫创立了阿米巴经营管理模式，才实现对人才最大化的激励）。

企业的这种培训计划在今天也非常普遍，很多企业建立了内部的学院，如摩托罗拉大学、克顿维尔学院、西门子管理学院等。阿米巴经营管理模式也成为被广泛使用的经营和激励模式。

2. 福利计划

福利计划与企业中人才的基本生活直接相关。例如，企业制订了住房计划，工人可以用较低的成本居住在企业提供的房子里；企业设立了内部商店，以低于市场的价格向工人提供主食和其他生活必需品；企业还制订了储蓄计划，工人可以将工资存在企业中，企业向工人支付高于当地银行的利息。

除了与家庭生活相关的福利计划，还有与公共需求相关的福利计划。例如，工人互助会，每个加入工人互助会的成员支付工资的3%，企业支付额外的部分。在发生患病、死亡或重大事件时，工人互助会的成员可以获得特定金额的补偿。1920年，这种形式的互助会在日本各大企业中相当普遍。

福利计划带来了薪酬增长，通过住房计划、内部商店、储蓄计划等与基本生活相关的福利来体现。这些计划与工人是否留在企业中相联系，工人一旦离开企业，所有福利就随之消失。最关注这类计划的是那些刚刚从乡村来到城市的第一批工人，他们首先需要解决的问题是基本的生活问题，而福利计划刚好可以解决这些问题，所以这类计划对初级工人最有效。

这种福利计划在今天人才竞争越来越激烈的大型企业中已经升级，如京东的住房保障基金。2012年，谷歌宣布了超级新福利——员工去世后，其配偶可领10年薪酬。这些福利让谷歌在当时的人才竞争中超过了竞争对手，成为最受欢迎的科技企业。

3. 工资计划

日本的工资构成非常复杂，工资大概包括基本工资、岗位工资、奖金和特殊津贴。基本工资严格按照工人在企业中的职位、等级和资历计算，每家企业都有一个非常复杂的计算规则，按照这个计算规则，工资每年都会定期增长。日本的企业没有工资保密的规定，每个工人都知道自己的资历和对应的工资，以及到达下一个等级所需的时间。

岗位工资是对特别困难的工作、需要早上提前开始的工作、夜班、领班等特殊职位的津贴。而奖金和特殊津贴则是对工人每个月不迟到、不早退又特别努力工作的奖励。这种福利和如今的加班费、全勤奖和最佳员工奖等非常相似。

4. 晋升计划

日本企业的晋升计划是以培训计划和终身雇用制的工资计划为基础的一种更高级的管理方法。在日本企业中，工人被分为 3 类。

第一类是临时或外包类的工人，这类工人不享受企业的福利和工资制度，并且在生产发生波动时被用来临时弥补人员短缺或随时被辞退。这类工人只有在表现良好之后才会成为企业的正式工人。

第二类是正式的基层工人，这类工人占企业所有工人的 70%～80%。这类工人参与资历的排序（用来确定基本工资），可以享受企业提供的所有福利。例如，富士胶片公司将工人分为 15 个不同的等级，最高等级的工资是最低等级的 6 倍。

第三类是办公室员工，他们受过高等教育，也只有他们才有资格晋升到更高级的管理职位。与正式的基层工人有等级划分类似，办公室员工也有隐藏的等级划分。

综合来看，培训计划留住了刚刚来到企业的年轻工人，福利计划留住了初级工人，工资计划留住了熟练技工，晋升计划留住了管理层人员，如表 3-3 所示。

表 3-3　日本企业的人才组织方式

人才组织方式	对应的工人层级	具体形式
培训计划	年轻工人	企业内部学院的培训
福利计划	初级工人	住房计划、内部商店、储蓄计划、工人互助会
工资计划	熟练技工	基本工资、岗位工资、奖金和特殊津贴
晋升计划	管理层人员	等级划分

3.4.3 理解领导力的本质

支撑企业战略的第三个因素是领导力。领导力决定了企业中的各方能否在既定的战略目标下团结在一起。

如何建立领导力？坚定的决心、使命感、身先士卒等，这些都是成为领导者必备的条件，已经被很多介绍领导力和团队管理的书完整地总结过。笔者想从另外一个视角来看这个问题。

要建立领导力，就必须有坚定的决心。在温泉关战役中，列奥尼达一世在出征前通过嘱咐妻子宣告了他的决心；27岁的路易十四选择在一个乡村小镇旁的一片蚊虫肆虐的沼泽地上建造他的新宫殿，以此证明他的意志强过世间万物。在企业中建立领导力不需要立"遗嘱"，也不需要通过一座建筑来表达意志力。在有些企业中，领导者会以完成看似不可能完成的任务来表达坚定的意志。

> **要点金句**：要完成不可能完成的任务也在证明领导者的决心，当有疑问时，请考虑你质疑的是KPI（Key Performance Indicator，关键绩效指标）本身还是领导力。

但是，对大部分领导者来说，建立个人领导力有一个标准的答案可供参考：你必须表现得像一个领导者。

那么，如何才能表现得像一个领导者？答案是效仿。

据说亚历山大（Alexander）效仿了希腊神话中的阿喀琉斯（Achilles），恺撒（Caesar）效仿了亚历山大，路易十四（Louis XIV）也效仿了亚历山大，而拿破仑（Napoléon）成功地效仿了恺撒，大西庇阿（Scipio）效仿了居鲁士（Cyrus）大帝。如果你读一读历史学家苏格拉底（Socrates）的弟子色诺芬（Xenophon）撰写的居鲁士生平，就可以发现大西庇阿与居鲁士有多么相似。英国女首相丽兹·特拉斯（Liz Truss）也成功地效仿了英国第一位女首相撒切尔（Thatcher）。

这种效仿在其他领域也很常见，伍尔沃斯通过复制房间中的装饰、收藏各种雕像和油画效仿拿破仑，美国铁路巨头科尼利尔斯·范德比尔特（Cornelius Vanderbilt）以一句"如果他们想要战争，我就给他们战争"效仿成吉思汗讨伐花剌子模的著名战书"尔要战，便战"。在艺术节上，毕加索（Picasso）创作的作品效仿了西班牙阿尔塔米拉洞穴中的公牛壁画（见图3-8）。

图 3-8　阿尔塔米拉洞穴中的公牛壁画

我们挑出其中的两位领导者进行对比。一位是恺撒,另一位是他的效仿者拿破仑。我们通过简单对比一下他们的战报,就能发现他们的相似之处。

1796 年拿破仑的战报:

意大利的战役已经开始。我正在向您发送一份关于蒙特诺特战役的完整记录。

经过 3 天误导我们的行动,蟠龙率领 10 000 人的师攻击了将要控制沃尔特里的法国军队的右翼。

指挥那里的第 70 和第 99 旅的切尔沃尼将军的士兵英勇地抵抗了这次袭击。我对敌人的真实意图并不感到惊讶。我一收到右翼进攻的消息,就命令切尔沃尼将军等到晚上,然后以急行军的方式撤退,从敌人那里回到我的中心。

公元前 57 年恺撒的战报:

在午夜,我即用依客契乌斯派来的使者做向导,派弩米底亚和克里特的弓弩手,以及巴利阿里的射石手去援助那市镇。他们的到达不仅激起了雷米人抵抗的希望和反击的热情,还使敌人夺取那市镇的梦想落空。

拿破仑和恺撒的战报都是以主动语态进行描述的，很少出现被动语态，同时大量使用第一人称，进行大量的正面描写和夸张的形容。拿破仑与恺撒的战报对比如表 3-4 所示。

表 3-4 拿破仑与恺撒的战报对比

项目	拿破仑的战报	恺撒的战报
主动语态	经过 3 天误导我们的行动 从敌人那里回到我的中心	巴利阿里的射石手去援助那市镇
第一人称	我对敌人的真实意图并不感到惊讶 我一收到右翼进攻的消息	我即用依客契乌斯派来的使者做向导
正面描写	士兵英勇地抵抗了这次袭击	抵抗的希望和反击的热情
夸张的形容	我对敌人的真实意图并不感到惊讶	使敌人夺取那市镇的梦想落空

如何建立领导力？我们寻找一个卓越的商业领袖，看看他是怎么做的，分析他在商业竞争中胜利与失败的原因，并尽力效仿，如效仿他的发型、穿衣风格、讲话方式、手势、关注的问题、拍照的场景和姿势等，逐渐形成自己的风格。例如，丽兹·特拉斯就曾效仿撒切尔的穿衣风格。

领导力是个神奇的东西，但有时会失效。换句话说就是"没人听你的了"。领导力在不同的人群中的效力是完全不同的。我们从电影《斯巴达 300 勇士》中可以明显地看到这些区别，在温泉关战役中，列奥尼达一世对亲卫队的领导力要高于希腊援军，而波斯帝国的薛西斯（Xerxes）对波斯大军中雇佣军的领导力则只停留在表面，如图 3-9 所示。

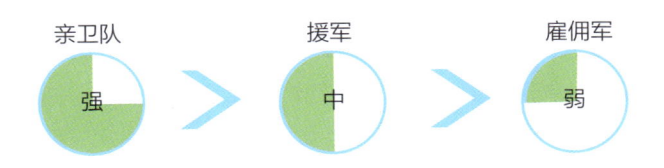

图 3-9 领导力在 3 类人群中的强弱等级

领导力失效的情况在公元前 480 年的温泉关战役中如此，在如今的商业世界中也是如此，如很多企业的空降高管在短时间内都难以建立领导力。管理亲自招聘、组建的团队，管理中途空降加入的团队，管理外包和兼职团队，对领导者来说是完全不同的 3 种领导力场景，领导者不要奢望在后面两种场景中建立起很强的领导力。

3.4.4 价值观是企业战略路径上的"面包屑"

如果说领导力是为了团结组织成员共同实现目标，价值观就是在过程中如何取舍的艺术。社会心理学家通过研究发现一个人的价值观是从父辈那里学到的知识，是和环境及时代相互作用的结果，是关于梦想的抽象描述，是区别于群体的基本特征，是对在完成使命和实现目标过程中使用的方法、采取的手段的选择。

在商业世界中，每个成功的领导者都有自己的价值观。这种价值观既展示了他的性格特征，又决定了他完成使命的方法。

◎ 微软领导者的价值观：尊重、诚实、责任。

◎ 腾讯领导者的价值观：正直、进取、协作、创造。

◎ 沃尔玛领导者的价值观：服务客户、尊重个人、追求卓越、诚信行事。

◎ 宝洁领导者的价值观：诚实正直、领导才能、主人翁精神、积极求胜、信任。

因此，价值观对战略有一票否决权，任何战略决策都必须与企业领导者的价值观一致。换句话说，领导者的价值观最终决定了战略决策。

> ⏰ 要点金句：价值观是领导者和团队在完成使命路上的"面包屑"，在每一个岔路口都指引着成功的方向。

Acoustic Research 的案例可以说明领导者的价值观在企业战略中的重要作用。Acoustic Research 是一家成立于 1954 年的声学研究企业，创始人埃德加·维尔丘（Edgar Villchur）在创业之前曾获得艺术史学士和硕士学位，并有过一段在剧院工作的经历（这些背景和经历塑造了他偏向审美型和宗教型的价值观）。他一直以尽可能低的成本将高保真声音推向大众市场，并将技术免费许可给竞争对手，最终完全放弃了原有的专利权。对于产品，他不仅保持低价，还保持较低的经销商利润率。最重要的是他拒绝进行一切广告活动，而这些都限制了企业的业务增长。

当 Acoustic Research 开发出一种新的音乐系统，并赢得高保真市场的听众时，新的市场机会出现了，进入公共广播、远程通信、助听器、噪声抑制等新市场的机会使企业具备了很强的盈利能力。机会已经出现，Acoustic Research 的技术是核心优势，但新的企业战略与创始人埃德加·维尔丘的价值观冲突，这是经济型价值观与审美型价值观的冲突（见图 3-10），是柴米油盐与星辰大海的碰撞。

图 3-10　经济型价值观与审美型价值观的冲突

另一个例子是魅族的创始人黄章。在创办魅族之前，黄章曾是新加坡爱琴公司的总经理。2002 年，在面对需求不断增长的 MP3 市场时，黄章认为应该增加研发投入，产品应该依靠卓越的技术和超群的功能赢得市场，而新加坡的大股东则希望通过在广告和营销上增加投入来扩大市场。由于双方无法达成一致，因此黄章选择了创业，于 2003 年创立了魅族。这又是一次价值观的碰撞。

不同企业的领导者有着不同的价值观，我们粗略地将其分为 6 个类别。

◎ 理论型价值观。

◎ 经济型价值观。

◎ 审美型价值观。

◎ 社会型价值观。

◎ 政治型价值观。

◎ 宗教型价值观。

在这些类别的价值观中，经济型价值观和审美型价值观，社会型价值观和政治型价值观，理论型价值观和宗教型价值观之间容易发生冲突，但也有可能碰撞出创新的火花。

【本章知识点小结】

◎ 企业战略起源于军事战略。战役的成败取决于天时、地利、人和，企业战略的成败由环境、能力、领导力和价值观决定。

◎ 不是每家企业都需要战略。只有当企业从劳动密集型企业进化为资本密集型企业或信息密集型企业时，战略才会起作用。

◎ 在相同行业、相同技术、相同产品、相同战略下，环境因素决定企业战略的成败。而当环境因素也相同时，速度和时间决定企业战略的成败。

- 建立个人领导力的最佳实践是效仿。领导力在自建团队、已有团队、外包和兼职团队中的效力依次递减。

加餐：从商业的角度看电影，战役中的领导力、组织和愿景

本章推荐电影《斯巴达 300 勇士》。企业战略来自军事战略，二者本就相通。从商业角度来看该电影可以发现，该电影讲解了从优秀的人才培养和选拔到建立组织，从通过传奇经历建立领导力到制订作战计划，从激励组织中的专才建立信心到讲解组织协同（如何使用盾牌），从对不同军队的领导力差异到树立目标和愿景的过程。

从商业角度看，该电影的看点如下。

- 战役获胜的 3 个关键因素：天时、地利、人和。
- 列奥尼达一世对温泉关战役的愿景：为自由而战。
- 列奥尼达一世在战役前和战役中是如何激励专业人才、如何表达坚定的决心的。
- 列奥尼达一世对亲卫队、底比斯人和希腊援军的不同领导力。

【思考和下一步行动】

每个人都应该建立自己的领导力

建立领导力是专才成长为通才的必经之路。拿破仑最初只是拉斐尔军团里的一个炮兵少尉，专门研究打炮理论，这时他是一个专才。

蜕变从效仿修辞手法开始。恺撒是拿破仑这一代的热门人物，高年级的学生都被要求阅读恺撒的文章。拿破仑的领导力开始于 1796 年的一份战报，在这份战报中，他大量效仿了恺撒的修辞手法。随后的事情都被写在了法国历史中。

如何建立你的领导力？我建议你首先分析一下自己所处的领导力场景，然后从一份工作周报或月度述职报告开始效仿领导者。在保证内容客观、准确的同时，你可以试着使用以下修辞手法。

- 尽量多使用主动语态，避免出现被动语态。
- 使用第一人称视角描述工作内容。
- 多描写工作中积极的、正面的事件和形象。
- 适当地使用夸张手法。

第 4 章
商业分析的本质是对人口的洞察

伊丽莎白一世的故事

16 世纪末，英国新女王伊丽莎白（Elizabeth）一世发现自己正在为权力和威望苦苦挣扎。为了重新获得权力，她开始利用产品的霸权。伊丽莎白一世要求各地的贵族在伦敦参加一个仪式感极强的宫廷活动，并以此来获得女王的恩惠。

每个贵族都开始思考如何在宫廷活动中超越竞争对手，展示自己的地位。慢慢地，贵族们发现一种最有效的方法：炫耀性地花钱。通过产品的象征性意义来展示自己高贵的地位。

贵族的示范作用带动了更多人的效仿，乡村绅士们希望通过模仿贵族的行为来获得更高的社会地位。他们带着妻子来到伦敦大肆消费，或者在城镇的商店中寻找与伦敦一样的产品。这些大量涌入的人口和强劲的购买力彻底改变了伦敦的商业环境。

4.1 理解人口在商业中的作用

从 16 世纪末伦敦商业环境的变化过程中可以看出，人口规模和购买力是改变商业环境最重要的两个因素。这两个因素让伦敦迅速成为当时世界上强大的金融和贸易中心。

时间来到 20 世纪 30 年代，相同的变化在美国重演。美国在人口规模和购买力的增长方面开始超越英国。19 世纪 80 年代，美国人口规模是英国人口规模的一半，到了 1900 年是英国人口规模的 2 倍，到了 1920 年是英国人口规模的 3 倍。在购买力上，从 1870 年到第一次世界大战，美国的国内生产总值增长了 5 倍多，而英国只增长了 2 倍多。

> **要点金句**：人口规模 × 人均收入（购买力）= 消费者的需求总量。

20 世纪初，人口规模和购买力这两个因素推动纽约成为与伦敦齐名的金融和贸易中心（见图 4-1）。

图 4-1　人口规模和购买力推动纽约城市发展

16 世纪和 20 世纪，英国和美国，伦敦和纽约，两个时间，两个国家，两座城市证明了在真实的商业世界中人口规模和购买力是改变商业环境的原动力。

人口规模和购买力决定了消费需求。其中，人口规模决定了市场规模，购买力决定了消费层级。当人口出生率高时，人口规模变大，市场规模随之增长。当人口就业率高且从事高价值劳动时，人均收入增长，购买力增强，需求也随之增加。

因此，当你在真实的商业世界中听到人们谈论这个市场充满机会时，背后的潜台词是人口规模大、购买力强。反向使用这个逻辑可以对市场的判断进行验证。

那么问题来了，如何获得人口规模和购买力这两项重要的数据呢？

4.1.1　从统计年鉴中寻找线索

我国会定期进行人口统计，这些数据被记录在统计年鉴中，并且是公开的（我们可以从国家统计局网站上获得），各地区也有城市级别的统计数据。以我国 2022 年的统计年鉴为例，其中第 2 部分"人口"中包含了人口规模数据，如图 4-2 所示。

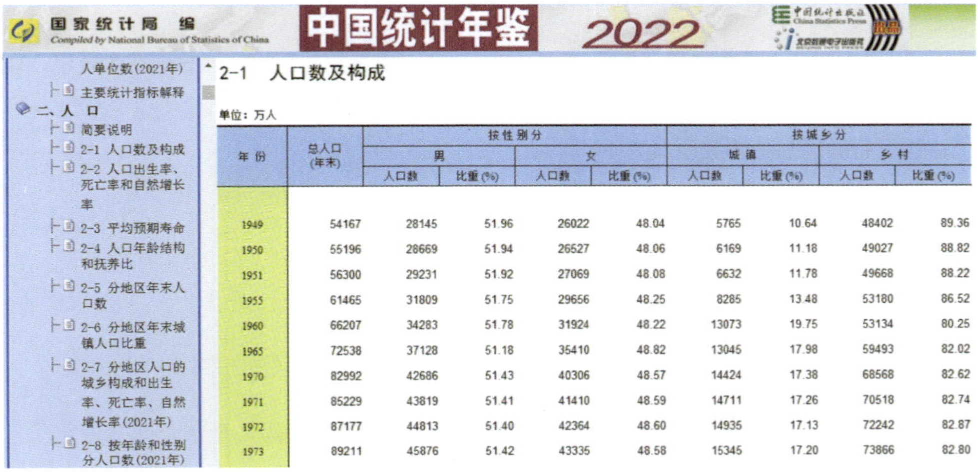

第 4 章　商业分析的本质是对人口的洞察　　063

图 4-2　人口数及构成

中国统计年鉴 2022 — 2-1 人口数及构成

单位：万人

年份	总人口(年末)	按性别分				按城乡分			
		男		女		城镇		乡村	
		人口数	比重(%)	人口数	比重(%)	人口数	比重(%)	人口数	比重(%)
1949	54167	28145	51.96	26022	48.04	5765	10.64	48402	89.36
1950	55196	28669	51.94	26527	48.06	6169	11.18	49027	88.82
1951	56300	29231	51.92	27069	48.08	6632	11.78	49668	88.22
1955	61465	31809	51.75	29656	48.25	8285	13.48	53180	86.52
1960	66207	34283	51.78	31924	48.22	13073	19.75	53134	80.25
1965	72538	37128	51.18	35410	48.82	13045	17.98	59493	82.02
1970	82992	42686	51.43	40306	48.57	14424	17.38	68568	82.62
1971	85229	43819	51.41	41410	48.59	14711	17.26	70518	82.74
1972	87177	44813	51.40	42364	48.60	14935	17.13	72242	82.87
1973	89211	45876	51.42	43335	48.58	15345	17.20	73866	82.80

第 6 部分"人民生活"中包含了全国居民人均收支（购买力）数据，其中又细分为工资性收入、经营净收入等，如图 4-3 所示。这两个部分合在一起构成了消费者需求总量的驱动力，可以用于完成粗糙的市场趋势预测。

图 4-3　全国居民人均收支情况

中国统计年鉴 2022 — 6-1 全国居民人均收支情况

单位：元

指标	2015	2016	2017	2018	2019	2020	2021
全国居民人均收入							
可支配收入	21966.2	23821.0	25973.8	28228.0	30732.8	32188.8	35128.1
1.工资性收入	12459.0	13455.2	14620.3	15829.0	17186.2	17917.4	19629.4
2.经营净收入	3955.6	4217.7	4501.8	4852.4	5247.3	5306.8	5892.7
3.财产净收入	1739.6	1889.0	2107.4	2378.5	2619.1	2791.5	3075.5
4.转移净收入	3811.9	4259.1	4744.3	5168.1	5680.3	6173.2	6530.5
现金可支配收入	20424.3	22204.5	24201.9	26291.4	28612.1	29918.7	32382.7
1.工资性收入	12386.2	13379.0	14537.8	15746.4	17096.9	17817.6	19493.2
2.经营净收入	3782.7	4111.4	4424.1	4880.3	5269.7	5307.1	5664.5
3.财产净收入	689.5	739.6	811.5	877.8	1001.5	1067.5	1246.1
4.转移净收入	3565.9	3974.3	4428.6	4786.9	5244.0	5726.4	5978.5

将这两个指标按行业进行细分，会得到不同行业的市场规模和消费者需求总量。

4.1.2 财报中永恒的"主角":人口规模

人口规模和购买力这两个指标不仅影响着国家和城市,还影响着整个商业环境,以及身处其中的每个行业和每家企业。每个行业都有自己细分的人口规模指标(见图4-4),而这也是行业增长的重要驱动力。

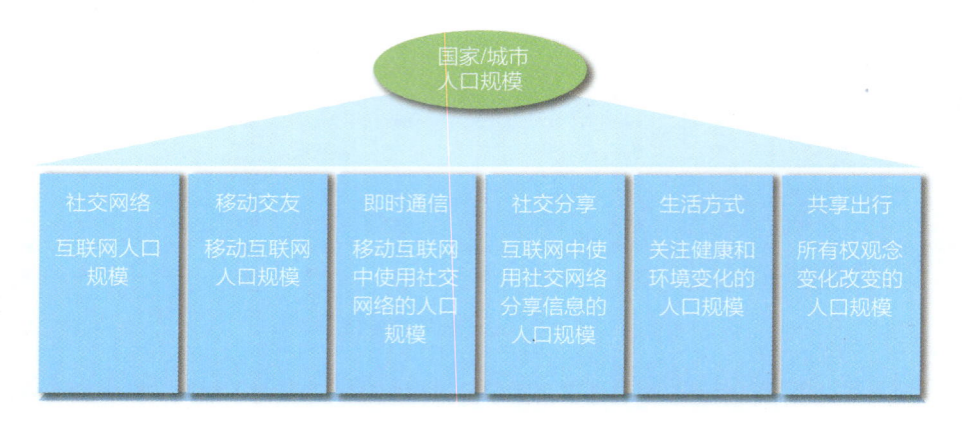

图4-4 按行业和赛道细分的人口规模指标

从不同行业上市企业的招股说明书(F-1或S-1文件)中都能看到这两个指标的影子。下面列举不同行业的5家上市企业进行说明,其中人口规模影响着企业规模,购买力影响着企业盈利能力。

1. 陌陌

陌陌在2014年11月提交上市申请。在F-1文件中,陌陌表示移动交友增长的驱动力是中国移动互联网市场的增长,以及人们在移动社交网络的行为演变。陌陌详细地描述了中国社交网络从PC(Personal Computer,个人计算机)端向移动端迁移的过程。与全球市场类似,中国的移动互联网人口规模也在大规模增长。据eMarketer称,中国的移动互联网用户数量从2011年的3.756亿人增长到2013年的5.561亿人,复合年增长率为21.7%。这实际上说明的是中国移动互联网社交赛道中的人口规模的增长趋势。

2. NHN

韩国互联网集团NHN在F-1文件中指出,即时通信软件Line增长的驱动力是移动互联网的普及。发送移动消息和使用社交网络已成为移动互联网用户的日常活动之一,它们已成为人们在线沟通的新手段。根据App Annie的说法,在2014年3月—2016年3

月的两年中，10 大应用程序中有 4 个是移动消息应用程序。这实际上体现了移动消息应用赛道中人口规模的增长趋势。

3. 色拉布

色拉布（Snapchat）在 2017 年 2 月提交上市申请。在 S-1 文件中，色拉布表示 Snap Inc. 是一家相机公司，增长的驱动力是照相。100 多年来，人们使用各种方式记录并分享他们的生活：电报允许人们远距离地快速发送消息，电话使人们能够实时听到远方朋友的声音，色拉布使人们能够面对面地说话。这实际上体现了在移动社交赛道中人口规模的增长趋势，或者说体现了从电话向移动互联网转移的人口规模的趋势。

4. 别样肉客

别样肉客（Beyond Meat）在 2018 年 11 月提交上市申请。在 S-1 文件中，别样肉客表示增长的驱动力是代际变化造成的消费者生活习惯的改变。具体来说就是消费者对基于植物的蛋白质的兴趣，尤其是"千禧一代"和更年轻的一代。人们越来越意识到以动物为基础的肉类对健康和环境的影响。这实际上体现了在大健康赛道中人口规模的增长趋势。

5. 来福车

来福车（Lyft）在 2019 年 3 月申请上市。在 S-1 文件中，来福车表示驱动因素主要是代际的变化和人们习惯的改变，这主要来自几个方面：人们对共享和所有权的观念变化、按需服务的兴起、工作方式的转变、交通运输模式的变革。这实际上体现了在出行赛道中追求经济性、便捷性人口规模的增长趋势。

上市企业为什么如此强调这两个指标？因为人口规模决定了市场规模，而市场规模决定了企业规模，企业规模越大，市值就越高，所以间接来看，企业所在市场的人口规模决定了企业市值，如图 4-5 所示。

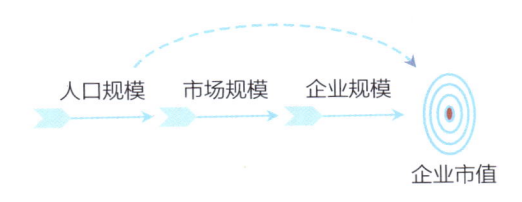

图 4-5　人口规模和企业市值的关系

> ⏰ **要点金句**：如果创业是撰写一个剧本，那么人口规模和购买力则是这个剧本中必须包含且永恒不变的两条剧情线。

感兴趣的读者可以对比一下互联网、移动互联网、社交网络、即时通信中人口规模的差距（见图4-6）。不同的人口规模造成企业市值间的巨大差距，如微软的市值为2.056万亿美元，苹果公司的市值为2.466万亿美元，Meta的市值为5313万亿美元，色拉布的市值为175.4万亿美元。

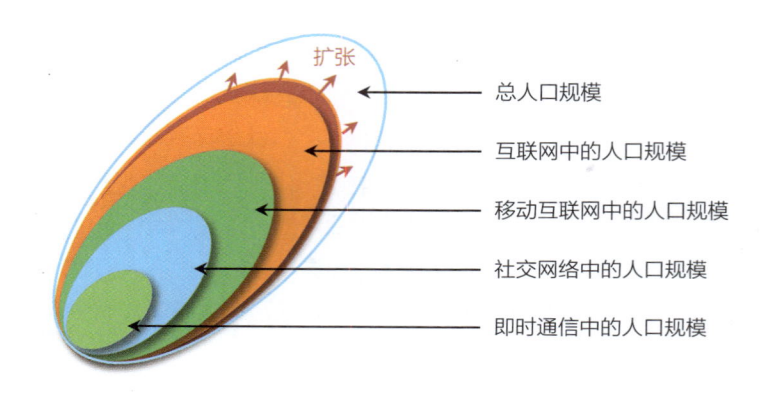

图 4-6　互联网、移动互联网、社交网络、即时通信中人口规模的对比

无论是统计年鉴中的人口规模和全国居民人均收支（购买力）数据，还是上市企业背后的增长驱动因素，这些信息都是公开的，容易获得。但获得信息不等于获得机会，更不等于获得远见，尤其是这种每个人都能发现的公开信息。我们需要的是一条从人口变化到改变商业环境的清晰脉络。

换句话说，人口规模和购买力是如何发生改变的？它们是如何传递到商业环境中的？在这个过程中是否有固定的顺序、节奏和时间表？每个因素背后的逻辑、因果和传递路径是什么？

4.2　理解人口与新技术的相互影响

人口规模与资源的变化密切相关，这里的资源指的是粮食。换句话说，人口规模与农业发展水平正相关。人口的繁衍就是对地球资源不断消耗的过程，资源限制人口的变化，二者高度正相关。直到技术这个撬动人口与资源杠杆的支点（见图4-7）出现，人口才开始逐渐摆脱资源的约束。

图 4-7 技术是撬动人口与资源杠杆的支点

4.2.1 新技术如何促进人口规模增长

在新石器时代，原始农业诞生了，人类开始了定居生活。最初的农业技术水平很低，所有农业劳动都围绕着撒种子和收割这两项活动进行。换句话说就是挖个坑埋上种子，看天吃饭。后来，人类的劳动内容增加了驱赶动物和铲除杂草的农作物保护活动。而定期浇水、施肥则是在很长时间之后才有的。由于原始农业的技术水平很低，人类只能在土壤松软、靠近天然水源的河岸地区进行劳动，因此古代文明是依靠重要的河流产生的。

> **要点金句**：新石器时代的河流就像今天的数据一样，都是重要的生产力工具。古代文明依靠重要的河流产生，使人们完成农业时代的生产。我们依靠数据进入后工业时代，实现从生产到消费的服务经济。

在这种较低的农业技术水平下，农作物的收获量有限。为了保证持续耕种，人们每年都必须从有限的农作物中留出一部分作为来年的种子。据说，大约在 10 世纪时，法国小麦的收获量只相当于种子的 3 倍。换句话说，当时法国每年收获的小麦要留出 1/3 用于来年播种。有时遇到自然灾害或者病虫害，农作物的收获量会更低。这种情况严重地限制了人口规模的增长，因为在现有的土地和农业技术水平下没有多余的粮食分给更多的人吃。

铁器的出现带来了引水灌溉和耕种技术上的大变革。铁器代替石器提高了效率，水车使可耕种的土地不再限于河流和绿洲周边，而使较远一些干旱的土地也可以用于耕种，农田的面积大大增加。此后，每一次金属冶炼技术的提高都会带来更多的可耕种农田面积。而可耕种农田面积的增加带来每年收获粮食的增加，粮食的增加带来人口的增长。

> **要点金句**：铁器的出现带来了引水灌溉和耕种技术上的大变革。人工智能的出现带来了数据应用和信息大变革。

吃饱饭是底层也是最基本的需求。除此之外，人们还有对穿衣、居住、医疗的需求，在这些生存需求得到满足后，会继续产生更高阶的安全、社交、尊重等需求。

技术是带来改变的第一个因素。技术改变了最初的人口规模，并且在后续人类适应和改变自然环境的过程中持续发挥作用。从石器时代到今天，技术始终在影响人口与资源之间的关系，如图4-8所示。

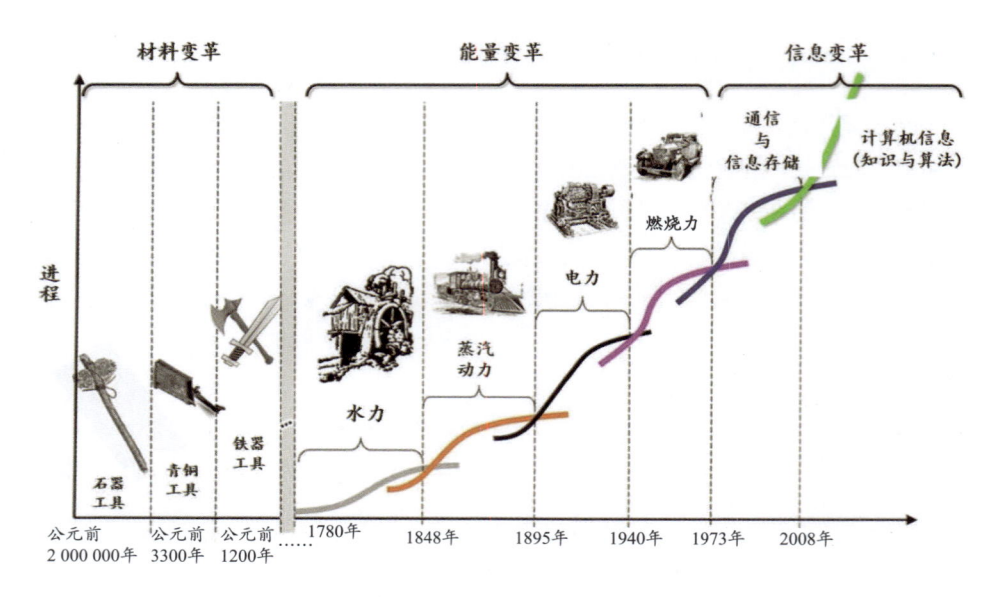

图 4-8 不同时代中主要技术对人口生存所需资源的撬动作用

4.2.2 技术创新的8个阶段和技术变革的7个主要方向

在石器时代，很少有机械设备，连一块有锋利缺口可用于切割生肉的石头都是罕见的。后来，人们掌握了真正的激光切割技术。回顾一项特定技术随着时间推移的演变过程可以发现，技术总在沿着特定方向不断积累，并在特定的时间点加速发展。

如今，新技术的出现正在变得越来越频繁。1920—1930年间，仅在美国就产生了40多万项专利技术。如何预测技术的发展方向和应用场景？

技术变革专家詹姆斯·R. 布莱特（James R. Bright）在1969年对历史上的技术变革进行分析后得出两个重要的结论。

◎ 第一个结论：技术创新有8个阶段，这是新技术从无到有的演进节奏。

◎ 第二个结论：技术变革有特定的 7 个主要方向。

结合以上两个结论，根据未来学家赫尔曼·卡恩的理论，笔者按照可能性和重要性对未来的技术变革进行预测和分类。

1. 技术创新的 8 个阶段

任何技术创新的过程都可以被分解为 8 个阶段，如图 4-9 所示。这是技术创新的固定节奏，不能快也不能慢，更不可能跨越。按照这个节奏，我们可以准确地对新技术进行准确的判断和预测。

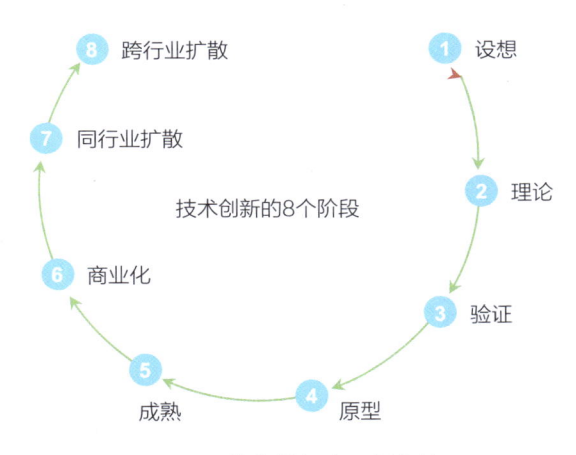

图 4-9 技术创新的 8 个阶段

◎ 设想：产生设想或概念阶段。很多设想或概念存在于科幻电影中。

◎ 理论：为设想寻找理论依据阶段。

◎ 验证：对设想的可行性进行验证阶段。

◎ 原型：建立技术原型，展示新技术的可行性阶段。

◎ 成熟：开始产品化，制造生产设施样品阶段。

◎ 商业化：开始规模化生产并进行广泛营销的阶段。

◎ 同行业扩散：标准化和价格战的开始阶段，使用相似技术且具有相同功能的产品开始出现的阶段。

◎ 跨行业扩散：使用相似技术但具有不同功能的产品开始在其他行业中出现的阶段。

2. 技术变革的 7 个主要方向

众所周知，新技术可能会使行业产生变革。但是究竟会使哪些行业产生变革？如何使产品产生变革？这涉及技术变革的方向。我们将所有的技术变革归结为以下 7 个主要方向。

- ◎ 增强运输能力。
- ◎ 增强控制能量的能力。
- ◎ 增强人类控制寿命的能力。
- ◎ 提高和改变材料的性能。
- ◎ 增强人类的感官能力。
- ◎ 提高体力劳动的机械化程度。
- ◎ 提高脑力劳动的智能化程度。

技术变革的 7 个主要方向和代表性企业 / 技术 / 产品如表 4-1 所示。

表 4-1 技术变革的 7 个主要方向和代表性企业 / 技术 / 产品

技术变革的 7 个主要方向	代表性企业 / 技术 / 产品
增强运输能力	SpaceX、蓝色起源（Blue Origin）、Waymo Driver、The Boring Company
增强控制能量的能力	特高压、光伏发电、太阳能屋顶（Solar Roof）
增强人类控制寿命的能力	脑机接口（Neuralink）、遗传工程
提高和改变材料的性能	纳米材料、碳纤维、康宁玻璃、3D 打印技术
增强人类的感官能力	虚拟现实技术（Virtual Reality）、增强现实技术（Augmented Reality）
提高体力劳动的机械化程度	库卡机器人、波士顿动力机器狗、扫地机器人、洗衣机、洗碗机
提高脑力劳动的智能化程度	AlphaGo、ChatGPT

从上面的例子中可以看出，很明显 1969 年的预测已经在 50 多年后的今天得到了验证，SpaceX、蓝色起源已经从设想阶段进入原型阶段；波士顿动力机器狗进入成熟阶段；ChatGPT 进入商业化阶段。

> ⏰ 要点金句：很多技术变革是从神话和科幻电影开始的，其中最著名的是中国的神话故事《嫦娥奔月》，今天梦想已经照进现实！

技术变革已经从科幻电影走进现实。相同的一些新技术建立了原型，正在展示技的可行性，太阳能屋顶等新技术已经进入商业化阶段，接下来是可以预测的同行业扩散和跨行业扩散阶段。

当技术创新的演变节奏和技术变革的 7 个主要方向综合在一起时，我们需要根据重要性和可能性对技术变革进行分类与预测，如图 4-10 所示。其中，可能且最重要的部分已基本实现，而另外 3 个部分有些也已经找到对应的设想、概念、理论依据或产品原型。

可能性

可能但不重要
3D摄影、电视
对气候的控制
人工合成食品
远程教育及办公
植物和动物遗传控制
……

可能且重要
已基本实现

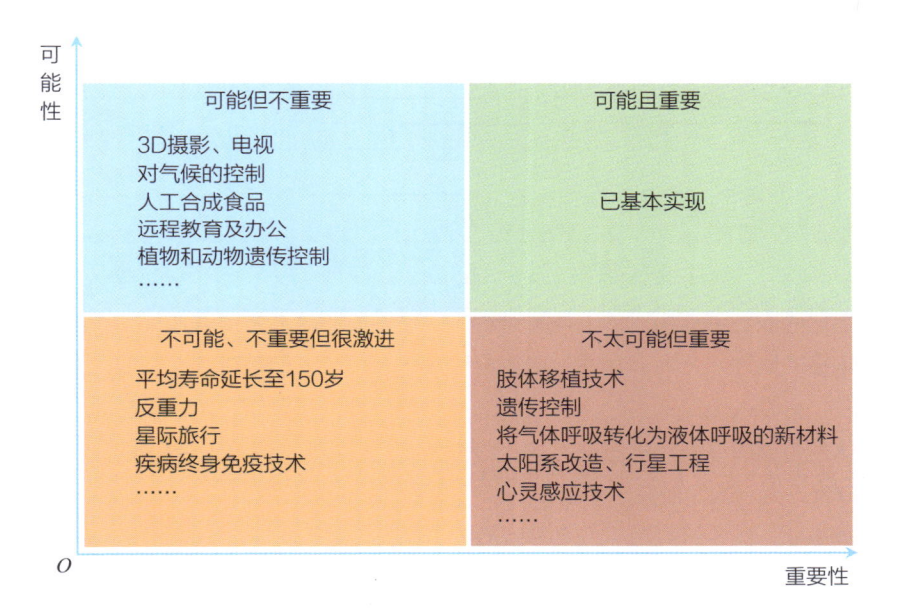

不可能、不重要但很激进
平均寿命延长至150岁
反重力
星际旅行
疾病终身免疫技术
……

不太可能但重要
肢体移植技术
遗传控制
将气体呼吸转化为液体呼吸的新材料
太阳系改造、行星工程
心灵感应技术
……

重要性

图 4-10　根据重要性和可能性对技术变革进行的分类与预测

4.3　理解新技术带来的经济环境改变

人对生存的需要、对资源的依赖、对改变环境的希望驱动着技术的变化，从而出现新技术，而新技术的出现也带来了经济环境的改变。那么，技术的变化是如何传导到经济环境中的呢？

4.3.1　技术通过有收入人口影响经济

经济环境由有收入人口占社会总人口的比例，以及这些有收入人口的工作性质和在不同产业间的转移与分布数量决定。当大部分人口从事农业劳动时，就表明当前处于农业经济中；当大部分人口从事工业劳动时，就表明当前处于工业经济中；当大部分人口从事服务业劳动时，则表明当前处于服务业经济中，如图 4-11 所示。

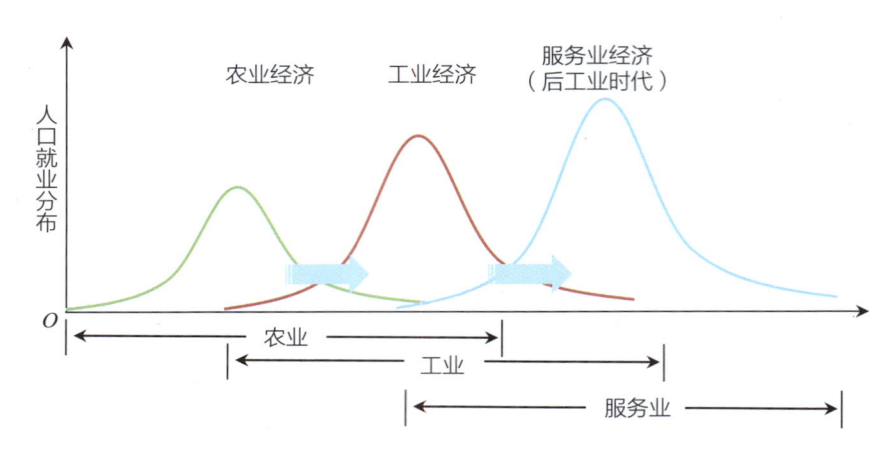

图 4-11　人口就业分布与经济环境的关系

在最初的农业劳动中，由于体力劳动的工作性质和劳动强度等原因，参与工作的大部分是年轻的男性。儿童、女性、老年男性等一大部分人口被排除在有收入人口之外。换句话说，有收入人口只占社会总人口的很少一部分。随着新技术和机械化的出现，大部分重体力劳动由牲畜和机器来完成。日常劳动的强度开始降低，更多的人口开始参与劳动，有收入人口的比例开始提高。

4.3.2　技术创造出新职业

那么，人口是怎么从一个行业向另一个行业转移的呢？在新技术和机器越来越多地被应用到农业劳动中后，农业劳动人口开始过剩。这时，农业劳动人口从乡村转移到城市，从农业劳动转移到工业劳动。

在劳动分工出现之后，工业开始需要并有能力吸纳更多的劳动人口。换句话说，由于效率的要求，一个人的劳动被分割为 12 个人的劳动，这带动大量人口从农业向工业、从乡村向城市转移。而劳动分工也进一步提高了工作效率，为这些人带来更高的收入。这是技术在宏观层面上对人口工作性质和收入的影响。

在微观层面，任何一项新的发明和技术都会创造出一个全新的职业。例如，第 2 章介绍过，在第一台雷明顿 I 型打字机出现后不久，出现了女性速记员这个职业。

这只是其中的一个例子，类似的还有汽车的出现创造出司机这个职业，电报的出现创造出发报员这个职业，赛璐珞的出现创造出摄影师这个职业，互联网的出现创造出网络编辑、新媒体运营、主播等职业，人工智能的出现创造出人工智能标记员这个职业，新技术能创造出新职业，也能使一些职业消失。

当女性从全职主妇变成有收入的速记员时，家庭中的空缺创造出保姆这个职业；当人们在职场中为了晋升和加薪而不断进取和竞争时，创造出职业技能培训这个职业。在这种连锁反应之下，新的职业需求不断扩散，人口在不同的职业中分布，各尽所能，各取所需。

按美国人口平均年龄 76.4 岁和退休年龄 67 岁粗略计算，人一生中大约 2/3 的时间都在工作。而在这些工作时间中，如果不考虑假期、疾病等因素，大约一半的时间被花费在单一且重复的工作上。

长期的固定劳动使每个人的技能都更加专业化，使每个人都变成一颗螺丝钉。反过来，那些不擅长的生活技能和劳动在市场中变成了旺盛的需求，需要通过交换和消费来获得。这就是技术通过职业化对经济环境产生的变化和影响。

4.4 理解新技术带来的社会环境改变

新技术不仅改变了经济环境，还和经济环境一起改变了社会环境。那么，新技术的出现对社会环境的影响路径是什么样的呢？

要回答这个问题，我们就需要确定什么是社会环境的变革。社会环境的变革是技术对社会环境的影响，以及人们如何适应由物质文化组成的新环境。

4.4.1 技术对社会环境的具体影响

技术对社会环境的影响具体体现在 6 个方面，如图 4-12 所示。

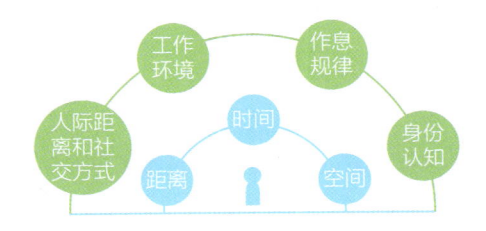

图 4-12 技术对社会环境的影响

1. 对距离感知的变化

汽车的出现和普及促进了郊区的发展，影响了村庄的规模。海底隧道、火车和飞机的出现拉近了城市和城市的距离，火箭的出现拉近了不同星球之间的距离。距离的改变打破了人们的生活边界。数月的旅行变成几个小时，千里之外的城市不再遥远。这是人们对距离感知的变化。

2. 对时间和空间感知的变化

无线电、电视和互联网的出现带来了千里之外的新闻时事，打破了时间的屏障，使得人们即使没有亲临现场，也不会错过重要信息。增强现实技术改造了现实空间，而虚拟现实技术则创造了全新的虚拟空间。这是人们对时间和空间感知的变化。

3. 人际距离和社交方式的变化

电话的出现把过去几天甚至几个月的通信时间缩短到实时，拉近了人们之间的距离。新技术创造出的新职业使人们的社交不再局限于家族内部，还增加了家族以外的社会层面的社交。这是人际距离和社交方式的变化。

4. 工作环境的变化

蒸汽机的出现将人们在家中的手工劳动转移到大型工厂中，劳动分工将人们集中在一起，二者一起开启了城市化的进程。从乡村到城市，从分散到聚集，家庭的规模逐渐缩小，家庭关系更加简单和平衡。这是人们工作环境的变化。

5. 作息规律的变化

发电机、电灯和城市照明系统的出现将室外活动时间拉长，使人们在夜晚也可以工作、娱乐。人们的生活习惯被改变，不再"日出而作，日入而息"。这是人们作息规律的变化。

6. 对身份认知的变化

打字机、电报、汽车的出现创造出新职业，产生了新的职业语言和专业词汇，带来了新的职业阶层。职业身份及职业在社会分工中的位置和重要性替代了原有的社会身份。这是人们对身份认知的变化。

以上这些都是新技术通过对时间、空间和距离的改造而给社会环境带来的改变。在这些改变发生后，人们需要重新进行适应和调整。这个互动的过程就造成了社会环境的变革。

4.4.2 人们对社会环境的适应方式

从新技术带来的环境变化，到人们重新调整和适应社会环境的过程是一个多级的连锁反应。有些社会环境变化是由多项新技术共同带来的，过程相对复杂，甚至不可预料。因此，人们在调整和适应这些变化的过程中没有一成不变的公式。

发动机技术的发明初衷是减少人工劳动，但最终增加了搬运工的数量。发动机技术对社会环境的影响路径之一（见图 4-13）：当发动机技术被应用到内燃机火车上时，提高了向锅炉添加煤炭的效率，更多的煤炭导致更大的锅炉和更强大的机车，更强大的机车能够拉动更多的车厢，更多的车厢装载了更多的货物，更多的货物需要更多的搬运工。

发动机技术 → 添加煤炭的效率 → 更大的锅炉 → 更强大的机车 → 更多的车厢 → 更多的货物 → 更多的搬运工

图 4-13　发动机技术对社会环境的影响路径之一

另一个例子是汽车和传染病。汽车对社会环境的影响路径之一（见图 4-14）：汽车减少了马车的数量，马车数量减少带来了马厩数量减少，马厩数量减少带来了苍蝇数量减少，而苍蝇数量减少也减少了传染病传播的机会，最终使传染病减少。

汽车 → 马车数量减少 → 马厩数量减少 → 苍蝇数量减少 → 传染病减少

图 4-14　汽车对社会环境的影响路径之一

以上两个例子足以说明技术对环境的影响和结果的不可预料性。因此，我们采用简单、直接的方法，只从最直接的方式来看人们对社会环境变化的反应和适应过程。

1. 技术带来的工作环境变化

在工作场所从家庭转移到大型工厂后，人们工作的专业性变得更强。每个人都以特定的专业技能谋生，而专业技能以外的技能都需要通过交换和消费获得。

2. 技术带来的距离感知变化

在汽车改变了人们对距离的感知后，人们生活和工作的范围开始扩大。跨越城市的工作、生活和娱乐变得越来越普遍。

3. 技术带来的人际距离变化

在无线电、电视机、电话、互联网出现后，人们获取信息的渠道增加，相同的信息让认知更加趋同、共同话题增多。于是，流行元素开始在人群中出现，陌生人之间的距离开始缩短。

4. 技术带来的身份认知变化

在新的职业阶层出现后，人们对彼此的身份认知更加多元化，从之前的籍贯、姓氏和家族变成具体的行业和职业。尤其是陌生人在初次见面时，常常问的第一个问题就是对方从事何种职业。这也增加了相同职业人群之间的共同话题和联系。

4.5 理解技术、经济和社会对政策的影响

新技术、经济环境的变化和社会环境的变化会带来政策层面的变化。新技术带来了人口规模的增长，提高了劳动效率，降低了生产成本，同时创造了新的职业并对职业阶层进行了划分。这些改变带来了社会环境的改变，同时创造了广阔的市场和更多的消费需求。

那么，以上这些变化与政策有什么关系呢？人口规模和购买力带来了广阔的市场和更多的消费需求，而广阔的市场和更多的消费需求汇集到一起向上传递，就变成一个国家的竞争力，如图 4-15 所示。在国与国的竞争中，经济地位将改变一个国家在世界中的地位。这是宏观层面上政策与技术、经济和社会之间的关系。本章开头所说的 16 世纪末英国伦敦的崛起和 20 世纪初美国纽约超越伦敦的故事已经对这个逻辑进行了充分的说明。

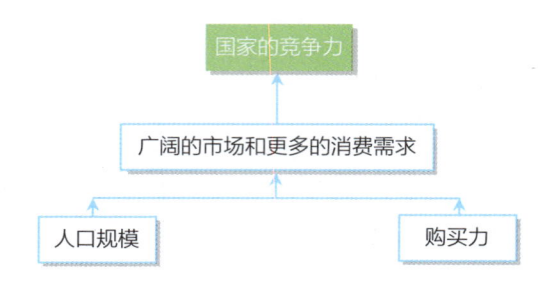

图 4-15 人口规模和购买力与国家的竞争力之间的关系

从微观层面来看，人口的职业分布发生变化，新的职业阶层带来了社会环境的改变。人们需要调整自己的行为去适应社会环境的变化，重新认识和感知人际关系、时间、距离和空间的变化，重新塑造自己在社会中的角色。相应地，作为社会运行规则的政策也需要适应新的变化，这种变化既有主动的，又有被动的。

4.5.1 主动变化：新技术带来的政策变化

我们以美国的政策变化为例来分析政策为适应社会变化而做出的调整。美国的政策变化主要体现在制定新的法案方面。

1.《妇幼保健法法案》（1912年）

当新技术降低了劳动强度，打字机、电报等新产品的出现让女性离开家庭，成为一个新的职业群体时，双职工家庭开始出现。对于这个社会变化，美国于1912年制定了《妇幼保健法法案》并开始建立幼儿园，使幼儿园从1918年的3所增加到1931年的203所，并向儿童和家长演示托儿方法。该法案的制定是美国为促进女性从全职主妇转变为有收入群体所做的主动改变。

2.《北卡罗来纳州法案》（1919年）

在新技术被应用到农作物生产，增加了人口规模并提高了生产效率后，人口开始向城市迁移，也就是我们所说的城市化。这时，乡村人口开始减少。在美国的3000个县中，很大一部分县的面积很小、人口很少，人口流出导致这些县无法被有效地管理。1919年的《北卡罗来纳州法案》对这些县进行了合并和重组。该法案的制定是美国面对人口在城市和行业间的迁移所做的主动改变。

3.《联邦公路法案》（1921年）

当汽车这个新产品出现时，并没有适合它行驶的公路，而且福特汽车公司、通用汽车公司等汽车制造商也并不建设这些基础设施。第1章曾介绍过通用汽车公司的财务总监唐纳森·布朗的远见，其中之一就是提出公路建设里程这个指标。

随着福特T型汽车的广泛普及，美国于1921年制定了《联邦公路法案》，在16个州设立了公路部门。1929年，州政府对地方公路部门的拨款增加了120%，对公路运营和维护的拨款增加了近2500%。该法案的制定是美国为促进汽车产业发展所做的主动改变。

4.5.2 被动变化：政策适应技术和社会的改变

与主动变化中的各种法案相比，被动变化体现在职能转变和公共设施的变化方面。

1. 警察职能的被动变化

在汽车普及以后，以汽车作为交通工具的犯罪事件不断增加，这迫使美国政府的警察部门进行改变。首先，汽车为罪犯实施犯罪活动提供了便利，警察为了适应这种变化必须配备同样的装备。1913 年对美国 84 个城市的调查显示，每 259 名警察有一辆警车或警用摩托车，而 1930 年印第安纳州的一项调查显示，每 30 名警察就有一辆警车或警用摩托车。

汽车让罪犯的作案和逃跑范围变大了，经常出现警察从一个司法管辖区追击到另一个司法管辖区的情况。因此，近一半的州颁布法令，授权警察跨州追击罪犯。这是政府职能部门在应对犯罪时被动做出的改变。

2. 公共设施的被动变化

技术和分工创造出的单一职业使很多工作变得单调、无趣，这时，人们对休闲娱乐的需求开始增加，并成为重要的社会趋势。这个趋势迫使美国政府在公共设施方面进行调整，建立和维护公共设施。

1925—1926 年和 1930 年进行的两次大规模公园调查显示，534 个城市的公园面积从 201 445 英亩（1 英亩 ≈0.004 平方千米）增加到 279 257 英亩。这是美国政府在修建公共设施时为应对社会趋势而被动做出的改变。

当你来到一个全新的城市或者国家时，通过观察当地的公园、体育场等公共设施的面积和娱乐设施的数量，以及休闲时间的人员拥挤程度就能大致推测出在工商业中技术的应用程度和分工的专业化程度了。同样的逻辑，当你去一家企业面试时，观察一下员工休息区和娱乐区的面积和设施，就能大致推测出该企业的专业化程度。

> 要点金句：一个城市或者国家、一家企业的休闲娱乐需求与专业化程度正相关。

【本章知识点小结】

◎ 人口规模和购买力是改变商业环境最重要的两个因素。

◎ 在技术、经济、社会和政策 4 个因素中，技术总是首先发生变化的。

- 技术是撬动人口与资源杠杆的支点。技术创新有 8 个阶段，技术变革有 7 个主要方向。

💡【思考和下一步行动】

仅通过观察完成一次商业分析

商业分析首先是观察和思考，然后才是通过数据分析对人效、人员流动率、人员成本、研发投入等思考和结论进行验证与补充。企业所处的商业环境，以及重要机会和紧迫的问题都直白地显示在表面。我们只需要几个简单的步骤就能有所发现，如图 4-16 所示。这就如同中医里蕴藏的智慧：

望而知之谓之神，闻而知之谓之圣，问而知之谓之工，切脉而知之谓之巧。

```
                         望
                看一看企业中员工的数量

    切                                       闻
到员工休息区和食堂走一走    商业观察和思考    听一听女性员工和中年男性员工的声音

                         问
                问一问产品中的核心技术
```

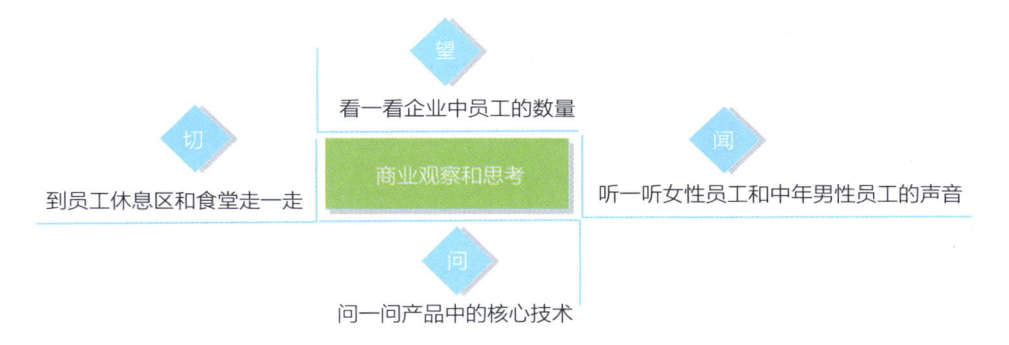

图 4-16　商业分析中的方法："望闻问切"

望：看一看企业中员工的数量。

- 观察到的现象：员工的数量。

- 思考和结论：员工数量较多，说明企业属于劳动密集型企业；员工数量较少，说明企业属于资本或技术密集型企业。

- 进一步分析：与行业中的员工数量均值或相同规模的企业进行对比，可以知道整个行业的竞争模式，以及企业在行业中的位置。

- 现实中的实例：中介企业、物流企业都属于劳动密集型企业。

闻：听一听女性员工和中年男性员工的声音。

- 观察到的现象：员工的年龄情况。

◎ 思考和结论：青壮年男性员工数量较多，说明业务涉及的重体力劳动较多；女性员工和中年男性员工数量较多，说明业务涉及的重体力劳动较少。

◎ 现实中的实例：物流企业、采矿企业的青壮年男性员工较多，而金融企业的女性员工较多。

问：问一问产品中的核心技术。

◎ 观察到的现象：产品中的核心技术的原始出处。

◎ 思考和结论：仅仅掌握核心技术是不够的。产品中的核心技术是自主研发的，说明企业处于技术创新的头部，也就是前 6 个阶段，面对的是商业环境改变的初期；产品中的核心技术是行业特有的，说明企业处于技术创新的第 7 个阶段，即同行业扩散阶段；产品中的核心技术是借鉴其他行业的，说明企业处于技术创新的第 8 个阶段，即跨行业扩散阶段。

◎ 进一步分析：技术创新后紧接着是经济、社会和政策的改变。处于技术创新头部的企业将获得经济和社会的红利，而较少受到政策的约束。处于技术创新尾部的企业则相反。

◎ 现实中的实例：移动互联网技术从智能手机扩散到家电行业和出行行业。智能手机处于技术创新的头部，随后移动互联网技术跨行业扩散到家电行业，形成物联网，扩散到出行行业，形成车联网。智能手机改变了社会，并且成为家电行业和出行行业的"把门人"。我们使用智能手机控制冰箱和扫地机器人、解锁汽车并为出行进行导航。

切：到员工休息区和食堂走一走。

◎ 观察到的现象：企业内部的休闲娱乐设施完善，装饰风格活泼，标语热血。

◎ 思考和结论：这在劳动密集型企业中很难看到，在资本密集型和技术密集型企业中常见。资本密集型和技术密集型企业的生产与业务流程中的分工、部门配置都是专业化的。

当你有机会去一家完全陌生的企业时，无论是求职面试、参观学习、洽谈商业合作，还是参与培训，都可以用这些方法进行观察和思考。如果思考的结论和企业的表述或介绍不一致，那么你可以问问原因。

第 2 篇

战略规划篇

商业环境扫描是制定战略的基础,目的是发现市场的变化。客户是谁?客户有什么需求?竞争对手是谁?竞争对手提供了什么产品?

战略分析是寻找市场变化和企业能力之间的差距,并发现这些差距中潜在的机会,以及隐藏的危机。

差距永远都会存在,客户总是想要更低的价格、更高的质量和更好的服务,但很少有产品能同时满足这些需求,这就形成了一个不可能三角。战略分析的本质就是找到并且消除这些差距。

第 5 章
如何开始一次完整的战略规划

企业如何工作？企业由资金、设备和人才 3 种基本资源组成。企业通过对这 3 种基本资源进行合理的组合和转换——将资金用于购买设备、投资技术、采购原料、雇用专业人才进行生产，将原料转化为商品或服务销售给客户来获得利润，从而实现企业的目标，并完成下一次循环，如图 5-1 所示。

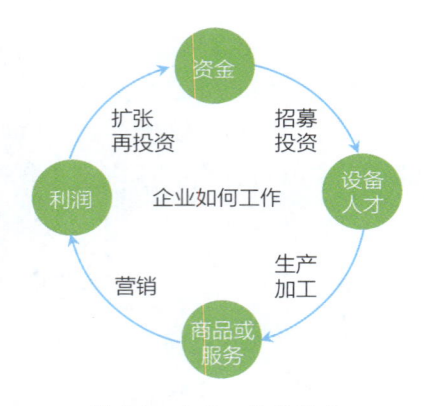

图 5-1　企业工作的过程

在资源转化的过程中，3 种基本资源都将被耗尽——资金将被消耗，设备将会老化，人才将会离开或衰老。如果不能产生新的利润回报来替代这些基本资源（产生新资金、购买新设备、雇用更年轻的人才），那么资源转化将会停止，企业最终会破产、消亡。

因此，在资源转化的过程中，企业的战略目标是获得长期的资本回报。如果一项业务的长期回报不能令人满意，就应该立即进行纠正，甚至放弃，并重新寻找机会，组合资源来获得更大的回报。

这种寻找机会、发挥优势、获得回报的过程被称为一次完整的战略规划。战略规划的过程从来都不是自动出现的，而是在问题和错误中被不断激发的。

5.1 战略由目标激发

企业将资金、设备和人才 3 种基本资源进行组合并投入生产过程中，为了活下去就必须关注回报。当回报大于投入并且持续增长时，企业便随之成长；当回报小于投入并且持续减少时，企业便随之萎缩，直到消亡。

企业的回报以利润度量，对这个度量值在未来的预期就是目标。目标的变化就是启动战略的开关，当目标发生变化或出现问题时，人们的注意力被吸引到战略上来，战略就被激发。

5.1.1 目标出现问题，战略就被激发

对新生企业来说，是应该先有目标，还是应该先有战略呢？或者说是应该想好了再做，还是应该边做边想呢？这就像是先有鸡还是先有蛋的问题，存在不同的答案。从企业中不同层级的视角来看，将会得到不同的结论。

> 要点金句：企业战略就像游乐场中的过山车游戏，车头拉动整个车身。当车头爬到最高点准备向下俯冲时，车尾还在感受车头带来的惯性的刺激。不同视角的感受各不相同。

对接受目标和 KPI 的执行层来说，战略是由上至下被设定、要求、提前规划出来的。而对输出目标和制定 KPI 的管理层来说，战略则是由下至上被目标执行过程中的问题和错误激发出来的。

在 1920 年以前，企业中没有人能理解战略规划的含义，所有人都忙于生产、交易和销售。战略问题被隐藏在琐碎的日常经营和管理问题中。换句话说，那个时代的商人通过一项技能或者一个机会开始经营活动，之后便陷入琐碎的日常事务中。战略问题经常以琐碎的日常经营和管理问题的形式表现出来，并且二者经常被混淆。

在真实的商业世界中，一个典型的例子是 1919 年杜邦公司遇到的问题。当年的一份业绩报告显示，涂料和清漆销售得越多，造成的亏损就越多。乍一看这是一个经营问题，

但在排除了原料、制造过程、工艺和技术、销售等问题之后，这个问题仍然无法得到解决。直到 1920 年杜邦公司的管理层才意识到这并不是一个简单的经营问题，而是一个战略问题。

如今依然如此，大部分战略都是被激发出来的，企业的问题首先以业务问题的形式出现在战术层面，以目标的差距作为最终的表现。很少有成功的战略来自主动规划，因为未来只有一部分是可知的，更多的是未知的。

战略规划第一步：激发。战略不是凭空出现的，而是由目标激发出来的。当实际利润小于预期时，战略就会被激发。

5.1.2　如何看清问题的本质

战略由目标激发，但企业必须清楚地区分问题的性质，即该问题是业务问题还是战略问题。业务问题由内部原因造成，战略问题则由外部原因造成。并非每一次的目标变化、每一个业务问题都是战略问题。当问题出现时，企业需要先分析原因，确定该问题是业务问题还是战略问题，即确定该问题是由内部原因造成的，还是由外部原因造成的。

> 要点金句：提出正确的问题是商业分析的基本技能，要区分是业务问题还是战略问题。若是业务问题，则优化策略；若是战略问题，则规划战略。

业务问题大部分属于运营策略和竞争策略的问题，本书第 3 篇会详细介绍这部分内容。在排除由内部运营、操作失误引发的业务问题之后，战略规划的开关才会真正地被触发。

那么问题来了，当出现问题时，我们如何判断它是业务问题还是战略问题，是内部的问题还是外部的问题？请停顿 10 秒，按捺住头脑中的方差分析，忘记线性回归，停下写 SQL 的手，关闭 Excel 窗口，用商业分析的方法来思考这个问题。

幸好我们不是第一个提出这个问题的人，在真实的商业世界中，这个问题早已出现并被成功解决了。1920 年，杜邦公司的执行委员会针对涂料和清漆的亏损问题成立了一个专门的执行委员会，并用 6 个月的时间对问题进行了全面的排查和分析，以便确定问题的本质。笔者从杜邦公司的分析报告中总结出辨别问题性质的 3 种方法，如图 5-2 所示。

```
   ┌─1─┐         ┌─2─┐         ┌─3─┐
   │自查│         │调研│         │比对│
   │业务│         │行业│         │行业│
   │节点│         │实践│         │现状│
   │检查│         │调研│         │比对│
   └───┘         └───┘         └───┘
```

图 5-2　杜邦公司的分析报告中辨别问题性质的 3 种方法

1. 逐个业务节点自查

杜邦公司的执行委员会首先仔细地定义了业务流程中每个节点的名称和具体的工作内容，然后将其与同行业中其他企业的业务流程进行对比。

2. 调研行业内的最佳实践

杜邦公司找了一些销售活动与自己相似的企业，详细研究了这些企业的销售方法，并和其中 8 家领先企业的销售经理进行了面谈。如今，很多企业都用面试代替了调研。

3. 与行业现状进行比对

杜邦公司对比了同行业其他企业的情况，结果是当杜邦公司正在大规模亏损时，许多小型涂料企业却在庆祝这是他们盈利最多的一年。

当针对一个问题用了一年的时间都没有找到解决方案时，杜邦公司的做法是从大处着眼。如今，当出现问题时，企业不要陷入细枝末节的泥沼，不要让算法和模型代替思考，不要用数据分析工具掩饰懒惰，要从大处着眼，应用商业分析的方法，提出正确的问题。企业利用上述 3 种方法，可以很清晰地找到问题背后的真实原因。

战略规划第二步：辨别。不要混淆业务问题和战略问题，要区分问题是由内部原因造成的，还是由外部原因造成的。

5.2　战略的终点和方向

战略问题在被确定后，必须得到清晰的描述。通常，战略被描述为从 A 点到 B 点的一个过程，如图 5-3 所示。要清晰地描述战略，就需要回答两个核心问题。

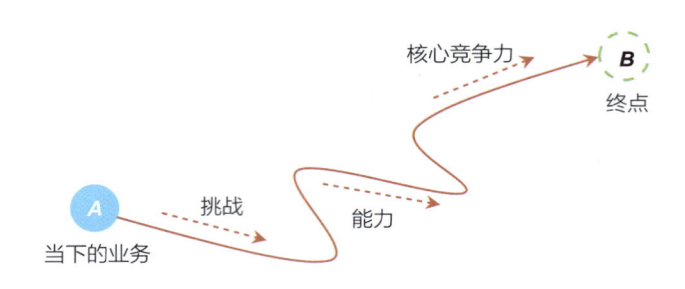

图 5-3　A 点和 B 点及过程中的问题

◎ A 点是当下的业务，那么 B 点（终点）在哪里？如何找到 B 点？

◎ 如何从 A 点到达 B 点？如何应对过程中的挑战？

5.2.1　目标是终点

单纯从目标的角度来看很容易找到 B 点，如销售额增长 20%、净利润增长 15%。但是，知易行难，目标并不会自动实现。那么，如何实现目标呢？

B 点必须是目标和方向的组合，二者缺一不可。

实现增长的方法有很多种。两家高度相似的企业在实现销售额增长 20% 这个目标时可能会使用完全不同的方法。是继续在当前市场深耕，还是开拓新的市场？这些不同的方向，需要通才进行选择。

> 要点金句：如果不知道要去的方向，那么任何方向的风都是逆风。如果不知道如何实现目标，那么任何目标都形同虚设。

因此，B 点必须是一个向量，必须既有大小又有方向。大小是指具体的目标值，如销售额增长 20%、净利润增长 15% 等，也就是战略最终要实现的结果。方向则是在的机会和能力之下最有可能实现目标的区域，这个区域可能是开发新产品，也可能是拓展新市场。那么，如何确定这个可以实现目标的区域呢？

5.2.2　业务是方向

你的企业是做什么的？这个简单的问题就是目标向量中的方向。所有战略都沿着这个问题的方向延伸，所有企业都沿着这个方向增长。在真实的商业世界中，这个问题的答案直接决定企业成长的"天花板"。

1930年，商业设计师伯肯黑德伯爵（Earl of Birkenhead）预见到大西洋上空将出现航空运输业务。同时，他推断这项跨大西洋的航空运输业务将由当时的轮船企业运营，但轮船企业的管理者认为自己从事的是海运业务。如今，我们看到了这个故事的结局，轮船企业依然在从事海运业务，而航空运输业务则被新出现的航空企业占领。

企业是做什么的并不是指做某一项具体的业务或某一款具体的产品，而是指企业在商业环境中的角色和定位，是企业所有业务之间的共同核心特征。轮船企业将自己定位在海洋运输的环境中，也许能成长为一个最大的轮船企业，但它在整个运输业的大池塘中永远只是一条小鱼。如果轮船企业将视野从海洋扩展到空中，发现海运和航空运输的共同特征，打破具体的业务形态和运输工具的限制，结果就可能大不相同。

如今，成功的企业将自己在商业环境中的角色和定位描述为使命。

◎ 英伟达的使命：应对世界上的重大挑战。

◎ 特斯拉的使命：加速世界向可持续能源的转变。

◎ 微软的使命：以赋能为使命。我们的使命是予力全球每一人、每一组织，成就不凡。

◎ 滴滴出行的使命：让出行更美好。

◎ 英国石油公司的使命：我们的目标是为人类和地球重构能源的新图景。我们希望帮助世界实现净零排放，改善人们的生活。

◎ 美的集团的使命：联动人与万物，启迪美的世界。

以上每一家企业都没有用具体的业务或产品来描述自己的业务方向，但都寓意更高、更好。例如，特斯拉所说的"向可持续能源的转变"比"制造更好的汽车"的"天花板"更高，微软所说的"赋能"比"软件开发"更有想象力，滴滴出行所说的"让出行更美好"比"拓展客运业务市场"更广阔。

战略规划第三步：确定目标。确定战略的方向和"天花板"，也就是找到战略的 B 点。

5.3 商业环境扫描

战略由目标激发，被商业环境塑造。识别和评估商业环境中的机会和风险，预先发现变化带来的改变，就是第1章中所描述的远见。但每个人对远见的感知和判断都会有差异，正所谓"仁者见仁，智者见智"。

索尼公司的创始人盛田昭夫（Akio Morita）曾讲过一个皮鞋推销员的故事：

两个皮鞋推销员在非洲一个落后的乡村考察市场。其中一位推销员报告总部称:"这里没有销售前景,当地人根本不穿鞋。"另一位推销员则报告总部称:"这里没有人穿鞋,我们可以主宰市场,请发送所有的库存。"

环境的变化总是会带来新的机会,这些机会表现在产品和需求之间的差距方面,并且在新技术和社会文化的影响下不断变化。客户总是想要更低的价格、更高的质量和更好的服务,但很少有产品能同时满足这些需求,这就形成了一个不可能三角(见图 5-4)。在这个不可能三角中,麦当劳在价格和服务方面具有竞争力,宜家在价格和质量方面领先,米其林餐厅在质量和服务方面占据优势,如图 5-4 所示。

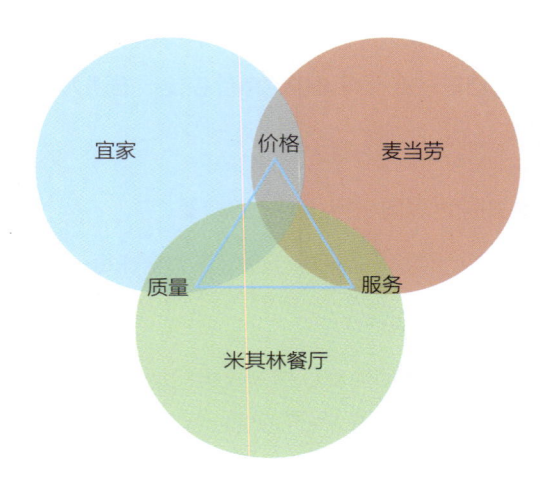

图 5-4 市场中的不可能三角和代表企业

我们将视角拉高,在长时间的社会文化和人口代际更迭中,人们对价格、质量和服务的定义与偏好也会发生变化。当你和父母一起购物时,他们更关注产品本身的质量,而我们则更愿意为服务付费。商业环境扫描的目标就是发现、识别并且利用潜在的机会。

5.3.1 如何发现环境中的机会

发现机会的过程分为两步:第一步是预测宏观环境,定位当下环境;第二步是扫描微观环境,识别潜在机会,如图 5-5 所示。

1. 预测宏观环境,定位当下环境

预测宏观环境的内容与第 2 章的"你到底在预测什么"中所介绍的内容一样,这里不再重复介绍。

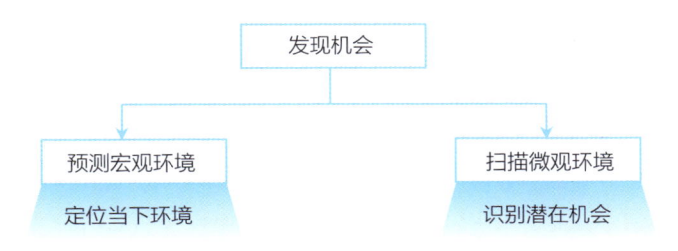

图 5-5　发现机会的两个步骤

这一步的作用是确定当下的坐标。首先，在时间线上，我们是应该更加关注技术创新事件、人口代际变化、自然资源和可用能源的更迭，还是应该更加关注为每个因素分配不同的权重？

其次，我们应该关注驱动变化的这些事件当前处于哪个发展阶段。新技术是处于理论阶段，还是处于商业化阶段？新技术何时会开始扩散？技术创新是否创造了新职业和新的消费需求？职业变化会对人们的认知产生什么影响？人们对价格、质量、服务的需求和偏好会发生什么变化？新市场中的野蛮生长何时结束？配套政策何时出现？等。

2. 扫描微观环境，识别潜在机会

在扫描微观环境时，我们有一套固定的分析模式（见图 5-6）。这个分析模式分为两个部分：第一个部分是广泛扫描模式，主要针对经济和社会因素；第二个部分是特定搜索模式，主要针对技术和政策因素。

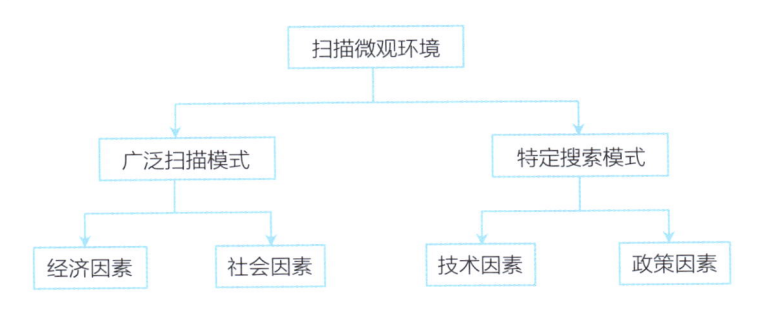

图 5-6　扫描微观环境的两个部分

1）广泛扫描模式

经济和社会因素的传播路径比较模糊，所以我们在对这两个因素的变化进行扫描时最好使用无目的性的广泛扫描模式，即不设目的，不区分信息类型，以广泛的形式观察经济和社会因素的变化过程。

笔者强烈推荐一种耗时但非常准确的广泛扫描方法：对近 3～5 年社会上流行的主要期刊、杂志中的观点和流行趋势进行汇总分析。这与地质学家通过地质断层研究地球历史的方式相同。过去的期刊、杂志与地质断层一样，沉淀了人们的知识、信息和情感生活的变化。

这种方法的简化操作是利用文本和语义分析技术对互联网上的新闻资讯、人们的评论和聊天信息、短视频等进行词频分析、语义分析和情感分析。不过这些都是间接信息，机器有时候也会犯错。

此外，笔者还要推荐另一种广泛扫描方法：逛一逛充满烟火气的胡同，看一看市井的生活，读一读热门书籍，看一看热门影视剧，看一看热点事件，甚至还可以在繁华的商业街上观察路人的穿戴和言行举止。这些具体并且直观的信息更加可信。

总结起来，广泛扫描模式下的信息主要来源于日常生活、热门书籍、热门影视剧、热点事件等。

2）特定搜索模式

特定搜索模式主要针对技术和政策因素。由于技术的发展有特定的阶段和扩散路径，政策则以法案作为主要表现形式，具有针对性，并且二者都只会出现在特定领域的特定内容中，因此我们不需要对其进行广泛扫描。

在对这两个因素进行扫描时，我们应使用特定搜索模式，即有目的性地刻意追踪并分析一项技术的变化和扩散路径，专注于某个法案的内容和立法过程。

总结起来，特定搜索模式下的信息主要来源于行业期刊、技术论文、学术会议、各种技术展览会、客户或供应商圈子里的信息等。

战略规划第四步：扫描商业环境，识别到达 B 点的机会。具体分为两步：第一步是从宏观角度确定当下的坐标，包括确定变化的事件，如人口代际发生变化、自然环境和能源发生变化、出现新技术等；第二步是从微观角度扫描技术、经济、社会和政策的变化趋势。

5.3.2 佳能的商业环境扫描案例

"纸上得来终觉浅，绝知此事要躬行。"战略不是纸上谈兵。要深入理解商业环境扫描的过程，就必须深入企业进行实战。

在真实的商业世界中，企业对商业环境的评估是最接近实战的内容。它既能清晰地展示企业对商业环境扫描的分析和理解，又能让我们在现实世界中进行考察和验证。下面以佳能的商业环境扫描过程为例进行说明。以下是佳能官方网站上的公开信息，感兴趣的读者可以深入学习。

1. 为什么要进行商业环境扫描

随着消费者越来越富裕，生活方式变得多样化，各种问题也开始出现，如资源枯竭、环境变差、全球气候变暖、污染严重、濒危物种增多等。针对这些问题，社会就如何实现碳中和及循环经济展开越来越多的讨论。

从消费者的变化中，佳能发现了 3 个重要的趋势：由资源枯竭引发的循环经济，由环境和气候问题引发的无碳经济，以及由污染和濒危物种引发的生物多样性的需求。

佳能分析了商业活动与环境问题和需求的关系，预测社会环境的变化和新的趋势将以不同方式影响人们的行为和消费方式，并最终对商业产生影响。佳能需要预先了解这些变化趋势，识别环境变化带给商业的风险和机会。

2. 通过商业环境扫描发现的风险和机会

首先，佳能对环境中的风险和机会、财务影响和下一步行动进行了详尽的分析，如表 5-1 所示。

表 5-1　佳能对环境中的风险和机会、财务影响和下一步行动的分析

	风险和机会	财务影响	下一步行动
风险	**变革风险**：更严格的能效监管和相关合规成本（产品/场所）	高	在整个产品生命周期内，在降低环境影响的基础上实现环境目标。 环境法规信息的收集、分析和调整
	减少排放的经济措施（如碳税）、业务成本	中	实现运营场所的能源消耗目标。 通过开发、生产、设施和环境部门之间的合作，促进每个运营场所的节能活动
	自然风险：台风和暴雨等日益严重的极端天气事件对运营造成的负面影响	中	制订 BCP（Business Continuity Plan，业务可持续性计划），并将高风险作业场所迁移到地势较高的地方
	声誉风险：由于信息披露不足，外部评价为负面评价	低	披露应对气候变化的方法和努力情况等信息

续表

风险和机会			财务影响	下一步行动
机会	产品和服务	增加了生命周期中二氧化碳排放量低的节能产品的销售机会	高	在整个产品生命周期内,在降低环境影响的基础上实现环境目标。 开发、制造、销售在节能和丰富消费者生活之间实现有益平衡的产品
		通过销售各种创新产品和解决方案(硬件/软件),为社会层面的二氧化碳减排做出贡献	高	在整个产品生命周期内,在降低环境影响的基础上实现环境目标
	能源效率	通过提高生产和运输效率降低能源成本	中	实现运营场所的能源消耗目标。 更换和引进高效的设施和运输方法
	能源	通过降低相关成本增加可再生能源的使用机会	中	转向可再生能源
	其他	积极主动地进行与气候相关的信息披露,提升了企业形象	低	披露应对气候变化的方法和努力情况等信息

然后,佳能从实际业务和运营角度对重要的趋势带来的风险和机会进行了分析,如表 5-2 所示。

表 5-2 佳能从实际业务和运营角度对重要的趋势带来的风险和机会的分析

	风险	机会
循环经济	变革风险: 由于资源限制,原材料采购成本提高。 更严格的资源效率监管和相关的合规成本。 每个地区收集和回收废旧产品的成本提高。 物理风险: 极端天气事件导致商业运营受到影响。 声誉风险: 向循环经济缓慢过渡对企业形象的损害	通过提高资源效率,降低业务成本。 通过 3R 设计和开发,以及促进循环经济的先进技术,提高竞争力。 对有利于循环经济的产品/消耗品(如再制造品等)的需求增加。 通过宣传先进的资源回收方法提升企业形象。 通过努力回收资源,体现二氧化碳减排效果的价值
危险物质	由于法规的加强和扩大,化学物质管理成本提高。 因供应商不合规导致生产暂停或零部件供应链中断。 因法规遵从性差而损害企业形象	通过更先进的化学物质管理提供安全的产品,并保持竞争力。 通过提高管理效率,降低成本。 通过对国际标准化做出贡献,提升企业形象
生物多样性	由于林业资源减少,印刷纸的供应减少,成本提高。 因破坏当地生态系统而使商业活动受到限制	我们的产品和技术在生态系统保护中的应用。 通过对当地社区做出贡献,提升企业形象

5.3.3 佳能战略中的 PEST 因素拆解

从佳能的环境扫描案例中，我们可以看到技术、经济、社会和政策对企业财务的影响。所有的机会和风险都是由这 4 个因素的变化带来的，我们也将根据这 4 个因素对案例进行拆解分析。

在技术、经济、社会和政策 4 个因素中，技术总是首先发生变化的，并且逐一传递到经济、社会和政策领域。对于具体的影响和传递路径，第 4 章已经进行了说明，这里不再重复。

按照这个传递路径，当下技术变革已经完成扩散，带来的影响已经体现在经济、社会和政策中。而在这个循环结束后，技术将开启下一个阶段的创新和变革。按照尼古拉·康德拉季耶夫在 1926 年发现的康波周期，在周期的下降阶段会出现大量的新技术，而这些新出现的技术在下一个康波周期的繁荣年份中会开始被大规模应用。这些体现在佳能的战略中就是能源的更迭、运输、生产和使用的效率。通过这些，我们大概可以确定当下的坐标。

在经济层面，消费者经济条件的改善使其对产品的需求开始向社会文化层面转变，从原来只注重价格和功能变成不仅注重价格和功能，还关注产品的生产过程和企业的社会形象。而社会对如何实现碳中和及循环经济的讨论和签署的协议（如《巴黎协定》《联合国气候变化框架公约》）则是在政策层面的体现。

经济、社会和政策层面的变化最终形成 3 个重要的趋势，也就是佳能对商业环境进行扫描后的结果。当企业的业务符合这 3 个重要的趋势时，它们就是机会，反之就是风险。

5.4 企业能力评估

现在，我们找到了战略的 B 点，通过商业环境扫描发现了机会。但这些都还停留在行业层面。换句话说，这些在行业中是公开并且透明可见的。获得远见只是战略的第一步，关键是谁能抓住并利用机会。

> ⏰ **要点金句**：商业竞争中能看见的不是机会，有能力抓住的才是真正的机会。

发现机会靠商业扫描和远见，而抓住机会则依靠企业独特的优势，也就是核心竞争力。当这个核心竞争力在行业中独一无二时，就是企业在能力上的优势。

那么，所谓的企业能力到底是什么？我们在说一家企业的核心竞争力时，背后想表达的又是什么？

5.4.1 什么是企业的核心竞争力

企业的核心竞争力是"1+1=3"的效应。当我们说企业的核心竞争力时，背后的意思是在行业相同、外部环境相同、成本投入相同的情况下，一家企业比其他企业能获得更多利润的能力。

这是如何做到的？下面通过一个简单的公式来进行说明。

假设一家企业准备生产一款新产品，并为此投入了货币资本，我们将这部分投资记为 I，其中可能包括采购原材料、购买机械、租用库房和运输车辆等的费用；将通过销售产品产生的销售额记为 S；将其中雇用工人、营销和管理方面的运营成本记为 C。这时，产品的投资回报率（Return on Investment，ROI）为

$$\text{ROI} = \frac{S-C}{I}$$

随后，这家企业可能又新增了多条产品线，因此可以为每条产品线（$P_1, P_2, P_3, \cdots, P_n$）用相同的方法计算投资回报率。

如果每条产品线在设备、技术、人员、管理、原材料方面都完全不相关，那么企业的总销售额就是

$$S = S_1 + S_2 + S_3 + \cdots + S_n$$

即将每条产品线的销售额相加汇总。同样，每条产品线的总投资额和总运营成本也可以相加汇总：

$$I = I_1 + I_2 + I_3 + \cdots + I_n$$

$$C = C_1 + C_2 + C_3 + \cdots + C_n$$

这时，企业的总投资回报率为

$$\text{ROI} = \frac{(S_1 + S_2 + S_3 + \cdots + S_n) - (C_1 + C_2 + C_3 + \cdots + C_n)}{I_1 + I_2 + I_3 + \cdots + I_n}$$

这里，在计算总投资回报率时，只是将单独产品的销售额、运营成本和投资单独汇总，我们将适用这种计算方法的企业标记为 a。

但在另一些企业（记为 b）中，存在一种独特的优势。这种优势分为两类：一类是规模优势，一类是范围优势。通过这两类优势，企业可以以低于各产品线汇总的运营成本和投资获得相同的销售额。

也就是说，在 $S_b=S_a$ 的情况下，$C_b \leqslant C_a$、$I_b \leqslant I_a$，在分子变大、分母变小的情况下，投资回报率增大，即 $ROI_b > ROI_a$。

那么，企业 b 的运营成本和投资是如何缩减的呢？答案是通过共线生产，使产品、运营成本和投资不再一一对应。在销售额不变的情况下，使运营成本和投资被不同产品分摊。

这时，企业 b 的总投资回报率就变成：

$$ROI_b = \frac{(S_1 + S_2 + S_3 + \cdots + S_n) - C_1}{I_1}$$

大众汽车多款车型的前脸如图 5-7 所示，这些前脸犹如套娃。你也许听过这个段子："大众只有一款车叫高尔夫，拉长就是帕萨特，改名就叫迈腾，减掉一个后座就是 CC，再拉长就叫辉腾，拍成方的就是途安，多加 3 个后座就是夏朗，加高底盘就是途观，再撑大点就是途锐，拍扁就是尚酷，加个后尾就是速腾，缩短点就是 Polo。"这不是设计师江郎才尽，而是因为大众汽车使用了共线生产。共线生产，零件互换，资源共用，成本均摊，这就是企业的核心竞争力。

图 5-7 大众汽车多款车型的前脸

大众汽车只是其中一个案例。你也许思考过为什么 iPad 看起来像一个大号的 iPhone，在拼乐高玩具时为什么可以从其他套装中补齐丢失的颗粒。这是外部可见的，在产品内部还有更多共线生产，如空调和冰箱中的制冷压缩机和制冷剂氟利昂，降落伞和女性丝袜的原料尼龙纤维等。这些都源自标准化可互换零件。

在真实的商业世界中，共线生产带来了不同产品线之间的协同作用，反映在运营成本和投资中，就是共用原材料、共用销售渠道、共同分摊运输成本、共同分摊营销费用、共同分摊管理费用、共用技术研发的投资等。

反过来看，当一家企业规划增长战略时，一定会选择最经济的路径，用自己的优势进行扩张和竞争，利用和摊平原有的技术投资、生产能力和管理成本。

罗伯特·伍德在提交给蒙哥马利·沃德公司的报告中清晰地描述了邮购业务的核心竞争力：

> 对许多小商店的经营者来说，他们必须在某个特定的时间和地点承担批发商的工作，成批地采购货物并进行分销。在这些小商店的经营者中，许多人都没有远见来将他们的商店集中起来，建立一个良好的仓储配送系统。而我们有一个有组织的采购系统，如果我们有这样的意愿，就可以用相对较少的资金获得成功，并且不会损害我们的邮购业务。

如果我们将邮购业务看作互联网购物的鼻祖，那么这些核心竞争力也完全适用于如今的互联网零售企业。

战略规划第五步：确定企业的核心竞争力，寻找到达 B 点的最优路径。这同时也预判了竞争对手的预判。

5.4.2　如何使用企业的核心竞争力

企业的核心竞争力就是不同产品线在投资和运营成本上的协同作用。它在企业到达战略 B 点的过程中提供了竞争优势和驱动力，一方面可以让企业在行业中抓住先机，另一方面可以为企业后期的运营建立竞争壁垒。

把大象放进冰箱需要几步？答案是 3 步。

第一步，把冰箱门打开。

第二步，把大象放进去。

第三步，把冰箱门关上。

企业进入市场需要几步？答案同样是 3 步。

第一步，进行环境扫描，发现机会。

第二步，进入市场。

第三步，关门，建立壁垒。

在这 3 个步骤中，第一步依靠商业环境扫描来完成；第二步和第三步依靠企业的核心竞争力来完成。

1. 进入市场的竞争策略

在核心竞争力中，原材料、生产、渠道、仓储、物流、营销方面的协同作用在进入市场的最初阶段起作用，这些也是肉眼可见的"硬核心竞争力"。

1918 年，为了更进一步地利用在胭脂河超级工厂的投资，亨利·福特（Henry Ford）决定进入拖拉机行业。换句话说，亨利·福特发现 T 型汽车和拖拉机之间存在生产协同效应，即拖拉机和汽车有很多共用的材料和零件。于是，亨利·福特决定把 T 型汽车的成功复制到拖拉机上，同时摊平在胭脂河超级工厂的投资，以及生产 T 型汽车的管理及运营费用，从而更高效地利用这些资源。

当时，拖拉机市场的最大制造商是国际收割机公司。这家公司是收割机的发明者塞勒斯·麦考密克（Cyrus McCormick）在 1902 年创建的，占有美国市场 20% 的份额。

1920 年，福特汽车公司凭借生产协同效应和有竞争力的价格占领了美国拖拉机市场 33% 的份额。1932 年，福特汽车公司在拖拉机市场获得了 76% 的份额。这些都是看得见的"硬核心竞争力"在企业最初进入市场阶段创造的竞争优势。

1928 年，福特汽车公司突然宣布停止生产拖拉机，因为"硬核心竞争力"带来的初期竞争优势已经消失。福特汽车公司深刻地体会到"理想是丰满的，现实却是骨感的"，此时需要通过"软核心竞争力"建立竞争壁垒。

2. 建立竞争壁垒的"护城河"策略

"软核心竞争力"是企业在组织架构、人员管理、财务管理、经验技能方面的协同作用，这些看不见、摸不着的优势可以帮助企业在进入市场之后建立竞争壁垒。

在福特汽车公司的例子中，福特汽车公司在拖拉机市场的前期成功依靠的是"硬核心竞争力"，但在后期由于缺乏"软核心竞争力"而被迫停止生产拖拉机。

福特汽车公司原有的汽车销售网络和经销商更靠近城市（见图5-8）。此外，T型汽车的客户的收入来自每周或每个月的固定薪酬，而拖拉机的客户的收入则来自春、秋两季农作物收割并售卖后的收入。因此，拖拉机的客户有很大的信贷（信用贷款的简称）需求，但福特汽车公司的销售网络，或者说最终的经销商不愿意也无法提供这样大量的信贷。他们更相信工作证明或者收入证明及工资支票，让客户按月偿还信贷，但是，这些证明材料和还款方式都是拖拉机的客户无法提供的。

图 5-8　城市中的福特汽车公司的经销商

T型汽车与拖拉机对服务的需求不同，客户在农忙时期对拖拉机的使用最为频繁，并且对拖拉机的可靠性和服务的要求也非常高。福特汽车公司的竞争对手国际收割机公司在农忙时期会放弃生产和销售，将所有技术人员都派到乡村的田间地头，让他们在现场对自己的拖拉机进行维护和修理，但福特汽车公司做不到，因为福特汽车公司的流水线上没有这样的技术人员。

深入田间地头的国际收割机公司的技术人员会进一步收集客户的需求，用来改进拖拉机的设计，并据此开发出性能更好的新款拖拉机。而福特汽车公司庞大的销售网络只专注于收集当时最主要也是最赚钱的T型汽车的信息，忽略了副产品拖拉机的客户的需求。

战略规划第六步：在初期通过"硬核心竞争力"开拓市场，在后期通过"软核心竞争力"建立"护城河"。

5.5 理解企业的组织结构变革

在第二次世界大战之前,一位观察英国军队演习的美国将军指出,移动火炮由 7 名士兵操作,而当 6 名士兵操作火炮准备开火时,有一名士兵什么也不做,只是在旁边立正站好,但是没有人能说出这名士兵的职责是什么。在好奇心的驱使之下,他开始研究这件事,直到他发现在卡车出现之前,移动火炮是由马牵引的,这名士兵的任务是牵马。现在,马匹消失了,但这名士兵(无用的组织结构)仍然存在。

> 要点金句:组织结构必须不断跟随技术演变进行调整和改进。

5.5.1 福特汽车公司的战略与组织问题

在上文所说的例子中,福特汽车公司就犯了这样的错误。最初的"硬核心竞争力"是福特汽车公司的优势,使其能够在农业机械化的环境中快速抓住客户对拖拉机的需求。换句话说,福特汽车公司制造汽车的能力,以及汽车与拖拉机相似的生产过程、原材料和配件让福特汽车公司占得了先机。

但"软核心竞争力"是福特汽车公司的劣势。人员管理、财务管理、经验、技能及考核制度等方面的问题反映的是企业的组织问题。福特汽车公司的员工是按照 T 型汽车的需求招聘并培训的,其组织是伴随着 T 型汽车业务建立的,其制度是为考核 T 型汽车的销售量而设计的。福特汽车公司所有的组织职能都是为 T 型汽车服务的。虽然拖拉机与 T 型汽车在生产流程上具有生产协同效应,但在组织的职能部分却不存在这些协同效应。

福特汽车公司的财务组织不具有信贷职能,因为 T 型汽车的客户不需要;技术组织不具有可靠性测试和维修服务职能,因为 T 型汽车的客户不需要;销售组织中没有乡村级别的代理商,因为 T 型车的客户都在城市里。换个角度来说,福特汽车公司的组织中的所有人都在为 T 型汽车服务,因为 T 型汽车是其主要产品,是大部分利润的来源,是员工在组织中晋升的阶梯。

笑到最后的才是赢家。拖拉机与 T 型汽车的生产协同效应是福特汽车公司的优势,这个优势曾帮助福特汽车公司获得了 76% 的市场份额。而拖拉机与 T 型汽车在组织和管理上的差异是福特汽车公司的劣势,由于缺乏组织协同,即使有前面的优势,以及获得了 76% 的市场份额,也无法建立起"护城河"。

5.5.2 组织变革从归类开始

在所有组织结构中,没有任何一种组织结构优于所有其他的组织结构。选择哪种组织结构,取决于企业管理者想要完成的事情,以及企业所处的竞争环境、自身的优势和劣势。因此,没有两家企业的组织结构完全相同,也不存在最优的组织结构。

但是,关于组织,有一个真理永远不会变——使相关之事相互协调,而不是使相似之事相互协调,如图 5-9 所示。

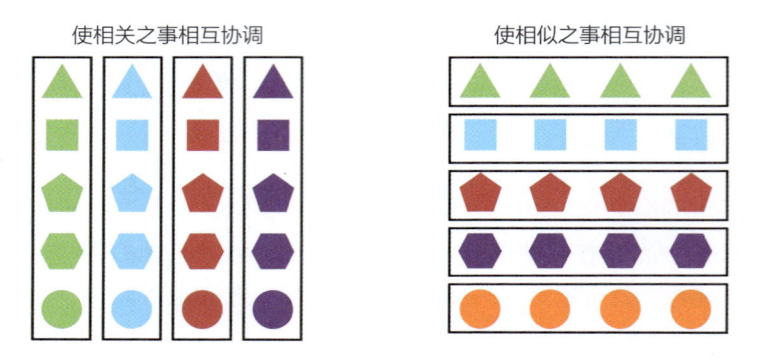

图 5-9　使相关之事相互协调和使相似之事相互协调

在真实的商业世界中,1911 年,杜邦公司的高管哈斯克尔(Haskell)在写给总经理的报告中解释了组织结构的定义:

像人们常说的那样,好的组织结构产生于将相关的东西放在一起。

随后,他给出了一个例子:

所有工程师都应该被并入一个工程部门,这种看法是很自然的。现在勘察一座农场、设计并建造一座桥梁、驾驶一辆机车、让发电厂发电,都是工程。但是很明显,它们毫无关联,把它们置于一个人的领导之下是不经济的。另外,卡内角的锅炉房在名称与操作上与哈斯克尔的锅炉房相似,然而没有人认为应该将它们合并在一个领导下来代替各工厂的厂长分别对其行使管理权。

之后,他又在报告中进一步解释:

产品的生成及其质量是与产品市场的要求紧密联系在一起的。把这些产品分割开分别并入界限分明的生产部门和销售部门,会对业务造成危害。

这说到底是一个归类的游戏，即如何对人才进行归类、如何对部门进行归类、如何对流程进行归类、如何对产品和市场进行归类等。不同的归类方式是造成企业之间差异的根本原因。

战略规划第七步：在企业中建立以组织为基础的"软核心竞争力"，形成竞争优势和"护城河"。

【本章知识点小结】

一次完整的战略规划分为 7 个步骤。

- 战略规划第一步：激发。战略不是凭空出现的，而是由目标激发出来的。当实际利润小于预期时，战略就会被激发。

- 战略规划第二步：辨别。不要混淆业务问题和战略问题，要区分问题是由内部原因造成的，还是由外部原因造成的。

- 战略规划第三步：确定目标。确定战略的方向和"天花板"，也就是找到战略的 B 点。

- 战略规划第四步：扫描商业环境，识别到达 B 点的机会。具体分为两步：第一步是从宏观角度确定当下的坐标，包括确定变化的事件，如人口代际发生变化、自然环境和能源发生变化、出现新技术等；第二步是从微观角度扫描技术、经济、社会和政策的变化趋势。

- 战略规划第五步：确定企业的核心竞争力，寻找到达 B 点的最优路径。这同时也预判了竞争对手的预判。

- 战略规划第六步：在初期通过"硬核心竞争力"开拓市场，在后期通过"软核心竞争力"建立"护城河"。

- 战略规划第七步：在企业中建立以组织为基础的"软核心竞争力"，形成竞争优势和"护城河"。

按照上面的 7 个步骤，我们可以规划出战略的雏形，但未必能成功。因为没有任何一个市场是真正的蓝海市场，也没有任何一个竞争对手会坐以待毙。行业的先行者总会在多个方面具有先行者优势，战略要成功，就必须消除这种先行者优势，占领第一块市场。

加餐：从商业的角度看电影，战略如何被业务问题激活

本章推荐电影《商海通牒》。该电影详细地描述了在企业中，在不同管理层级、不同视角下，一个业务问题是如何被一步一步地确定为战略问题，以及最终如何触发战略调整的。

1. 基层员工视角下的业务问题

投资银行的年轻分析师皮特·苏利文发现了一个业务问题——企业的财产评估存在漏洞，一个指数出了问题，但他找不出问题的原因和解决方法。战略问题首先在最基础的执行层面出现了，但在这个层面无法得到解决。基于数据视角和模型视角的皮特·苏利文只能从业务视角来分析问题，所以无法找到原因。

2. 管理层视角下的业务问题

企业的管理人员贾德·科恩认为这是一个企业层面的问题，于是召集了股票经纪人、金融危机分析师等连夜举行会议，希望从企业的内部视角研究出解决问题的方法。但依然无果。问题从执行层被上报到管理层，但由于该问题的本质是一个战略问题，因此管理层无法从企业层面解决该问题。于是，该问题继续被上报。

3. 决策层视角下的业务问题

最终问题来到了企业的老板约翰·图尔德这里，会议范围也从基层分析师和其他部门的人员扩大到企业的董事和股东。约翰·图尔德用一句话平静地描述了自己看待这个问题的视角："你知道我是怎么坐上这个位子的吗？靠的可不是聪明，而是我可以提前猜到音乐什么时候会变慢，在一个星期、一个月，或者一年之后。而现在，我完全听不到音乐了，音乐已经停了。"

最终，产生业务问题的原因被确定为行业和商业环境的变化，战略被激发。

请大家对号入座，看一看自己在其中扮演的角色，以及从不同的视角分析这个业务问题的演变过程。

💡【思考和下一步行动】

突破职业"天花板"从看清问题的本质开始

在真实的商业世界中，企业中会有各种各样的问题等待被解决，其中既有真实的业

务问题，又有被混淆的战略问题。

> ⏰ 要点金句：一秒钟看透业务问题本质的人和一辈子都看不透的人，最终的收获是不一样的。

你在企业中扮演的是什么角色？如何分析和解决遇到的问题？这决定了你的职业发展"天花板"。限制你的永远都不是分析技能和工具，更不是业务经验。对于相同的问题，换个视角可能就会有完全不同的收获。

请在分析问题之前停顿3秒钟，使用杜邦公司的分析报告中辨别问题性质的3种方法辨别问题的本质，不要混淆业务问题和战略问题。看清问题的本质永远比解决问题更有价值，而能够看清问题的本质是企业中通才与专才的本质区别之一。

第 6 章
从 0 到 1，占领商业战役的第一块市场

军事中的阵地、战役和战略

1944 年 6 月 6 日，浪头掀翻登陆艇，水雷爆炸，雨点般的炮弹砸在海滩上。法国北部的奥马哈海滩上正在进行激烈的抢滩登陆战，每分钟射出去的子弹足以堆成一座山。这里是第二次世界大战的诺曼底战役中盟军的第一块阵地。

在成功控制这片海滩后，盟军的东面和西面部队顺利会师，开辟欧洲第二战场，赢得了诺曼底战役的胜利。第二次世界大战的战略态势随之发生了根本性的变化。

6.1 商业战役中的先行者优势

在军事行动中，战略来源于一场场不同的战役，军事战役从占领第一块阵地开始，在真实的商业世界中也是如此。从战略的规划到落地，都从占领第一块市场开始，笔者将它称为商业战役。挑战者通过占领第一块市场通向主流市场，如图 6-1 所示。

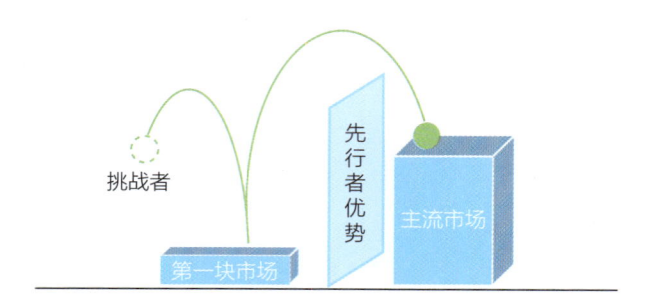

图 6-1 挑战者通过占领第一块市场通向主流市场

在真实的商业世界中，没有所谓的蓝海市场。先行者（大多会成为市场主导者）享有先行者优势，先行者优势帮助他们在主流市场中建立起竞争壁垒，阻挡后来的挑战者。

打破这些竞争壁垒是成功占领第一块市场的关键，也是战略落地的第一步。这除了需要一个聪明的头脑，还需要对时机的准确判断和拿捏。战略不是赌博，不能拍脑袋决定，拍胸脯保证，拍屁股走人。忽视当前市场主导者的竞争优势，从正面"硬打"只会造成供给过剩，从而引发价格战，最终导致失败。很多以疯狂补贴开场并最终销声匿迹的企业已经重复证明了这一点。

先行者优势分为两种，一种是可见的先发优势，另一种是不可见的经验优势，如图6-2所示。

图 6-2　两种先行者优势

6.1.1　竞争的差距：先发优势

先发优势是先行者的第一个可见的防御优势，这就像是军事战役中的武器装备与火力射程。先发优势由两个部分组成：规模优势和范围优势，如图6-3所示。规模优势是指在一定范围内，随着产品数量的增加，成本下降。范围优势是指使用相同的原理或工序生产不同的产品。

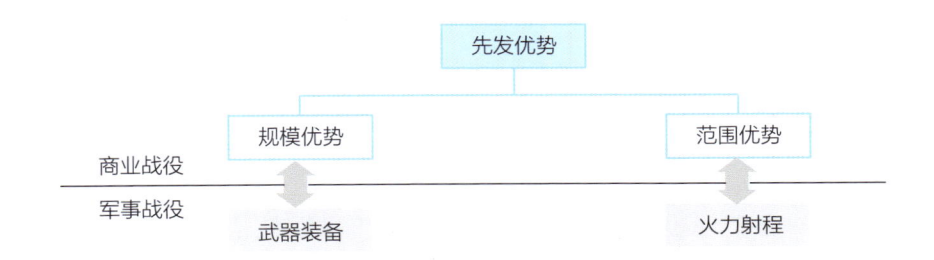

图 6-3　先行者的先发优势的组成

先发优势最直接的表现就是在现有的市场中，先行者可以在通过较低价格防御后来者的同时赚取较高的利润。其中低价格来自规模优势下的时间效率，而高利润来自范围优势下的共线生产。

> ⏰ **要点金句**：决定成本和利润的两个因素是时间效率和共线生产。

杰夫·贝索斯在 2002 年给股东的信中说明了这一点：

外界对我们最令人兴奋的特点了解甚少。人们看到，我们决心提供世界领先的客户体验和尽可能低的价格，但对一些人来说，这种双重目标不仅完全不切实际，还是自相矛盾的。传统的百货商店在进行提供完美的客户体验和提供低价产品的抉择时面临着旷日持久的考验。亚马逊为什么能同时做到这两件事呢？

答案在于我们将大部分客户体验，如无与伦比的产品选择、广泛的产品信息、个性化推荐和其他新的软件功能，转化为基本上固定的费用。客户体验成本基本上是固定的，因此随着业务的发展，我们的成本在销售额中所占的比例可能会迅速下降。

杰夫·贝索斯接下来说明了具体的做法：

在现有的产品类别中，我们一直在努力增加产品的选择。仅在美国，电子产品的选择就比前一年增加了 40% 以上，我们现在提供的产品选择是大型电子产品商店的 10 倍。即使在已经经营了 8 年的图书领域，我们的产品选择也增加了 15%，主要是难以找到和绝版的书籍。当然，我们还增加了新的产品类别。我们的服装和配饰商店拥有 500 多个顶级服装品牌，在开业的前 60 天里，客户购买了 15.3 万件衬衫、10.6 万条裤子和 3.1 万件内衣。

杰夫·贝索斯在给股东的信里说了什么？他在告诉股东，亚马逊正在沿着规模经济和范围经济建立先发优势，并且对传统的百货商店建立起竞争壁垒。

客户体验本质上是一种服务。亚马逊通过不断地扩大在电子产品、图书和服装等类别方面的产品选择，提供了无与伦比的产品选择。这些广泛的产品选择将客户体验从可变费用转化为固定成本。随着业务的发展，固定成本所占的比例迅速下降。

举例来说，营销、配送等都是服务，这些成本被产品分摊。当每个客户都只购买一件产品时，每件产品的运输费用都是单独、叠加、可变的。而当客户同时购买多件商品时，费用被更多的产品分摊。以 ROI 的计算公式来描述：

$$\text{ROI} = \frac{\left(P_{电子产品} + P_{图书} + P_{服装}\right) - C_{营销、配送等}}{I_{总投资}}$$

这也是亚马逊对传统百货商店的竞争壁垒，或者说是独立企业无法和平台型企业竞争的原因。

2020 年，盒马 mini 的项目负责人倪晓俊在介绍生鲜电商的模式时更清晰地说明了固定成本、产品规模和范围及盈利之间的关系：

> 从订单上来看，其实每一笔线上的订单都存在一个固定的履约成本。盒马 mini 的线上笔单价是 70～80 元，所以线上的每一笔生意都是盈利的。但是如果笔单价降低到 40～50 元，就很有可能使得线上订单无法盈利。而笔单价往往是由品类和 SKU 的丰富度决定的。在买菜这件事情上，不能一味地通过提价来提高笔单价，更多地要靠品类和 SKU 的丰富度，保证客户在一笔订单里能买齐他需要的东西，甚至是买比他预期更多的东西来提高笔单价。

6.1.2 竞争的差距：经验优势

经验优势是先行者的不可见的防御优势，这就像是军事战役中的兵力和军种。经验优势由两个部分组成：专业人才优势、分工和流程管理优势，如图 6-4 所示。

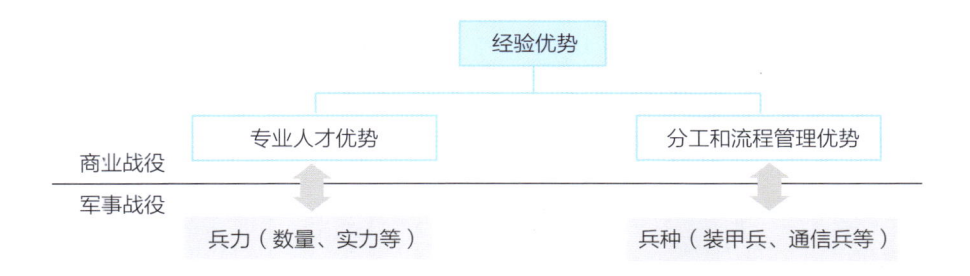

图 6-4 先行者的经验优势的组成

1. 专业人才优势

先行者已经成功招募、培训、筛选出最适合某项工作的专业人才，而这些专业人才也已经将在技术和工艺、产品生产、广告营销、客户需求、消费信贷、配送和售后过程中可能遇到的问题解决了。挑战者则需要从零开始学习，并且必须与先行者进行人才竞争。

> **要点金句**：先行者踩过很多"坑",并且已经内化在人员和管理经验之中。

即使挑战者成功招募到这些专业人才,并且将从生产到服务各环节的经验学习到手,也会面临下一个难题。

2. 分工和流程管理优势

在现代企业中,经验既包括专业人才自身的专业技能,又包括业务流程中工序的拆解和分工,专业人才的协调及相互协作,以及对这个过程的管理、改进和进一步投资。

> **要点金句**：先行者通过培训、筛选、磨合,设计出业务流程的最佳分工方式。

先行者通过长期的摸索和试错,已经在工序拆解、劳动分工、成本控制、选用专业人才和业务流程管理方面找到了最优解。科学管理的创始人泰勒在伯利恒钢铁公司的流程管理过程中发现"尺有所短,寸有所长",每个人都有自己的特点和专长,发掘并充分利用这些专长,并安排与之相对应的工作,将显著提高生产效率。泰勒在他的《科学管理原则》一书中这样描述:

> 员工和管理者都没有意识到优秀的人才和普通员工在业务上的差异。优秀的人才知道他们可以比一般人做得更好,但他们很少对这件事进行仔细的研究。当我们通过观察和研究告诉他们有多么优秀时,他们完全不相信。

泰勒强调说,没有人会愚蠢到让一匹赛马来拉车,管理者也不应该让一个优秀的专业人才从事低级和枯燥的执行工作。

> **要点金句**：千里马常有,而伯乐不常有。故虽有名马,祗辱于奴隶人之手,骈死于槽枥之间,不以千里称也。

另一个例子来自汽车行业中的先行者——通用汽车公司。在 1924 年的市场衰退中,唐纳森·布朗发现了对生产计划进行预测的方法的一个弱点,并对生产计划和组织中的信息流进行优化,形成了完善的市场信息反馈机制。

1926 年,通用汽车公司内部对改进后的生产计划和组织内部信息流的描述如下:

> 现在,每个汽车分部都是每 10 天从经销商处收集汽车的实际销售数量、新增订单数量、手头的总订单数,以及现有的新车和二手车的库存数量等数据。……在收集到这些

数据后，每个月对整个形势进行一次分析，确定当初的预测是过高还是过低。如果预测过高，就马上削减生产计划；如果发现零售需求大于原来的预测，就增加生产计划。

在通过这些最优解形成成本优势之后，先行者将用低成本获得的高利润优势以大规模广告投放的方式形成竞争壁垒。在没有新技术、新工艺出现的情况下，挑战者可以复制，但很难超越这条"经验曲线"，也很难在效率和规模上超越先行者。

6.2 商业战役中的洞察与策略

在分析完先行者优势和竞争壁垒后，我们来看如何突破。1925 年，西尔斯·罗巴克在芝加哥的第一家百货商店开业。此时，梅西百货、杰西潘尼等传统百货公司已经是先行者。西尔斯·罗巴克的零售店负责人罗伯特·伍德注意到当时所有的传统百货公司都是为女性客户服务的，它们 80% 的业务涉及女装、针织品、日用品和化妆品。

罗伯特·伍德决定反其道行之，迎合男性客户。在西尔斯·罗巴克的百货商店中，螺丝刀、扳手等产品被放在了最显眼的位置，同时增加了汽车配件、电冰箱、洗衣机等男性客户感兴趣的产品。

6.2.1 如何抓住市场中的机会

在西尔斯·罗巴克从乡村邮购业务向城市百货商店的战略转型中，男性客户是西尔斯·罗巴克的第一块市场，百货商店中的螺丝刀、扳手、汽车配件等产品是西尔斯·罗巴克在竞争中向先行者射出的"子弹"。直到这时，西尔斯·罗巴克的主要客户都是男性。

几年之后，牛仔裤开始流行。西尔斯·罗巴克敏锐地抓住了这个机会，并通过客户对牛仔裤的强烈需求，用儿童牛仔裤将孩子的妈妈们，也就是西尔斯·罗巴克的第一批女性客户带到了其百货商店中。可以说，儿童牛仔裤是西尔斯·罗巴克从男性客户市场向女性客户市场转移的桥梁。

随后，西尔斯·罗巴克通过开发无缝文胸、改进女性束腰产品进一步扩大了女性客户市场，实现了战役上的会师。西尔斯·罗巴克从传统百货公司手中抢走了其最主要的消费群体——女性客户，最终完成了从乡村邮购业务向城市百货商店的战略转型。

先行者具有规模和经验上的先发优势，但挑战者会从变化中发现机会。西尔斯·罗巴克的机会来自对客户需求的细分。男性客户的需求对传统百货公司缺乏吸引力，但男性客户市场是一个可以实现规模经济和范围经济的边缘市场。男性客户的需求没有被满足，形成了市场中的需求缝隙。而几乎所有挑战者在与先行者竞争时，都会选择先占领这样一块阵地，再实现战役上的合围，最终赢得战略上的胜利。

6.2.2 产品策略由谁来决定

产品策略必须与市场中的需求相匹配。在市场中，需求包括 3 类（见图 6-5）：第一类是已经被现有产品满足的需求，这些需求形成主流市场；先行者一般都是这类市场中的主导者；第二类是还没有被满足的需求，这些需求形成边缘市场；第三类则是还没有被意识到的需求，这些需求形成未来的主流市场。

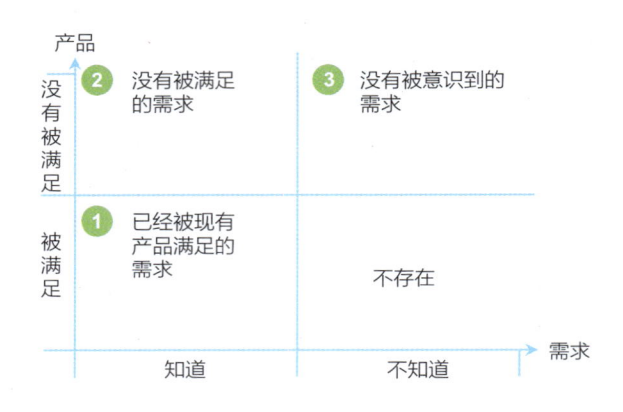

图 6-5 市场中需求的类型

技术在需求的变化中扮演了重要的角色，同时技术的演变决定了挑战者占领市场的策略。

在技术创新的不同阶段，挑战者占领市场的策略如下。

- 当新技术处于设想、理论和验证阶段时，一切都不确定，也没有需求产生。
- 当新技术处于原型阶段时，技术变革即将开始，客户自己没有意识到的需求即将出现。
- 当技术处于成熟和商业化阶段时，已知的客户需求都已经被现有产品满足。
- 当技术处于同行业扩散和跨行业扩散阶段时，客户会根据已有产品产生新的潜在需求，形成边缘市场。

> ⏰ **要点金句**：技术创新带来需求变化，需求变化决定进入市场的产品策略。

3 种类别的需求对应了 3 种不同的产品策略，也对应了技术的不同创新阶段。就像苹果公司的创始人史蒂夫·乔布斯（Steve Jobs）所说的：

> 有人说给客户他们想要的东西，但这不是我的做法。我们的工作是在他们做之前弄清楚他们想要什么。"如果我问客户他们想要什么，他们会告诉我一匹更快的马。"亨利·福特曾这样说过。在你向他们展示之前，他们不知道自己想要什么。这就是为什么我从不依赖市场调查。

这些话背后的含义是智能手机和福特汽车公司的 T 型汽车一样，属于还没有被意识到的需求，而当时正在使用的按键手机则是已经被满足的需求。

从技术创新的阶段来看，每款产品都会经历从需求没有被意识到直到最终被满足的过程。在蒸汽机出现之前，人力和畜力可以很好地满足现有的劳动需求。每个人都会萌生出一种"懒惰"的想法，让工作变得更轻松，甚至干脆不想工作。但这好像痴人说梦，因为当时没有产品可以满足这些需求。唯一的解决方案就是在现有的方法上叠加，增加更多的人力和畜力。

> ⏰ **要点金句**：如今的"痴人说梦"本质上是没有被技术满足的潜在需求。

在那个特定的时代和技术背景下，没有人意识到需要一台机器来替代自己工作。直到詹姆斯·瓦特（James Walt）改进了蒸汽机技术，实现了商业应用，人力和畜力才被解放出来。随后，蒸汽机技术泛化，被应用到多个行业，成为满足现有需求的已知产品。

从人力到畜力，再到蒸汽机，每项新技术从设想、理论、验证、原型、成熟到商业化阶段，再到同行业扩散和跨行业扩散阶段，对应的产品都会满足 3 类不同的需求。

技术创新决定了需求的类别和特征，而需求最终决定了产品策略。

6.3 进入市场的 3 种策略

市场中的 3 种需求对应了 3 种不同的产品：突破性产品、竞争性产品和改进性产品，如表 6-1 所示。在不同的技术创新周期选择正确的产品就形成了进入市场的策略。

表 6-1　不同技术创新周期和需求对应的产品

技术创新周期	需求		
	已被满足的需求	没有被满足的需求	未来需求
技术变革期			突破性产品
技术成熟期	竞争性产品		
技术扩散期		改进性产品	

当新技术不断出现，并且已经到原型阶段时，技术变革即将到来。这时，挑战者必须顺应技术变革的趋势，设计出突破性产品。这是一种技术差异化的进入市场的策略。

当进入技术成熟期时，现有的需求已经被产品满足。这时，挑战者只能在通用的技术条件下进行竞争，设计出竞争性产品。这是一种价格差异化的进入市场的策略。

当进入技术扩散期时，人们对技术迭代依然保持惯性的预期。这时，挑战者需要找出边缘市场中没有被满足的需求，设计出改进性产品。这是一种市场差异化的进入市场的策略。

下面分别介绍这 3 种产品。

6.3.1　突破性产品——反客为主

突破性产品只能在技术变革期出现。虽然它在产品初期总是居于被主导的客位，但最终必将变被动为主动，居于主位。

汽车在 19 世纪 90 年代是突破性产品，收音机在 20 世纪 20 年代是突破性产品，电视机在 20 世纪 40 年代是突破性产品，晶体管在 20 世纪 50 年代是突破性产品，ChatGPT 在今天也是突破性产品。相同的故事总是不断重复，但每一次都有相似的进入市场的路径和成功范式。

突破性产品使用了最新的技术来满足市场中还没有被意识到的需求。因此，这类产品必须重新定义市场和需求，这样才有机会替代现有的成熟技术和产品。在 2007 年 1 月 9 日第一代 iPhone 发布会上，乔布斯说："今天，苹果将重新发明手机。"这句话不仅强调了 iPhone 是突破性产品，还通过展示完全不同的技术性能和传统手机进行了明显的区分。乔布斯这么做的目的是重新定义市场和需求。这是突破性产品进入市场的第一步。

第二步，突破性产品会选择进入一个小规模市场，并在这个市场中达到一定的用户规模和成熟度。毫无疑问，iPhone 选择的是进入通信运营商的合约机市场。这个市场对新技术敏感，但对价格不敏感，能够长时间锁定用户，同时能够通过合约中的流量充分展示突破性产品的技术优势。这是 iPhone 的第一块市场，通常也是突破性产品的第一块市场。

第三步，突破性产品开始从小规模市场向主流市场扩张，最终超越使用旧技术的产品。无合约版 iPhone 意味着其向主流市场扩张的开始。

图 6-6 展示了突破性产品进入市场的 3 个步骤。

① 重新定义市场和需求　② 进入小规模市场　③ 向主流市场扩张

图 6-6　突破性产品进入市场的 3 个步骤

突破性产品为什么会成功？因为它避开了先行者的规模优势和经验优势。首先，突破性产品选择的是一个小规模市场，如通信运营商的合约机市场；其次，突破性产品使用的是还未成熟的新技术，而先行者使用的是已经成熟并商业化的技术。

挑战者与先行者之间的这些明显差异导致挑战者不需要与先行者进行人才竞争，也不需要进行经验学习，而先行者无论是在规模经济还是在范围经济上，都不具备这样的技术和能力与挑战者进行竞争。

> 要点金句：差异化不只表现在产品形态上，还表现在技术、人才、组织和核心竞争力上。

6.3.2　竞争性产品——离间计

竞争性产品出现在技术成熟期。这类产品与先行者的现有产品使用相同的技术、满足相同的需求，因此没有非常明显的优势。这类产品必须通过在成本和性能上的折中来满足先行者市场中的一些已经产生但还没有被满足的需求，并且通过价格、性能等方面对现有市场进行"离间"，达到市场分化和拆分的目的，最终获得进入市场的机会。

图 6-7 展示了竞争性产品进入市场的 3 个步骤。

图 6-7 竞争性产品进入市场的 3 个步骤

第一步，寻找当前没有被满足的边缘需求。需求没有被满足的原因可能是价格高，每个高价市场下面都存在低价的次级市场；也可能是产品的性能不够好。

第二步，随着对生产成本和产品性能的调整，竞争性产品可能会选择进入一个次级市场，也可能会选择进入一个垂直市场。以手机行业为例，舍弃某些功能的低配置手机、儿童智能电话手表、针对老年人的老年机，以及具有美颜拍照功能的手机市场都可能成为挑战者的第一块市场。

第三步，竞争性产品如果能在次级或垂直市场中实现规模经济，就会有 3 个机会向主流市场扩张：一是等待先行者犯错；二是等待政策和技术改变；三是等待市场变化带来的机会。

1. 等待先行者犯错

在 1898 年挑战者伯利恒钢铁公司与先行者美国钢铁公司的竞争中，二者拥有相同的成熟技术。

1903 年，美国钢铁公司内部分为两派：一派是查尔斯·施瓦布（Charles Schwab）带领的管理者，另一派是深受资本和皮尔庞特·摩根（Pierpont Morgan）信任的以艾尔伯特·加里（Elbert Gary）代表的金融银行家。由于对定价的分歧，查尔斯·施瓦布在内部斗争中落败，随后加入伯利恒钢铁公司。

艾尔伯特·加里的银行家背景让他在美国钢铁公司的管理上做出了一些不合理的决策，如继续提高价格等。较高的价格为其他没有实现规模化的小型竞争对手提供了"价格保护伞"。这让伯利恒钢铁公司率先引入了泰勒的科学管理方法，从而有机会在技术改进中吸收新型平炉钢轨厂前期的巨大成本，并在实现规模化后实现了与美国钢铁公司相同的单位成本。

查尔斯·施瓦布作为挑战者，等到了先行者犯错的机会。

2. 等待政策和技术改变

1853 年时，三菱是日本造船业的挑战者，当时日本造船业制造的都是 17 世纪的帆船。石川岛造船厂的人曾这样描述：

> 奉幕府之命，我翻译了一本造船的书，理论上我知道如何造船，但不幸的是这本书所描述的不是一艘现代船舶，而是一艘 17 世纪的东印度船。

这大致描述了当时日本造船市场的情况，所有企业都在制造这类船舶。三菱作为日本造船业的后来者，也是如此。在日本通过《造船鼓励法》和《航海奖励法》后，三菱决定建造更大、更快的船舶。三菱从一家瑞士公司购买了制造船舶柴油发动机的专利权，开始在长崎造船厂建造快速的大型船舶。《造船鼓励法》和新柴油发动机技术成为三菱进入主流市场的机会。

3. 等待市场变化带来的机会

福特汽车公司的 T 型汽车的出现带来了对汽车轮胎的大量需求。最初，汽车制造商是轮胎市场最大的客户，在轮胎行业出现了几家大型企业，如美国的凡士通、固特异，以及英国的邓禄普等，它们都是轮胎行业的主导者，拥有先行者优势。稍晚一些进入市场的挑战者菲斯特轮胎、通用轮胎无法进入汽车制造的主流市场，只能在汽车维修、保养和零配件这些边缘市场上销售轮胎。

随着汽车普及率的提高和汽车保有量的增加，汽车制造商的产量开始下降，而汽车维修、保养和零配件市场开始增长。轮胎的需求从之前的汽车制造的主流市场转向边缘市场——汽车维修、保养和零配件市场。菲斯特轮胎和通用轮胎随着这些边缘市场的增长实现了增长。

这种增长完全是由于市场本身的转变和扩大带来的。由于市场急速增长、需求增加，原本只占很小一部分市场份额的细分市场上的小型企业实现了增长。而汽车制造市场的需求减少也挤压了凡士通、固特异的轮胎市场，使其市场份额减少。轮胎的需求从汽车制造市场向汽车维修、保养和零配件市场的转移使挑战者菲斯特轮胎和通用轮胎进入主流市场。

6.3.3 改进性产品——偷梁换柱

改进性产品介于突破性产品和竞争性产品之间。从技术角度来看，改进性产品出现在技术变革期和技术成熟期之间。这时，新技术不会再次发生颠覆性创新，但仍然会有一些小的改进和变化，我们将这个时期称为从产品创新到工艺创新的时期。改进性产品大部分是工艺创新后的结果。

1. 改进性产品的竞争要素

改进性产品与先行者的产品在本质上没有不同。但是，通过重新调整和组合产品中的要素，改进性产品能够结合已有的市场需求，利用工艺创新来满足那些已知但没有被满足的需求，并据此与先行者的产品进行竞争。改进性产品的竞争要素如图 6-8 所示。

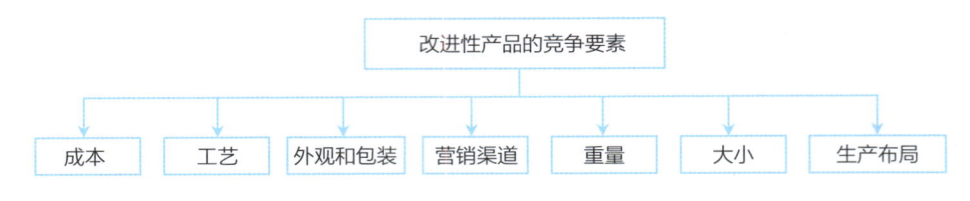

图 6-8 改进性产品的竞争要素

下面选择其中几个要素来具体说明在真实的商业世界中，挑战者是如何利用这些要素与先行者进行竞争的。

1）成本和生产布局

1886 年，炼铝行业中的主流技术是查尔斯·马丁·霍尔（Charles Martin Hall）和保罗·埃鲁（Paul Héroult）共同发明的霍尔－埃鲁法制铝法，也就是电解炼铝法。作为行业先行者的企业在实现满负荷生产后，将铝的价格降到每磅 2 美元。

1888 年成立的匹兹堡冶炼公司是后来的挑战者，其创始人阿瑟·戴维斯（Arthur Davis）和艾尔弗雷德·亨特（Alfred Hunt）发现廉价和持续的电力供应可以降低成本。1896 年，他们改变了生产布局，在尼亚加拉瀑布附近建立了新工厂。瀑布带来的廉价水力发电降低了成本，将铝的价格降低到每磅 32 美分。这是挑战者在利用成本和生产布局与先行者进行竞争。换句话说，挑战者"偷"了电解炼铝法的"梁"，换了廉价水力发电的"柱"。

2）外观和包装

19 世纪 80 年代，美国的魁克麦片公司、面粉碾磨公司、国民亚麻籽油公司、谷物加工公司是农产品行业中的先行者。挑战者博登乳业公司利用罐装牛奶、亨氏公司利用罐装蔬菜、利比公司利用罐装肉对易腐烂的产品进行了外观和包装的改进。改进后的产品可以保存更长时间，并且可以被运输到更远的地方，获得更广泛的市场。这是挑战者在利用外观和包装与先行者进行竞争。换句话说，挑战者"偷"了松散包装的"梁"，换了罐装包装的"柱"。

3）营销渠道

1948年，美国制药行业的先行者在进行药品营销时把主要目标定为杂货店和药店。这也是当时药品的主要营销渠道。挑战者将营销目标改为医院和医生，并且将药品从带有商标的包装重塑为现代型的医学专业化包装。这是挑战者在利用营销渠道与先行者进行竞争。换句话说，挑战者"偷"了营销渠道中杂货店和药店的"梁"，换了医院和医生的"柱"。

2. 创造改进性产品的3个因素

创造改进性产品的3个因素如图6-9所示。对其中的因素进行调整或重新组合就可能产生新的改进性产品和没有被满足的需求。

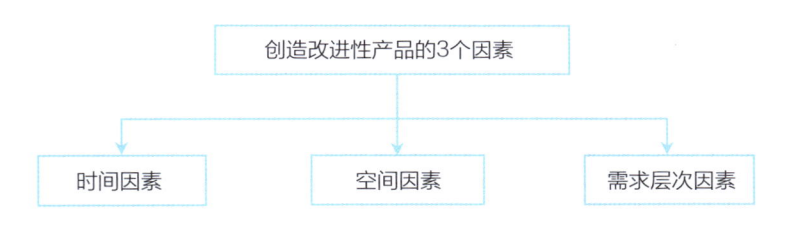

图 6-9　创造改进性产品的 3 个因素

1）时间因素

每个不同的时间单位都对应一个新的需求和场景。对于本质上相同的产品，在时间因素上进行调整后，就可能创造出新的改进性产品。下面分别从不同行业进行说明。

> **要点金句**：企业必须在客户产生需求并想要使用产品的时间内提供适当的产品。

（1）视频行业。

当有2～3小时的空闲时间时，你可能会选择看一部电影；当空闲时间缩短到1小时时，你可能会选择看一集电视剧；当空闲时间再度缩短为几分钟时，你可能会选择看一些短视频。需求随着空闲的时间变化而不断变化，错位匹配会造成每个需求都得不到满足。电影、电视剧、短视频本质上是相同的产品，但在不同的时间因素下各有优势，可以满足不同的需求。

（2）零售行业。

在工作时间，你可能会利用几分钟的时间在公司的自动售货机上买一瓶饮料；在工作日午休时，你可能会利用1个小时的时间去街边小店购物；在周末，你可能会利用2～3小时去距家1～3公里的超市或商场购物。自动售货机、街边小店、超市或商场在本质上没有差异，但在不同的空闲时间中占据不同的优势，可以满足特定的需求。

（3）资讯行业。

按照阅读时间来划分，我们把信息分为碎片化信息、完整化信息、规模化信息、系统化信息，相关的产品包括新闻手机报、微博、知乎、今日头条、新浪新闻、微信公众号、微信读书、天猫读书、豆瓣阅读等。这些产品本质上没有区别，我们经常会在不同的产品上阅读到相同的资讯，但不同的产品满足了人们在不同时间的资讯需求。

（4）物流行业。

按照距离来划分，我们可以把物流分为超短途物流、短途物流、同城物流、跨省物流及国际物流，相关的产品包括美团外卖、饿了么、京东到家、美团跑腿、美团闪送、顺丰同城急送、顺丰标快等。从本质上说，不同的物流产品都是将货物从 A 点移动到 B 点，但不同的送达时间满足了不同的需求。

（5）出行行业。

按照距离来划分，我们可以把出行分为超短途出行、短途出行、中途出行、长途出行等，相关的产品包括共享单车、公交车、地铁、私家车、出租车、网约车、火车、飞机等，不同的产品可以满足不同的需求。

（6）社交行业。

按照沟通的时效性来划分，我们可以把通信分为没有延迟的即时通信和有延迟的异步通信，相关的产品包括电话、企业微信（信息已读提醒）、钉钉（信息已读提醒）、QQ（对方正在输入）、微信（对方正在输入）、微博、朋友圈（时间线及最近三天可见、半年可见）、BBS社区论坛（时间线更新）、邮件等。

2）空间因素

人们在不同的空间，如家、办公室、学校、电影院、健身房等，会产生不同的需求，如在家里有休息的需求，在办公室有工作的需求，在学校有学习的需求，在电影院有看电影的需求，在健身房有锻炼的需求等。有时，同一个需求在不同的空间会需要不同的产品来满足。从苹果公司的产品中，我们可以看到充分利用空间因素的改进性产品。

苹果公司的产品是什么？抛开硬件的外观和形态，从软件的角度来看，从本质上说，苹果公司的产品是操作系统（Operating System，OS）。这样的产品一共有 4 个：iOS、macOS、watchOS 和 tvOS。苹果公司的所有硬件产品都是这 4 个操作系统（OS 产品）在不同空间中的改进性产品，如图 6-10 所示。

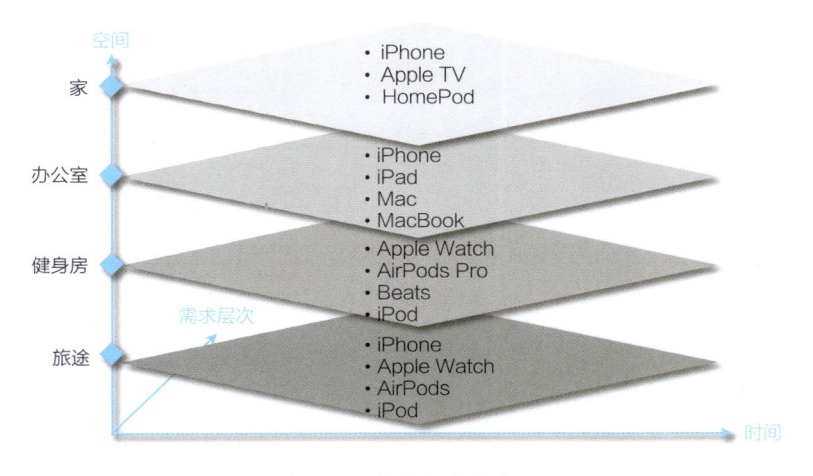

图 6-10 苹果公司的产品

从苹果公司的 CEO 蒂姆·库克（Tim Cook）的谈话中，我们能进一步找到空间市场的线索。

2013 年，在谈到 Apple TV 时，蒂姆·库克表示这是一个小小的利基市场，我们可以在这个空间做出很多贡献。

在 2014 年收购 Beats 时，蒂姆·库克表示可以通过耳机和耳机空间获得快速增长的业务。

在 2016 年被问到苹果公司在汽车领域的新产品时，蒂姆·库克表示他们一直在寻找新的东西，而且一般来说，汽车领域是一个显而易见的领域，很多技术要么不可用，要么能够彻底改变汽车体验。而在谈到苹果公司的生态系统时，蒂姆·库克曾表示从口袋到汽车，再到工作场所、家庭和健身房，我们对 iOS 的看法有着非常大的视野，我们的生态系统正在扩展到越来越多的地方。

如果我们把苹果公司在 2006—2019 年发布的硬件、软件和服务产品进行汇总就会发现，苹果公司的扩张路径是空间。苹果公司基本是围绕着家、办公室、健身房、旅途 4 个主要的空间扩展的，最终形成一个相互连接、相互补充的生态，如图 6-11 所示。

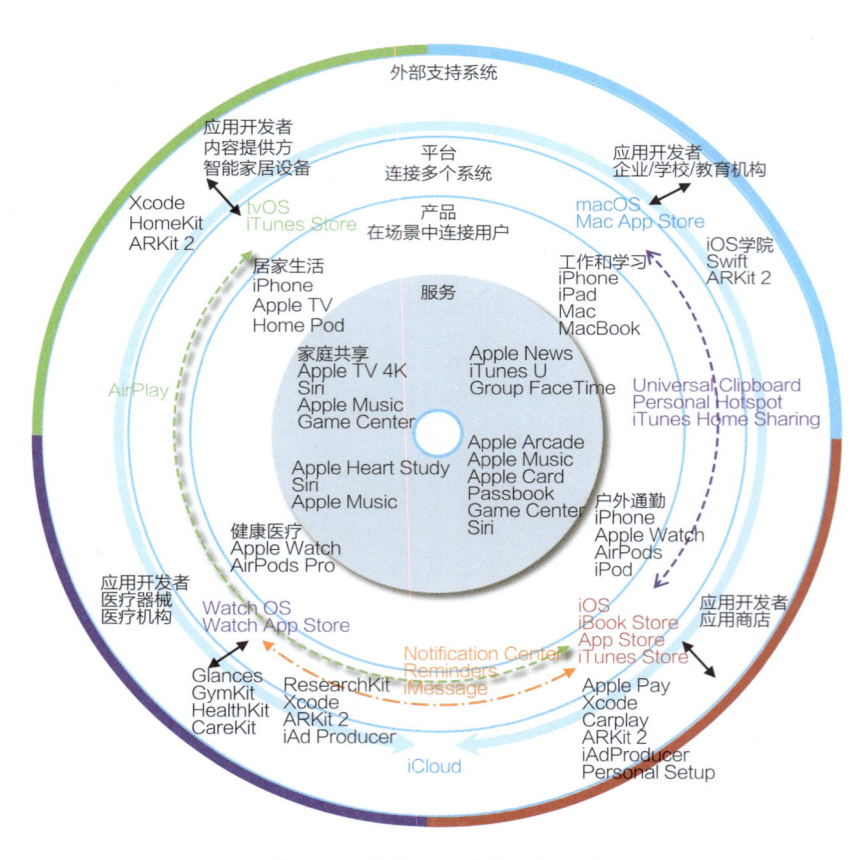

图 6-11　苹果公司的空间生态图

苹果公司的大部分产品都有与之对应的空间，如 Apple TV、HomePod 对应家，iPad、Mac、Macbook 对应办公室，Apple Watch、AirPods Pro 对应健身房，Apple Watch、AirPods、iPod 对应旅途。除了硬件产品，每个空间也都有对应的服务及外部支持系统，如 iOS、macOS、tvOS、watchOS，以及与之配套的 iTunes Store、Mac App Store、

Watch App Store 等。

3）需求层次因素

相同的需求在不同的层次中有不同的表现，需要不同的产品来满足。这些需求为不同的改进性产品创造了机会。按照马斯洛需求层次理论进行划分，我们可以把需求划分为 5 个层次。

以食品为例，在 5 个需求层次中，以第一个需求层次的食品为基础，以上每个需求层次的食品都需要经过进行改进才能满足新的需求，如图 6-12 所示。

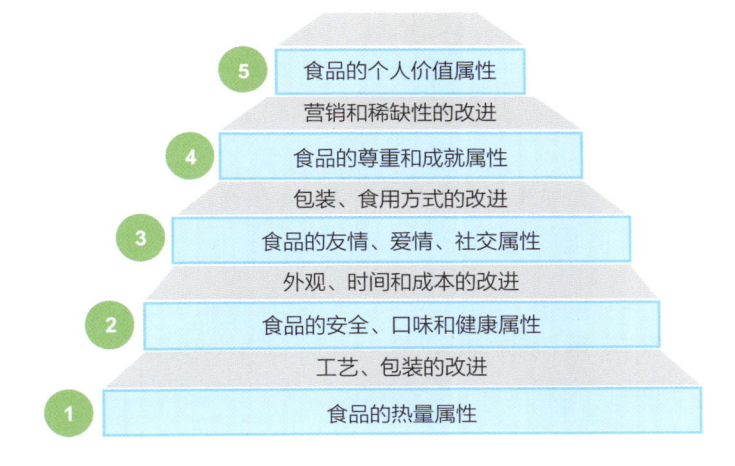

金字塔图（从上至下）：
5. 食品的个人价值属性
营销和稀缺性的改进
4. 食品的尊重和成就属性
包装、食用方式的改进
3. 食品的友情、爱情、社交属性
外观、时间和成本的改进
2. 食品的安全、口味和健康属性
工艺、包装的改进
1. 食品的热量属性

图 6-12　食品在 5 个需求层次中对应的改进要素

食品的需求与改进要素的关系如下。

当人处于严重的饥饿状态时，食品是满足第一个需求层次的需求（基本需求）的食品。在从吃得饱变成吃得好以后，第一个需求层次的食品依然存在，但无法满足第二个需求层次的需求（对食物的安全、口味和健康的需求），因此我们需要对工艺、包装进行改进，以便满足第二个需求层次的需求。

在来到第三个需求层次后，人们希望从食品中获得友情、爱情和社交方面的归属感，第一个需求层次和第二个需求层次的食品无法满足这些需求。当食品被改进为自己亲手烘焙，带有特定意义，用于相互赠送的小礼物时，它就能满足人们对友情、爱情和社交的需求。

在来到第四个需求层次后，人们对食品的需求变成获得尊重和成就。第三个需求层次的食品仍然存在，但无法满足这一层次的需求。在对食品的包装、食用方式进行改进，增加仪式感后，食品本身并没有被改变，但能满足尊重和成就的需求。

到了第五个需求层次，人们对食品的需求变成体现个人价值。这时的食品与第一个需求层次的食品在本质作用上没有区别，但第一个需求层级的食品无法满足第五个需求层次的需求。在营销和稀缺性（如增加食品的历史背景和特殊意义等）方面对食品进行改进后，第五个需求层次的需求被满足。

在对食品的工艺、包装、外观、时间、成本、食用方式、营养和稀缺性等因素进行调整和重新组合后，每个需求层次的食品都增加了能满足对应需求的附加价值，如包装、配料表、保质期等，这让食品看起来更安全；可爱的心形造型、鲜艳的颜色和限定的时间让食品看起来更具有社交属性……以此类推，除了食品本身所具有的脂肪、蛋白质和碳水化合物等营养成分，其他的都是改进带来的附加价值。

> ⏰ **要点金句**：除了食品营养成分表，食品中的其他内容都是附加价值。不同的附加价值对应不同的需求层次。

改进性产品进入市场的第一步是在时间、空间和需求层次中寻找机会，发现还没有被当前产品满足的需求；第二步是对当前的产品进行改进，可能是单一维度的时间改进，也可能是时间、空间和需求层次多个维度的改进；第三步是向主流市场扩张，如图 6-13 所示。

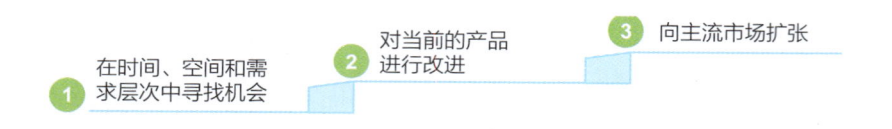

图 6-13 改进性产品进入市场的 3 个步骤

6.4 商业中"排兵布阵"的 3 种策略

在古代战争中，阵地战讲究排兵布阵，也就是我们常说的阵法。据说三国时期的诸葛亮所创的八阵图之一的山蛇阵可抵十万精兵，无人能破。这种阵法，"击其首则尾至，击其尾则首至"，环环相扣、防不胜防。一旦贸然闯入，必定要付出惨重的代价。

在真实的商业世界中，挑战者会面临很多非常现实的问题，尤其是在从 0 到 1 的过程中。产品的第一批用户来自哪里？如何找到这些用户？如何与先行者竞争？如何教育市场？如何说服第一批用户购买和使用产品？如何攻破先行者的"护城河"？占领第一块市场需要多长时间？……要回答这些问题，就需要使用策略对资源进行"排兵布阵"，达到环环相扣、防不胜防、"可抵十万精兵"的效果。

> **要点金句**：在商业竞争中，遇到问题的第一反应不应是马上分析，而应是寻找类似的问题，学习解决的方法，并模仿该方法。

幸好我们不是第一个遇到这些问题的人。前人早已遇到过这些问题，并且给出了完整的答案。我们只需要"照葫芦画瓢"就可以解决问题。笔者整理了成功的挑战者在从 0 到 1 的过程中所用的 3 种策略，这些策略能增大成功的概率。

6.4.1 与市场主流产品兼容——远交近攻

第一种"排兵布阵"的策略是与市场主流产品兼容。无论挑战者的产品使用的技术多么先进、产品的功能多么强大、产品多么具有革命性，都必须与市场主流产品兼容（见图 6-14）。

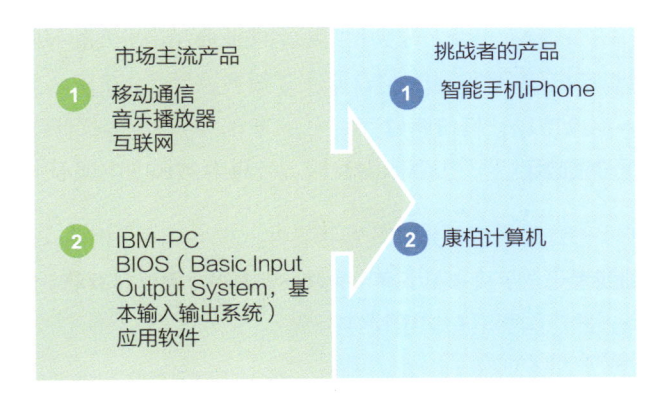

市场主流产品	挑战者的产品
① 移动通信 音乐播放器 互联网	① 智能手机 iPhone
② IBM-PC BIOS（Basic Input Output System，基本输入输出系统） 应用软件	② 康柏计算机

图 6-14　挑战者的产品与市场主流产品兼容

第一个成功的案例来自 iPhone。2007 年 1 月 9 日，史蒂夫·乔布斯在 Macworld 大会开场对第一代 iPhone 2G 的描述如下：

> 今天，我们将推出 3 个革命性的产品。第一个是带触摸控制的宽屏 iPod，第二个是革命性的移动电话，第三个是突破性的互联网通信设备。3 个产品，一个是带触摸控制的宽屏 iPod，一个是革命性的移动电话，一个是突破性的互联网通信设备。iPod、电话、互联网通信设备。iPod、电话……你看出来了吗？这不是 3 个单独的设备，这是一个产品。

重要的事情说 3 遍。在最开始，史蒂夫·乔布斯重复了 3 遍的话术中没有技术参数说明，没有功能讲解，也没有革命性的应用展示，而是在强调 iPhone 的兼容性。解读一下就是，iPhone 是一个与移动通信、音乐播放器和互联网完全兼容的设备，这是"远交"。这也确保了 iPhone 的第一批用户来自音乐播放器和互联网的重度使用者。这些用户天然存在，不需要被寻找，不需要被教育，更不需要被进行营销和说服。这样一来，苹果公司既避免了与当时的爱立信、摩托罗拉、诺基亚、黑莓等移动通信企业的正面竞争，又能将现有手机用户平稳地转移到 iPhone 上来。

这个兼容的过程需要多长时间才能产生效果？与通信运营商的合约机市场是 iPhone 占领的第一块市场。苹果公司于 2007 年 1 月 9 日发布第一代合约机型 iPhone 2G。在 2009 年 6 月 9 日发布 iPhone 3GS 之后，苹果公司开始推出无合约版 iPhone。这意味着 iPhone 从合约机的小规模市场向主流市场扩张。

另一个成功的案例来自更早的 PC 行业。1981 年 8 月，IBM 推出世界上第一台 PC——IBM-PC，成为行业先行者。IBM-PC 分为 3 个部分：英特尔生产的处理器、开发者编写的软件（如微软的 Windows 操作系统等）、IBM 自己编写的连接软件和硬件的桥梁 BIOS。自信满满的 IBM 对 BIOS 编写了详细的说明书，并申请了知识产权保护。

高速增长的 PC 市场和畅销的 IBM-PC 吸引了很多挑战者。施乐、惠普、德州仪器等很多企业开始进入这个市场，其策略是克隆一台与 IBM-PC 高度相似的计算机，以较低的价格销售，进而占领市场。

但是，所有的克隆计算机都只是在外观和硬件上与 IBM-PC 相似，无法运行 IBM-PC 上的软件。因为挑战者无法克隆被知识产权保护的 BIOS。IBM 将所有挑战者都挡在了市场之外，因为没有人愿意购买没有应用软件的 PC。

德州仪器的高级经理罗德·肯尼恩（Rod Canion）、吉米·哈里斯（Jim Harris）和比尔·默顿（Bill Murto）也看到了 PC 市场上存在的机会，并发现了竞争中的核心问题。

罗德·肯尼恩在一次访谈中这样描述他对 PC 市场的思考：

1982 年 1 月 8 日上午，我正在思考关于 PC 的问题。实际上，当时市场上有将近 300 家不同的计算机企业在竞争。我们如何才能制造出与众不同的产品？每台计算机都在运行不同的软件，软件是其中的关键。那天早上，一个突如其来的想法击中了我，如果我们能让一台便携式计算机运行为 IBM-PC 编写的软件，那么结果会怎么样？我们能否设计一台坚固耐用的便携式计算机，配备 9 英寸的显示屏，并保证为其提供最佳软件？

罗德·肯尼恩并不是第一个想到这种方法的人。但 IBM 的 BIOS 受到知识产权保护，任何看过 BIOS 代码的人都无法进行重写，因为会侵犯知识产权。有几家企业被起诉并最终关闭。

对于这个无法逾越的障碍，罗德·肯尼恩介绍了康柏的方法：

我们知道有一种方法可以合法地做到。我们聘请了最优秀的知识产权律师，并通过他们的严格指导来帮助我们非常仔细地对 IBM-PC 的 BIOS 实施逆向工程。

律师告诉我们，你不能使用 IBM 的代码，而且任何看到过受保护代码的人都会让整个项目失败。因此，我们安排了两个软件人员。第一个软件人员仔细阅读 IBM 的代码，搞清楚它的功能和作用，编写出功能说明文档，并交给第二个从未见过 IBM 代码的软件人员。第二个软件人员根据该功能说明文档，从头开始编写自己的代码，确保能够准确地实现相同的功能。

1982 年 11 月，罗德·肯尼恩、吉米·哈里斯和比尔·默顿以康柏的名义推出了 100% 兼容 IBM-PC 的康柏计算机。一位评论者说："康柏比 IBM 更兼容 IBM。"

康柏计算机立刻获得了巨大的成功：第一年售出了 53 000 台，创造了 1.11 亿美元的销售额。康柏成为突破 1 亿美元大关最快的初创企业。1987 年，康柏实现了 10 亿美元的收入，成为有史以来增长最快的企业。到 20 世纪 90 年代末和 21 世纪初，康柏成为世界上最大的 PC 制造商。

罗德·肯尼恩在成功后这样描述兼容的重要性：

当我们发现所有的竞争对手都做不到同样的程度时，我们感到震惊。我们可以推测出为什么他们没有完全兼容就停止了。因为这很难，需要花费很长的时间。但对我们来说只有一件事，如果不能运行 IBM-PC 的软件，我们的产品就什么也不是。而且如果你的计算机不能运行这些软件，那么人们如何知道他们能获得什么？人们怎么会有信心购买你的计算机？

康柏通过与 IBM-PC 完全兼容进入了 PC 的第一块市场，康柏计算机还一度被称为 IBM-PC 的便携版。从此之后，除了苹果公司的麦金塔计算机，市场上的其他 PC 都是兼容机。

6.4.2 投资互补产品——瞒天过海

第二种"排兵布阵"的策略是投资互补产品。如果无法兼容市场主流产品,就借力打力,给自己的产品找一个杠杆。互补产品就像是这个杠杆的支点。阿基米德(Archimedes)说过,给我一个支点,我就能撬起整个地球。互补产品就是这个可以撬动整个市场的支点。

> **要点金句**:给我一个支点,我就能撬起整个地球。找到一个互补产品,就能撬起整个市场。

1. 通用电气公司的电器和发电站

通用电气公司的前身是爱迪生(Edison)在 1878 年创立的爱迪生电灯公司。1879 年,爱迪生在新泽西州的门洛帕克实验室发明了第一只商用白炽灯。1882 年,电灯进入商业化阶段,爱迪生在纽约建造了美国第一个中央发电站:珍珠街发电站。珍珠街发电站拥有一台可以为 800 只灯泡提供电力的 Jumbo 发电机。1883 年 12 月,珍珠街发电站已经可以为 508 位用户和 12 723 只灯泡供电。这时,电灯和发电站是互补产品。电灯的市场规模由发电站的功率决定。

1892 年,爱迪生电灯公司和汤姆逊-豪斯登国际电气公司等 3 家公司合并后更名为通用电气公司。1895 年,通用电气公司扩大了发电站电力的使用规模,建造了当时世界上最大的电气火车头。1905 年,通用电气公司为家庭厨房设计出了电烤箱 D-12 和电熨斗。1906 年,通用电气公司设计了高频交流发电机。1908 年,通用电气公司为纽约中央铁路公司提供 34 台 94 吨重的重型电气机车。1910 年,通用电气公司为家庭厨房发明了第一台热感应电炉 Hotpoint,如图 6-15 所示。

图 6-15 第一台热感应电炉 Hotpoint

这时，发电站和用电设备是互补产品，从微观角度来看，看似是在发展用电设备，实则是在扩大对电力的需求，发展发电站；看似是在发展发电站，实则是在发展为电灯供电的输电网。不同的产品通过"伪装"来欺骗竞争对手，从而实现共同发展。好一招瞒天过海。1892—1910 年，通用电气公司对二者进行投资，使二者互为支点：通过升级发电站来满足用电设备市场不断增长的需求，同时发明新的用电设备来刺激发电站扩大规模。

白炽灯、发电机、电气火车头、电烤箱、电熨斗、高频交流发电机等，这是一串逻辑清晰的互补产品链条。发电机是撬动白炽灯和照明市场这个杠杆的支点，如图 6-16 所示。可以说，没有发电站，白炽灯就无法普及。随后，电烤箱、电熨斗等用电设备又反过来成为撬动发电站和照明市场这个杠杆的支点。

图 6-16　发电机是撬动白炽灯和照明市场这个杠杆的支点

从宏观的角度来看所有产品之间形成的链条，会发现通用电气公司的策略与八卦阵中的山蛇阵类似：电器与发电站、用电设备与发电设备环环相扣，"击其首则尾至，击其尾则首至"，防不胜防。

2. 西尔斯·罗巴克的信贷和销售增长

1910 年，西尔斯·罗巴克发现有人使用现金从邮购目录中购买奶油分离器，之后通过信贷的方式将其销售给无法一次付清全款的客户。这让西尔斯·罗巴克意识到信贷的重要性。同时，西尔斯·罗巴克的管理者也注意到传统的银行更愿意把钱借给企业，但不愿意向普通人发放信贷。

1934 年，西尔斯金融公司成立，为客户提供信贷。为了避免潜在的风险，西尔斯·罗巴克最初谨慎地将可以使用信贷的产品进行了单独定价，并对这些产品的类别、价格区间、首付的比例、还款期限进行了严格的限制。

西尔斯·罗巴克的信贷产品最初只局限于家具和灯具这些必要的生活用品。家具的价格区间为 25 ～ 300 美元，首付比例为 15%，还款期限为 6 ～ 18 个月。灯具的价格区间则是 25～100 美元，首付比例为 12%，还款期限为 6～12 个月。

随着信贷产品销售额的不断增长，可以使用信贷的产品类别开始增加，如留声机、浴室用品、自行车和地毯等非生活必需品也可以使用信贷了，价格区间的上限提高到 500 美元，还款期限也开始延长。到了 1956 年，信贷产品的销售额超过了西尔斯·罗巴克总销售额的 41%。

随后，手表、钢琴等高价值产品也成为信贷产品。钢琴的还款期限甚至延长到 30 个月。西尔斯·罗巴克的所有产品都开始支持信贷销售。但这还没有结束，西尔斯·罗巴克为了进一步推广信贷销售，向 500 名一直使用现金结算的优质客户写信，在没有任何背景调查的情况下向他们提供信贷，鼓励他们在购买产品时（产品的价格至少为 50 美元）使用信贷分期支付其中 50% 的金额，在完成最后一笔分期付款后，将给予他们 20 美元的奖励。

要交换产品，就要有等价的货币，这是基本的交易准则。每个人都只会在自己的购买力范围内选择和购买产品。但信贷让一些产品的价格看起来更友好，进入更多客户的选择范围。信贷带来了更多的信贷产品类别、更长的还款期限、更多的客户和更高的销售额。

信贷与销售额相互促进，一起增长。信贷是西尔斯·罗巴克撬动客户和产品这个杠杆的支点，如图 6-17 所示。

图 6-17　信贷是西尔斯·罗巴克撬动客户和产品这个杠杆的支点

6.4.3　建立有优势的标准——釜底抽薪

第三种"排兵布阵"的策略是建立有优势的标准。这个标准有两层含义：从宏观层面来看，是指技术开放并且标准化；从微观层面来看，是指在竞争中建立对自己有利的标准。当挑战者无法与市场主流产品相竞争，无法实现技术兼容，也无法找到互补产品时，就要打破先行者的规则，让先行者的优势失效。利用自己的优势建立一套新的标准，将先行者拉入一场全新的比赛中，并通过新的标准占领第一块市场是一种有效的策略。

杰夫·贝索斯曾这样描述这种策略:

> 在所有条件都相同的情况下,如果你的肺活量比竞争对手大,那么请强迫他们参加以氧气为关键限制因素的比赛;如果你的竞争对手不会游泳,那么请让他们在水中竞争;如果他们不喜欢寒冷,那么请让他们在北极圈的苔原上进行比赛。

西尔斯·罗巴克作为零售行业的挑战者,通过邮购目录的形式销售价格低廉的产品。在"好货不便宜,便宜没好货"观念的下影响,其销售额增长缓慢。

1911年,西尔斯·罗巴克建立了第一个产品实验室。该实验室对产品的材料、尺寸、质量进行测试,并制定出相应的质量等级和标准。这样做的目的只有一个,就是打破人们对价格和质量之间的固有认知。如今,这些产品实验室被称为评测机构、跑分软件。

1919年,西尔斯·罗巴克的产品实验室在对羊毛制品进行检验时发现,一些标有"100%羊毛"的产品中有3/4的成分是棉花。在当年春季的邮购目录中,西尔斯·罗巴克以"我们的保证"宣称:

> 我们的产品得到了产品实验室的批准,我们的产品描述不是基于猜测的,而是基于产品实验室的测试获得的准确结果。例如,如果产品标明是100%羊毛制品,或者含有50%的羊毛,又或者是含有30%的羊毛,那么这种说法是基于化学测试获得的准确结果。

西尔斯·罗巴克的产品实验室的测试结果改变了竞争的游戏规则,用科学和专业的知识打破了人们心中价格与产品质量之间的联系,这使得价格不再代表质量,好货也可以很便宜;同时使零售行业的先行者所维护的高端定位失去了意义,而低价正是西尔斯·罗巴克的优势。

西尔斯·罗巴克的产品实验室对产品的测试,以及制定的质量标准还带来了另一个结果——在价值链中获得优势。最初产品的质量都是由生产者决定的,并且与价格有着不可分割的关系,产品测试和市场反馈带来的新标准打破了这个规则(见图6-18),让西尔斯·罗巴克在价值链中获得了对上游的控制权。

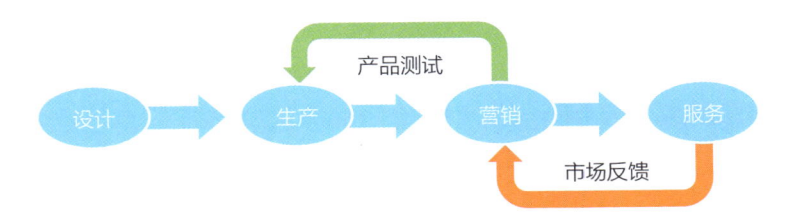

图 6-18 产品测试和市场反馈对价值链的影响

一般来说，零售商的每个产品都是按价格采购的。要按市场能接受且有竞争力的价格出售产品，西尔斯·罗巴克就必须以合理的价格从生产者那里购买产品，而其中的差额决定了能赚取的利润。

西尔斯·罗巴克经常从不同的生产者那里采购相同的产品进行测试，这让其产品实验室有机会发现不同产品间的差异。随着时间的推移，西尔斯·罗巴克的产品实验室根据市场的接受度，以及不同生产者的产品在材料和质量上的差异对产品提出改进建议。

西尔斯·罗巴克的产品实验室的测试将定价权从卖方市场转移到买方市场。最初，西尔斯·罗巴克被动地接受生产者对产品质量的描述和价格，但这种情况随着其产品实验室对产品的了解加深开始发生转变。生产者会主动提交样品让西尔斯·罗巴克进行测试和挑选，根据需要对产品进行改进，有时西尔斯·罗巴克还会定制自己独有的产品。

1917 年，西尔斯·罗巴克的男装部门曾参与过一件工装服的设计，部门经理确信一件工装服的尺寸比正常服装的尺寸稍微大一些会更受欢迎。但这种大一些的工装服在制造过程中会多消耗一些布料，从成本角度来看，每 12 件工装服的成本要高出 19～30 美分。

制造商不愿意接受这个设计方案，认为西尔斯·罗巴克只是在浪费布料和成本。西尔斯·罗巴克的产品实验室随后对 100 位购买工装服的客户进行调研，其中有 84 位客户明确指出西尔斯·罗巴克的工装服受欢迎的原因是尺寸更大，在穿着它工作时更加舒适、灵活。

据那一时期男装部门的负责人说，西尔斯·罗巴克从工厂购买成衣，与制造商签订切割、制作和整理合同，并规定每种服装的确切尺寸。在每个新项目出现时，西尔斯·罗巴克的产品实验室都会问制造商以下几个问题：该产品实用吗？它的用处有多大？它的成分和功能描述准确吗？产品在使用过程中存在危险吗？如果存在危险，那么它的安全极限是什么？产品的设计和成本还能改进吗？……

这种从需求到设计，再到规定服装尺寸和成本的管理方式，使产品的质量标准从生产者手中转移到销售者手中，进一步影响了生产者的成本和价格，同时为西尔斯·罗巴克获得了更高的利润。

【本章知识点小结】

◎ 先行者优势分为两种：先发优势和经验优势。

◎ 挑战者占领第一块市场的产品策略由技术创新周期和需求决定，可以分为突破性产品，竞争性产品和改进性产品 3 种。

◎ 创造改进性产品的本质是从时间、空间和需求层次 3 个因素出发，对产品的成本、工艺、外观和包装、营销渠道、重量、大小、生产布局 7 个要素进行改进。

◎ 与市场主流产品兼容、投资互补产品和建立有优势的标准是挑战者从第一块市场进入主流市场的策略。

【思考和下一步行动】

理解真实的商业世界中的兵法和计谋

在真实的商业世界中，能否占领第一块市场是挑战者成败的关键，其中产品策略和商业阵型是影响成败的关键因素。

从特斯拉到元宇宙，再到火爆的 ChatGPT，它们属于哪一种产品策略呢？特斯拉是对燃油车的改进还是颠覆？它分化了现有燃油车的市场吗？Meta 的虚拟加密货币 Libra 是新的优势标准吗？虚拟货币的普及又会对哪些行业"釜底抽薪"？

这些新产品的第一块市场在哪里？它们在占领第一块市场的过程中使用了哪些商业兵法？特斯拉和家用电池明显是互补产品，这就像通用电气公司的发电机和白炽灯的关系一样，这是瞒天过海吗？ChatGPT 显而易见地和微软的 Office 套件进行了深度兼容，又开放了应用程序编程接口，这是远交近攻吗？

第 7 章
从 1 到 100，进入主流市场的 5 种战略

1982 年，PC 行业的挑战者康柏在占领第一块市场后准备进入主流市场，推出新产品：便携式计算机。康柏的签约经销商的数量迅速增加，市场需求将很快超过康柏的现有生产能力。

这是一个令人兴奋的机会，但有非常高的风险。康柏的执行团队意识到，如果不能提供足够数量的计算机来满足需求，那么经销商将毫不犹豫地使用其他竞争产品来填补空缺，届时康柏将失去进入主流市场的机会。

这时，摆在康柏面前的选择有两种：第一种选择，将计算机制造外包给日本的企业，通过以低廉的成本，在短时间内获得大量的产品来满足市场需求，利用横向规模化成为行业中的低成本供应商，这样可以使康柏在与先行者 IBM 的竞争中获得价格优势；第二种选择，进行本地化生产，严格控制供应、生产和交付的纵向过程，并保持最高的质量标准，避免失去对质量的控制权，进而使库存和现金流面临风险。

PC 行业的技术发展速度非常快，事实上，它几乎每天都在发生变化。虽然对这类产品的需求正在迅速增加，但要准确地预测产品在未来 6 个月内的销售量是完全不可能的。产品的供应链越长，企业对产品的控制力就越低，对技术和市场变化的反应速度就越慢。产品的特性决定了最终的决策，康柏希望能够对这些变化做出快速反应。

7.1 理解产品对战略方向的影响

挑战者在成功地占领第一块市场，拥有属于自己的一小块边缘市场之后，将走出边缘市场，在主流市场与先行者进行正面竞争，最终实现跨行业扩张。

挑战者战略增长的 3 个步骤如图 7-1 所示：第一步是向主流市场渗透，"借假修真"，获得核心竞争力；第二步是向主流市场扩张，将优势转化为胜势，将核心竞争力转化为竞争优势，以此与先行者进行竞争；第三步是跨行业扩张，跨越行业成为挑战者，重复向主流市场渗透和扩张的过程，实现多元化增长。

	① 向主流市场渗透	② 向主流市场扩张	③ 跨行业扩张
战略：	· 垂直一体化战略 · 水平一体化战略	· 市场扩张战略 · 产品扩张战略	· 多元化战略
方法：	"借假修真"，获得核心竞争力	将优势转化为胜势，将核心竞争力转化为竞争优势	跨越行业成为挑战者，重复向主流市场渗透和扩张的过程

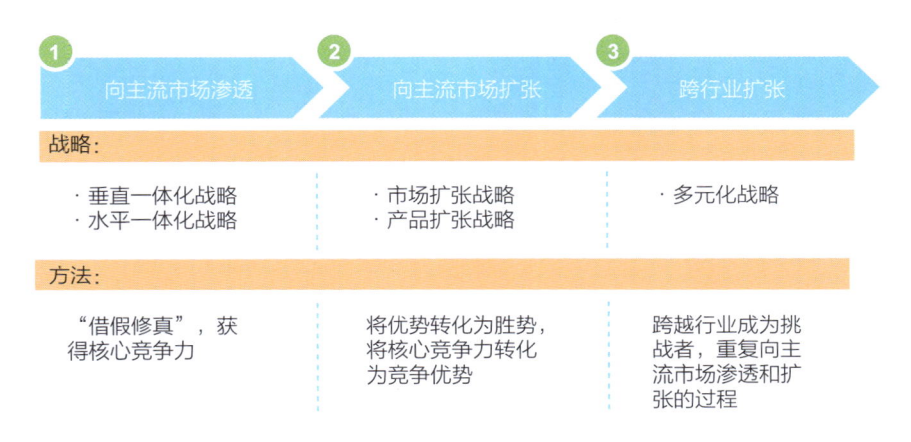

图 7-1 挑战者战略增长的 3 个步骤

图 7-1 中列出了 5 种战略，这 5 种战略分别对应挑战者所处的不同阶段和特性，有明确的判断标准、严谨的决策方法和清晰的逻辑。

战略决策不能拍脑袋决定，更不能依靠运气。每个战略决策背后都有严谨的逻辑和事实支撑。在真实的商业世界中，战略的方向受到产品类型的影响，而产品类型又受到技术创新阶段的制约。

笔者把战略决策的过程整理成一个技术、产品与战略的范式，如图 7-2 所示。首先从技术开始，技术创新的不同阶段带来不同的机会，这些机会不仅决定了挑战者进入第一块市场时的产品类型和策略，还决定了挑战者向主流市场扩张时的战略方向。对于技术创新所处的阶段在挑战者进入第一块市场时的产品选择和决策过程中所起的作用，第 6 章详细说明过，这里不再赘述。本部分主要说明挑战者进入主流市场时的战略选择。

当技术创新处于验证和原型阶段时，会产生突破性产品。拥有突破性产品的挑战者在向主流市场渗透阶段会优先选择垂直一体化战略。

当技术创新处于成熟和商业化阶段时，会产生改进性产品。拥有改进性产品的挑战者在向主流市场渗透阶段同样会优先选择垂直一体化战略。

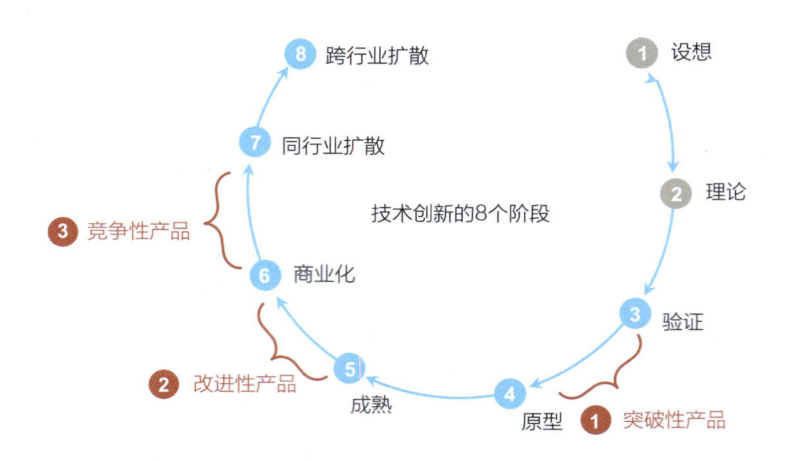

图 7-2　技术、产品与战略的范式

当技术创新处于商业化和同行业扩散阶段时，会产生竞争性产品。拥有竞争性产品的挑战者在向主流市场渗透阶段会优先选择水平一体化战略。

> **要点金句**：技术创新决定产品类型，产品类型决定战略选择。

在向主流市场渗透阶段，产品与战略的关系简单来说就是拥有突破性产品和改进性产品的挑战者选择垂直一体化战略，拥有竞争性产品的挑战者选择水平一体化战略。你可能会问，这是真的吗？历史上无数的成功企业向主流市场渗透的过程都可以说明产品对战略方向和决策过程的影响。

◎ 1846 的宾夕法尼亚铁路是竞争性产品，1968 年，宾夕法尼亚铁路公司与竞争对手纽约中央铁路公司合并；1969 年，合并后的铁路公司又与纽约纽哈芬和哈特福铁路公司合并。

◎ 1874 年的电话是突破性产品，1880 年，亚历山大·格雷厄姆·贝尔（Alexander Graham Bell）建立了第一个国内长途电话网络。

◎ 1896 年的福特汽车是突破性产品，1927 年，亨利·福特建立了垂直一体化的胭脂河工厂。

◎ 2008 年的特斯拉电动汽车是突破性产品，随后特斯拉建立了从制造电池组到生产电动汽车的特斯拉弗里蒙特工厂。

7.2 如何快速向主流市场渗透

技术决定产品，产品决定战略。挑战者所处的技术创新阶段决定了进入第一块市场的产品是突破性产品、改进性产品还是竞争性产品。这3种类型的产品也间接地决定了挑战者在向主流市场渗透时所选择的战略方向。技术、产品、战略的关系如图7-3所示。

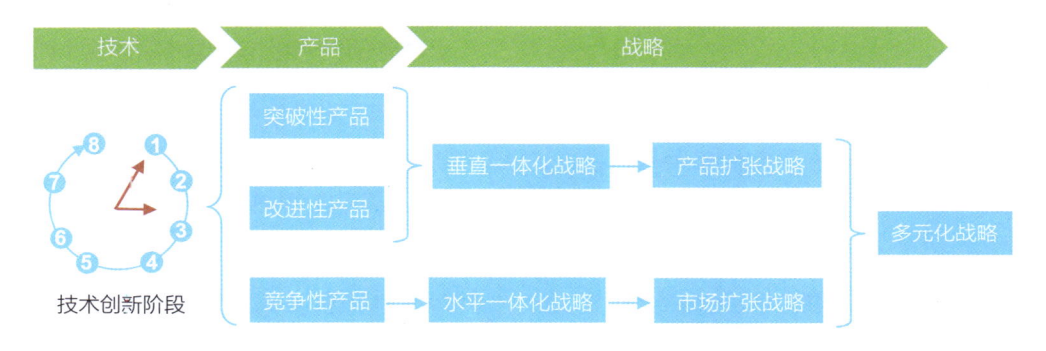

图 7-3 技术、产品、战略的关系

拥有突破性产品和改进性产品的挑战者会优先选择垂直一体化战略，而拥有竞争性产品的挑战者则会优先选择水平一体化战略。无论是垂直一体化战略，还是水平一体化战略，都属于市场渗透大战略下的一部分，下面逐一进行说明。

> **要点金句**：看似有众多战略可选的挑战者，其实其选择早在开始阶段就已经被预设好了。

7.2.1 理解垂直一体化战略

什么是垂直一体化？所有产品都会经过从原材料到最终产品的过程，其中包括开采、生产、加工、运输和销售等步骤，将这些步骤联合起来就形成一个整体，即垂直一体化。通常，我们将终端客户称为前端，将原材料称为后端，将向前端的一体化称为前向一体化，将向后端的一体化称为后向一体化，如图7-4所示。

1901年，美国钢铁公司收购贝塞默蒸汽船公司是垂直一体化；1908年，福特汽车公司自己生产发动机、轮胎、车窗是垂直一体化；1925年，新泽西标准石油公司自建加油站和销售组织是垂直一体化；如今，特斯拉自己制造电池组是垂直一体化；苹果公司为自己的计算机研发 M1 芯片是垂直一体化；沃尔玛自建品牌"惠宜"是垂直一体化；亚马逊自建品牌"Aplenty"和"Elements"是垂直一体化；7-Eleven 自建品牌"Seven Premium"是垂直一体化；淘宝推出支付宝业务是垂直一体化；京东自建物流业务是垂直一体化……这些都是我们能看得到的垂直一体化战略的应用。

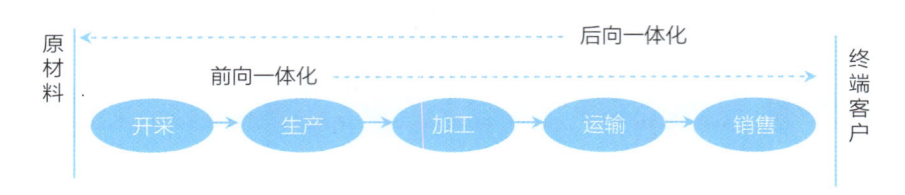

图 7-4　垂直一体化及前向一体化和后向一体化

1. 为什么要选择垂直一体化战略

钢铁企业运营渡轮，汽车企业生产轮胎，零售企业生产食品，这看起来都是远离企业主要业务而"不务正业"的行为。那么，为什么这些企业要选择这些业务？

答案还要回到产品上。对拥有突破性产品和改进性产品的挑战者来说，选择垂直一体化战略是其生存下来的必要条件。对于全新的产品，没有人知道其功能、储存方法、运输方法、使用方法、销售方法、维修方法；同时，由于应用了新的技术和工艺，还有非常高的失败风险，因此挑战者必须自己招募并培训人员，建立仓库，教育市场和用户，并且建立销售体系。

真实商业世界中的案例是 Swift 公司。古斯塔夫·斯威夫特（Gustavus Swift）发现随着美国开启城市化进程，人口开始向东部城市迁移。纽约等东部城市对鲜肉的需求正在不断增长，并且已经超出了本地的供给能力。1875 年，古斯塔夫·斯威夫特建立了 Swift 公司，开发出第一辆实用的冰冷铁路车（见图 7-5），采用冷冻技术，将西部平原的牛肉运输到东部城市进行销售。用今天的话说就是，Swift 公司建立了自己的冷链运输体系。

由于当时人们认为只有在本地当天屠宰的牲畜肉才是新鲜的，因此 Swift 公司最初只占领了一小块边缘市场。这时，冷冻肉对东部城市习惯于购买鲜肉的人来说是一个全新的突破性产品。当时没人知道如何向客户解释这些来自千里之外的冷冻肉是否新鲜、如何解冻、如何烹饪、如何保鲜、如何储存等。

图 7-5　Swift 公司开发的冰冷铁路车

随着冷冻肉富有竞争力的价格和中产阶级的兴起，Swift 公司开始向主流市场渗透。这时，Swift 公司需要运输和销售更多的冷冻肉来扩大市场。Swift 公司意识到需要建立自己的冷冻仓库和批发站，拥有自己的销售人员。在这个过程中，Swift 公司完成了前向一体化，并由此开创了"廉价牛肉时代"。

读到这里，可能会有人问：拥有突破性产品和改进性产品的挑战者必须选择垂直一体化战略吗？直接利用现有的资源，不是更节省资源、效率更高吗？历史上还真有企业选择了这种方法。

> **要点金句**：查理·芒格（Charlie Munger）说，我们要从自己的错误中吸取教训，但最好的方法是从别人的错误中吸取教训。

20 世纪 30 年代后，辛格缝纫机公司的销售负责人威廉·克拉克（William Clark）选择通过现有的代理商销售产品。但是，他发现代理商的销售人员在介绍、演示和销售缝纫机时，无论是在操作熟练度方面，还是在专业性方面，都远远不及自己公司的内部人员。随后，辛格缝纫机公司开始自建销售网络，招聘并培训自有销售人员。

2. 垂直一体化战略带来的核心竞争力

自建冷链运输体系和专业化的销售组织，这些看似与屠宰和销售冷冻肉无关的业务为 Swift 公司带来了什么价值？

冷冻肉的成功来自 Swift 公司建立的冷链运输体系和专业化的销售组织，它们都在冷冻肉的运输和销售环节得到了检验。换句话说，冷冻肉为 Swift 公司完善了流程、建立了组织、培养了人才、锻炼了队伍。就像道教中的修真理论一样，"借假修真"——冷冻肉是表面的"假",冷链运输体系和专业化的销售组织是背后的"真"。而这些也为 Swift 公司带来了核心竞争力——范围经济。

> ⏰ 要点金句:自建冷链运输体系统和专业化的销售组织是现象,提升背后的组织能力是本质。

随后,Swift 公司的产品类别从牛肉增加到猪肉、羊肉等全线肉类产品,后来又增加了家禽、鸡蛋、奶制品和新鲜蔬菜等。完整的冷链运输体系和专业化的销售组织成为 Swift 公司的核心竞争力,并在随后的向主流市场扩张阶段为 Swift 公司提供了竞争优势。

7.2.2 理解水平一体化战略

水平一体化与垂直一体化相反。所有产品都会经过从原材料到最终产品的过程,其中包括开采、生产、加工、运输和销售等步骤,将这些步骤中处在相同环节的企业联合起来形成一个整体就是水平一体化(见图 7-6)。

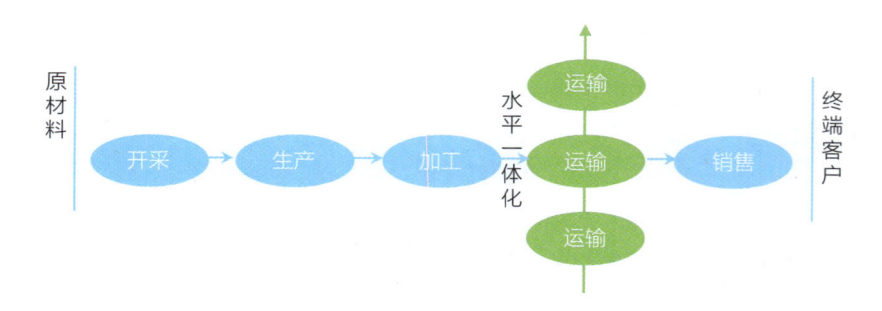

图 7-6 运输环节的水平一体化

1872 年,新泽西标准石油公司兼并了克利夫兰 22 家石油精炼厂是水平一体化;1890 年,詹姆斯·杜克收购较小的烟草公司成立美国烟草公司是水平一体化;1925 年,拜耳、巴斯夫和阿克发等 6 家德国化学公司组成法本化学工业公司是水平一体化。联合运营、企业合作、行业联盟、卡特尔、辛迪加和托拉斯等都是对水平一体化的描述。

> ⏰ 要点金句:标准化是水平一体化的开端,价格战是水平一体化的结束。

1. 为什么要选择水平一体化战略

如果说垂直一体化是技术创新带来的,水平一体化就是技术扩散和标准化带来的。

1900—2010 年不同技术在美国的扩散曲线如图 7-7 所示，由此可知，技术扩散的速度越来越快，所需要的时间越来越短，成功的曲线越来越陡峭。

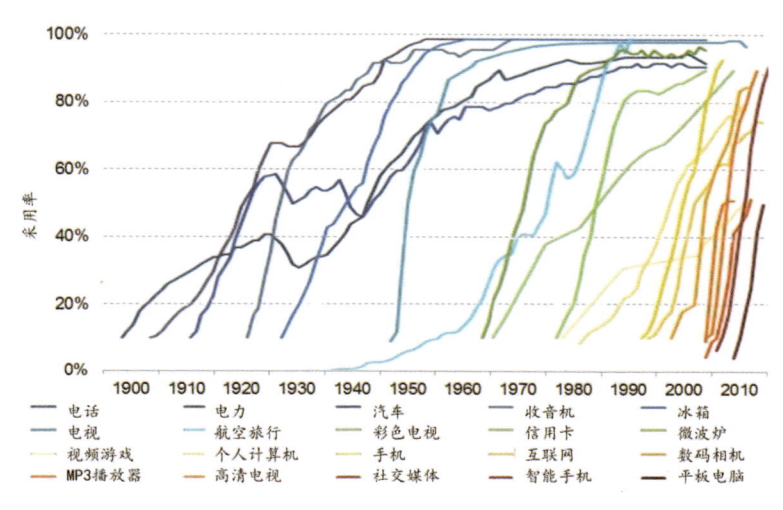

图 7-7　1900—2010 年不同技术在美国的扩散曲线

技术扩散带来几个变化。首先，新技术已经成熟，很少会再有革命性改进。其次，人们已经完全接受并且广泛使用新技术。最后，由于稳定、使用广泛，新技术的成本和学习曲线开始下降，模仿者开始出现。这时，新技术创造的突破性产品已经变成普通的标准化产品，竞争开始出现。晶体管技术从贝尔实验室到肖克利半导体实验室，再到仙童半导体公司及最终的英特尔就是技术扩散的一个例证。

> **要点金句**：技术在行业中扩散的结果是挑战者与先行者进行激烈的价格战。

在真实的商业世界中，19 世纪的大西洋和太平洋食品公司的管理者乔治·哈特福德（George Hartford）面临的就是机械化制糖技术扩散后的激烈竞争。他发现，糖、茶叶、咖啡这几类商品之间没有本质的区别，自己销售的糖与其他杂货店销售的糖没有区别，客户无法区分哪一家杂货店销售的糖更好，竞争完全并且只能依赖于价格。

当技术不再是秘密时，价格就变成武器。要降低价格，就要降低成本，而降低成本最好的方法就是实现规模化。1904 年，拜耳的董事长卡尔·杜伊斯贝格（Carl Duisberg）在一份建议联合 6 家化学公司共同成立法本化学工业公司的备忘录中详细地论述了合并对成本的影响：

我认为，销售部门可以合并，这样就可以裁减销售人员，精简储藏设备和办公室；整修和包装的车间也可以合并；可以更有计划地进行采购，还可以关闭一些效率不高的工厂，转移到几个效率高的工厂去进行生产。合并后的企业之间没有了秘密，研究和开发过程就会加速。

水平一体化战略让法本化学工业公司获得了巨大的成功。1913 年，全世界共生产了 16 万吨颜料，德国在其中占 14 万吨，英国仅占 4100 吨，美国的产量微乎其微。如今，拜耳网站上依然有关于卡尔·杜伊斯贝格的介绍。

随后，水平一体化战略被大量企业采取，如 1920 年西门子与施廷内斯合作成立了西门子－莱茵－舒克特联合企业等。

2. 水平一体化战略带来的核心竞争力

采购环节合并、生产环节合并、仓储环节合并……这些合作、联营、联盟为企业创造了什么价值？

与垂直一体化战略的"借假修真"一样，水平一体化战略也是如此：合理化生产、提高生产效率、降低采购成本和裁减销售人员对成本产生的影响只是表面的"假"，背后的"真"是处理大批量、规模化产品的能力，具体地说是通过协调采购、生产、仓储、运输、销售、信息反馈，最终获得高库存周转率的能力。

企业的利润来自从采购原材料到销售产品的完整流程（见图 7-8），其中任何一个环节的效率单独提升都无法带来整体的增长，甚至会拖垮整个流程。因此，企业必须通过高效地组织和协调来降低成本、获得收益。而衡量企业从采购原材料到销售产品这一过程最有效的指标就是库存周转率。简单来说就是在货币和产品的循环过程中，尽量减少原材料和产品占用资金的时间，提高单位时间内资金的利用率。

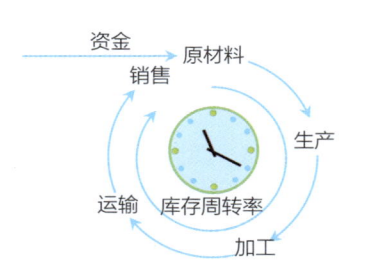

图 7-8　从采购原材料到销售产品的完整流程

19 世纪 70 年代，马歇尔百货公司每年的库存周转次数为 5 次。马歇尔百货公司的创始人马歇尔·菲尔德（Marshall Field）是第一个提出"客户就是上帝"营销理念的人，他至今仍然在 Business Insider 评选的美国 20 位富豪榜单中。

世界上第一家百货公司乐蓬马歇的创始人阿里斯蒂德·布西科（Aristide Boucicaut）曾这样解释库存周转这种交易方式背后的秘密：

> 这种交易方式是建立在资本持续且快速更新的基础上的，资本必须在同一年内尽可能多地转化为产品。这样，当你仅有 50 万法郎的资本时，经过 4 次周转就产生了 200 万法郎。我们不需要很高的利润，我们唯一需要努力的就是迅速"摆脱"产品，用其他产品替代它。这将使资本回报是其利息的许多倍。

高库存周转率一直是现代企业追求的目标。杰夫·贝索斯在 1999 年给股东的信中这样描述：

> 对我们来讲，卓越的运营水平包括持续提高用户体验，提升我们所有业务的生产率、利润率、效率及资产流动速率。

> 通常，实现这些目标的最好办法就是使各环节相互促进。例如，高效的配送将增加商品配送次数，反过来降低用户服务成本；而提高用户的体验、建立品牌，又会降低获取和维护用户的成本。

库存周转率越高，现有的人员、设备、资金的使用效率越高，产品的单位成本就越低，企业的竞争优势也就越强。这是水平一体化战略带来的核心竞争力——规模经济。

综合来看，垂直一体化战略和水平一体化战略是两种不同的战略，二者之间没有先后和优劣之分，只与技术创新阶段、企业的产品类型和所处的行业环境相关。优先选择垂直一体化战略的企业大概率会进行水平一体化，反之亦然。通过"借假修真"获得的核心竞争力是挑战者进入主流市场的"入场券"。

7.2.3　向主流市场渗透的"刹车点"

一个好的战略应该有明确的开始和结束时间。错过开始时间会贻误战机，而过晚结束则会失去竞争优势，甚至错过进入主流市场的机会。

> 要点金句：每个司机都会踩油门，但会刹车才是好司机！

1. 垂直一体化战略的"刹车点"

垂直一体化战略的"刹车点"是技术扩散带来的上下游行业扩张。换句话说，上下游行业由于市场增长开始实施水平一体化战略。

1908 年，福特汽车公司开始实施垂直一体化战略，自己生产发动机、轮胎、车窗。随后，轮胎市场开始增长，轮胎企业开始通过实施水平一体化战略来降低生产成本，巨大的生产规模叠加轮胎的需求从汽车制造市场向汽车维修、保养和零配件市场转移，使得福特汽车公司自己生产轮胎的成本比独立的轮胎企业高。

通用汽车公司敏锐地观察到了这个变化。1921 年，通用汽车公司在年报中这样描述：

轮胎只有较小的一部分由汽车制造商消费，大部分被直接卖给了汽车的使用者作为备用轮胎；薄板和其他品种的钢材大部分用于汽车工业之外的商业消费，所以未对这些领域投资。通过这一政策，通用汽车公司坚定地寻找与轿车、货车、拖拉机制造直接相关的领域的发展，但并不投资于其中只有一小部分产品用于汽车制造的一般工业。

轿车、货车、拖拉机，甚至是飞机等产品都是汽车的相关技术成熟后的扩散结果，也带来了对轮胎等配件的需求。因此，当整个生产链中的环节、技术和中间产品进入技术成熟阶段并开始扩散，市场需求开始增长时，企业就应该"刹车"，停止实施垂直一体化战略。

2. 水平一体化战略的"刹车点"

水平一体化战略的"刹车点"是规模不经济。随着单位时间内产品数量的增加，前期对设备、人员和技术的投资成本被摊平，产品成本快速下降，而继续下去则适得其反。

1）内部规模不经济

当生产规模持续扩大、产品数量持续增加时，企业需要投资新的设备，对现有技术进行改进，招聘并培训新的人员，对新增加的人员进行管理，甚至更改组织架构。当新投资的设备无法满负荷运转，新增加的人员因为技术不熟练造成生产延误、残次品等时，就会在内部产生新的成本。

2）外部规模不经济

生产规模的扩大会造成原材料采购的增加，与人员招聘数量的增加一样，二者都会造成市场上的供应短缺，甚至会造成与其他相关行业和企业产生竞争，抬高原材料和人员成本。这些会在外部造成边际成本上升。

水平一体化战略的"刹车点"的判断依据是边际成本，当边际成本开始上升时，企业就应该"刹车"，停止继续扩大规模。

无论是内部成本还是外部成本，都需要被摊平到企业所生产的每个产品中，最终造成产品成本上升，使企业失去最初水平一体化战略带来的优势。

7.3 先行者的反击

成功地向主流市场渗透，并且没有错过战略"刹车点"的挑战者，此时此刻正准备向主流市场扩张，但他们也可能面临被摧毁（被收购或破产）的风险。

无论挑战者具有什么样的新技术和竞争优势，在向主流市场扩张的过程中都将面对先行者的反击，而先行者要发起反击，就离不开其"护城河"。

7.3.1 看不见的"护城河"

先来思考一个问题，1901 年的通用电气公司、美国钢铁公司和纽约中央铁路公司之间有什么样的联系？

它们都是生态型企业。这个商业生态为身处其中的每一家企业在所处的行业中都建立了无形的壁垒，这种壁垒就像"护城河"一样无法逾越，使挑战者在与先行者的竞争中落败，最终被收购或破产。这个商业生态就是摩根化（Moganization）的雏形。

第 5 章曾介绍过，企业由资金、设备和人才 3 种基本资源组成，并且通过将资源转化为产品或服务销售给客户来获得利润，从而实现企业的目标。

在将资源转化为利润的最初阶段，设备和人才资源都通过资金转化而来。购买设备和原材料、进行技术开发、雇用人才、进行生产都需要资金。这些最初的资金大部分来自投资。在扩张阶段也是一样，企业的扩张本质上是资源的扩张，而资源扩张的背后则是对资金需要的不断增长。

当资金枯竭时，扩张也随之结束，挑战者将止步于向主流市场渗透阶段。这就像在战争中切断了粮草供应，所以资金是挑战者向主流市场扩张必须跨越的鸿沟，是先行者具有的看不见的"护城河"。

7.3.2 理解资金在企业扩张中的作用

企业在快速扩张和激烈竞争中如何获取资金？答案是通过将现有的资源（如设备、产品、技术、预期收入等）以票据和债券的方式销售给有投资意向的人来获取资金。但是，由于短时间内的资金需求庞大，符合条件的投资者少之又少，同时大部分企业缺乏这方面的专业人才、经验和社会声誉，因此很难通过直接与投资者进行直接沟通来完成募资的工作。

由于企业所需的资金规模庞大，一般的投资者不能提供足够的资金，因此符合条件的投资者一般是保险公司、信托基金等大型机构。这些大型机构由于缺乏特定行业的知识和经验，以及为了尽量降低投资的风险需要分散投资，因此很少会直接对企业进行投资。这时，有一个在中间进行撮合的角色出现了，这个角色就是投资银行，它是企业和保险公司、信托基金等大型机构的中介，如图 7-9 所示。

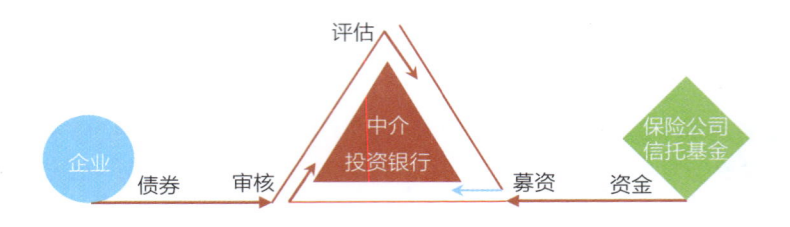

图 7-9　投资银行在企业和保险公司、信托基金等大型机构间的作用

如果将企业用来筹集资金的债券看成一种产品，投资银行就是向投资者销售这种产品的中间商。投资银行从众多企业中挑选并买入这些产品，在包装并分级后销售给有资格的投资者。这就是投资银行在企业扩张中的作用，也是上市企业有承销商的原因，同时还是资金在企业扩张中的主要作用。

虽然资金的路径通畅了，但风险依然存在。企业发行的债券可能因为市场变化、行业变化、技术变化和同行竞争而变得毫无价值。避免这种风险最好的方法就是进行控制，更具体地说就是通过控制市场的买和卖、债券的价格、资金的流向来避免风险。

1879 年，约翰·皮尔庞特·摩根（John Pierpont Morgan）通过收购、重组、建立企业间的联合董事会、在投资银行间签订君子协议等方法，在资本层面上解决了这个问题，这被称为摩根化。

摩根化的具体手段可以分解为卖方和买方两个方面。

1. 在卖方

在卖方，摩根化的第一种方法是通过收购行业中的大型企业并进行重组，避免竞争的风险。摩根对南部铁路、北太平洋铁路、伊利铁路等进行收购和重组，避免了因铁路公司相互竞争造成的价格竞争、重复建设、资源闲置、低票价,甚至是破产。

在卖方,摩根化的第二种方法是通过收购上下游企业来避免产业链变化带来的风险。摩根首先投资爱迪生电灯公司,然后将其与汤姆逊－豪斯登国际电气公司等进行合并后更名为通用电气公司。随后,摩根又收购了卡内基钢铁公司,并将其与其他公司重组为美国钢铁公司。

1901年的通用电气公司、美国钢铁公司和纽约中央铁路公司之间的联系就像自然界的生态系统中捕食动物和被捕食动物的关系。

在加利福尼亚海岸,海獭捕食海胆,海胆则以大洋底部的藻床和其他海草为食。在摩根化的商业生态中,企业之间的联系如图7-10所示,纽约中央铁路公司采购美国钢铁公司生产的钢材,美国钢铁公司购买通用电气公司的电力。而反过来,美国钢铁公司利用铁路运输铁矿石和建筑用钢材,通用电气公司则使用美国钢铁公司的产品制造发电站和电器产品。

图7-10 摩根化商业生态中企业之间的联系

通过收购和拒绝给挑战者提供资金,摩根化避免了市场中竞争带来的企业破产风险。对通信行业的先行者西联公司来说,亚历山大·格雷厄姆·贝尔是一个挑战者,而他发明的电话则是突破性产品。这个挑战者能找到的资金来自他的岳父和自己学生的家长,以及一位富有的皮革商人托马斯·桑德斯(Thomas Sanders)。1874—1878年,托马斯·桑德斯为最初的5000部电话投资了10万美元。随后,在电话开始普及,贝尔电话公司即将进入主流市场时,摩根收购了贝尔电话公司和西联公司的股权并进行了合并重组,成为今天美国国际电话电报公司的前身。

2. 在买方

在买方,摩根化的方法是通过进入保险公司、信托基金、商业银行、投资银行的董事会,避免资金和债券市场的风险。这种方法被称为连锁董事,即一个人同时兼任两个公司或两个公司以上董事会的董事，如图 7-11 所示。

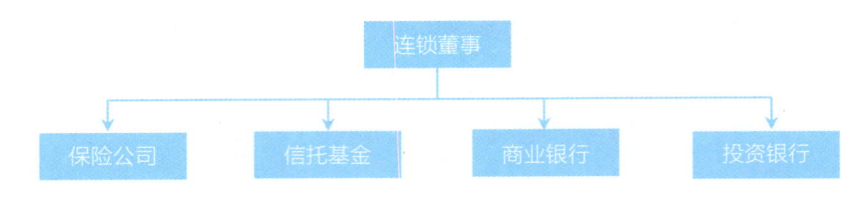

图 7-11　连锁董事

1901 年，摩根收购了第一国民银行 1/6 的股份，又用 600 万美元购买了国民城市银行的股票。随后，摩根通过这两家银行共同获得了对国家商业银行的控制权，成为这 3 家银行的连锁董事。

这就是摩根的资本战略：通过收购、兼并、重组、连锁董事等方法建立并控制商业生态，消除竞争带来的风险和不可控因素，从而建立起一条看不见的"护城河"，将单一行业中挑战者与先行者的技术竞争、产品竞争、效率竞争转变为资本竞争、企业与产业链的竞争、企业与商业生态的竞争。摩根化的商业生态如图 7-12 所示。

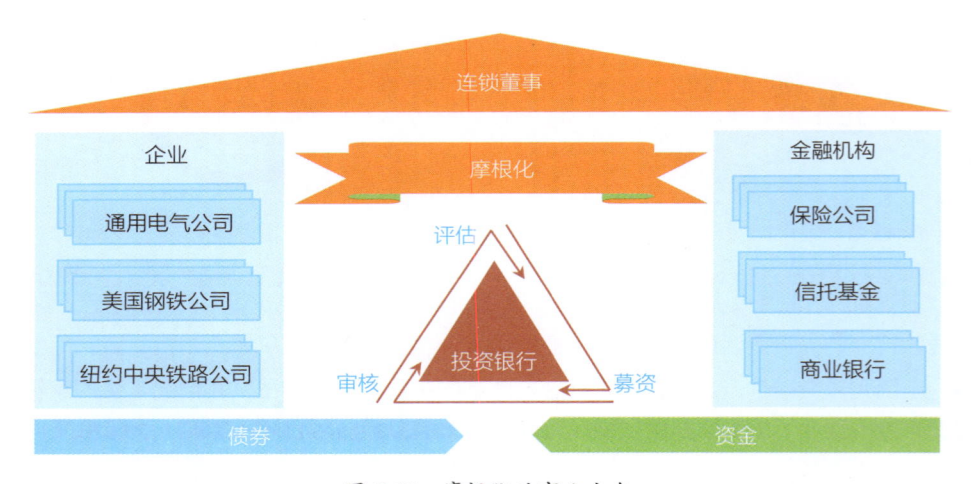

图 7-12　摩根化的商业生态

摩根化的本质是金融垄断，限制了市场竞争，为先行者建立了"护城河"，使其成为挑战者必须跨越的鸿沟。如果我们将摩根化的背景工业时代替换为服务业，将电力替换为数据，就会发现企业间的联盟、供应链上下游的生态，以及先行者的广泛战略投资依然是阻碍挑战者的"护城河"。

7.4 如何在主流市场中增长

成功地向主流市场渗透,完成资金募集,并且没有错过"刹车点"的挑战者此时已经具有核心竞争力。这个核心竞争力可能是范围经济,也可能是规模经济,取决于挑战者所处的技术创新阶段和所拥有的产品的类型。下一步,挑战者将把这些核心竞争力转化为竞争优势。

> 要点金句:规模经济将转化为市场竞争力,而范围经济则会转化为产品竞争力。

在向主流市场渗透阶段选择水平一体化战略的企业,在向主流市场扩张时会优先选择市场扩张战略;而选择垂直一体化战略的企业则会优先选择产品扩张战略。

> 要点金句:前期把钱花在哪里,决定了后期企业的战略方向:把钱花在生产和制造上的,一定要把生产出来的产品全部卖掉;把钱花在研发和渠道上的,一定要最大限度地挖掘其中的价值。

7.4.1 理解市场扩张战略

什么是市场扩张战略?顾名思义就是寻找更多潜在的客户,开拓更加广泛的市场,把相同的产品卖给更多的客户,通过购买人数和销售数量的增加来获得更高利润的战略(见图7-13)。连锁、加盟、众筹等都属于市场扩张战略的范围。

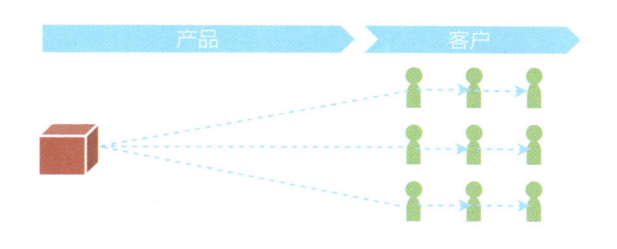

图7-13 市场扩张战略

> 要点金句:市场扩张战略是指把相同的产品卖给更多客户的战略。

市场扩张战略是水平一体化战略的延续。如果企业在向主流市场渗透阶段选择了水平一体化战略,那么在向主流市场扩张阶段选择市场扩张战略是最优路径。

商业分析：洞察真实商业世界的逻辑与策略

> **要点金句**：技术扩散—竞争性产品—水平一体化战略—规模化生产—市场扩张战略。

战略的选择由潜在的机会、企业的能力共同决定。如果说挑战者的第一块市场是无人问津的边缘市场，先行者并不在意，那么在进入主流市场时，挑战者是在先行者的地盘里与其进行面对面的竞争，从先行者手里抢夺市场份额。

竞争性产品具有相同的技术、功能、服务，没有本质上的区别。对本质上没有区别的产品来说，低价是获取市场份额最有力的武器。而在一轮又一轮的价格战之后，谁能在相同的价格下获得较高的利润，谁就是最后的赢家。

市场扩张战略是在对成本、利润和竞争优势进行权衡后，企业的最优选择。1880 年的美孚石油联盟的故事可以说明市场扩张战略对成本和利润的影响。

1880 年，油的产量为每天 1500～2000 桶的炼油厂的平均成本约为每加仑油 2.5 美分。1885 年，平均成本下降到 1.5 美分。由此产生的利润从 1884 年的 0.530 美分上升到 1885 年的 1.003 美分。然而，为了保持这种成本优势，炼油厂必须连续不断地保持每天 5000～6000 桶油的产量。

刨除运输成本、销售成本等运营成本粗略来看，当油的产量为每天 1500～2000 桶时，每加仑油 2.5 美分就是盈亏的平衡点；当油的产量提升到每天 5000～6000 桶时，成本下降，利润上升。这就是竞争优势，而这种竞争优势是由水平一体化战略带来的规模化生产，以及对原材料采购、生产、运输、仓储及庞大交易量的协调与管理，即规模经济这个核心竞争力带来的，如图 7-14 所示。

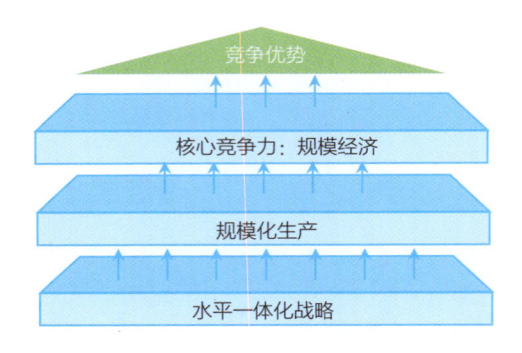

图 7-14 水平一体化战略带来的核心竞争力和竞争优势

从竞争的角度来看，在与先行者争夺市场份额的竞争中，低成本和高利润都是每天连续 5000～6000 桶油的高生产率带来的。要维持这样的竞争优势，就需要形成从投资到生产，再到消费的完整的高效率链条。换句话说，当企业将大量的资本投入技术、设备、生产和人才中，并生产出产品时，必须有与之对应的消费市场。

从防御的角度来看，防御挑战者最有效的方法是通过控制市场来防止挑战者达到"最小有效规模"。因此，市场扩张战略是拥有竞争性产品的挑战者的一个必然选择。

7.4.2 理解产品扩张战略

产品扩张战略是指利用现有的生产流程开发和生产更多不同类别的产品，在现有的市场中对相同的客户销售不同产品的战略，如图 7-15 所示。简单来说就是向同一位客户销售多种产品，通过购买类别的增加来获得更高的利润。

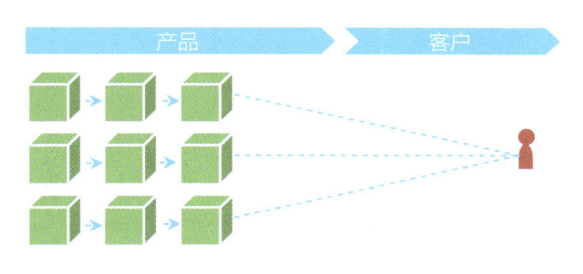

图 7-15　产品扩张战略

> **要点金句**：产品扩张战略是指对相同的客户销售更多类别产品的战略。

产品扩张战略是垂直一体化战略的延续。如果企业在向主流市场渗透阶段选择了垂直一体化战略，那么在向主流市场扩张阶段选择产品扩张战略是最优路径。

> **要点金句**：技术变革—突破性产品—垂直一体化战略—产业链管理—产品扩张战略。

从前期成本的角度来看，在向主流市场渗透阶段，为了销售突破性产品而将资金投入到技术研发、自建物流、自建销售组织方面的企业，为了摊平这些前期成本，选择产品扩张战略是最优路径。

在真实的商业世界中，开创"廉价牛肉时代"的古斯塔夫·斯威夫特最初把资金都投入到冷藏车、冷冻仓库和冷冻肉的销售人员方面。让这些庞大的前期投资效用最大化的最简单的方法是对冷藏技术、设备和人员物尽其用。因此，Swift 公司很自然地将产品类别从牛肉增加到猪肉、羊肉等全线肉类产品，后来又增加了家禽、鸡蛋、奶制品和新鲜蔬菜等。

Swift 公司利用现有的铁路线路、冷链运输工具和已经完成培训的销售组织，向美国东部尤其是纽约这些正在城市化的地区销售更多种类的冷冻食品。原有的投资在冷冻牛肉之外的更多冷冻食品上被摊平，并形成竞争优势。垂直一体化战略带来的核心竞争力和竞争优势如图 7-16 所示。

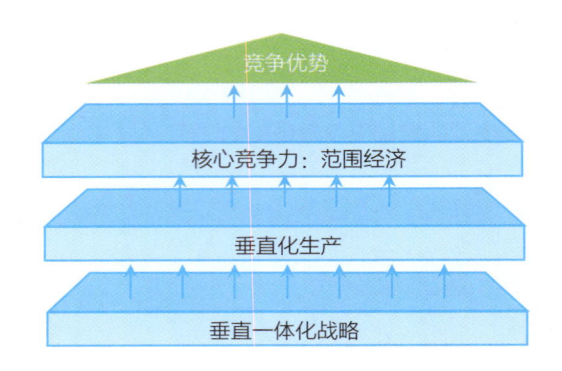

```
           竞争优势
     ┌─────────────────┐
     │ 核心竞争力：范围经济 │
     ├─────────────────┤
     │    垂直化生产     │
     ├─────────────────┤
     │   垂直一体化战略   │
     └─────────────────┘
```

图 7-16　垂直一体化战略带来的核心竞争力和竞争优势

另一个例子来自亚马逊。1998 年，成立不久的零售行业的挑战者亚马逊开始销售图书和音乐 CD 之后的第三种产品——电影 DVD。当时的先行者 DVD 帝国公司马上做出了反应，全面降低了价格，将平均折扣率从 30% 提高到 50%，这也意味着亏损。亚马逊原本计划将折扣率定为 30%，但面对先行者的挑战，不得不将折扣率提高到 50%。当销售旺季来临时，售出的产品越多，亏损幅度越大。DVD 帝国公司只销售单一产品（DVD），而亚马逊还拥有图书和音乐 CD 这两种产品，这种产品带来的利润可以补贴电影 DVD 带来的亏损。几周之后，DVD 帝国公司试图通过增加其他产品来增加收入，又过了一段时间 DVD 帝国公司倒闭了。

当前期资本被集中投入到与客户的连接上时，就会产生产品扩张战略。换句话说，只要建立了渠道，就一定会扩品类。京东是人和产品的渠道，美团是人和食物的渠道，滴滴出行是人和目的地的渠道，在这些渠道上投入资金、技术、设备和人员后，京东的产品从 3C 产品［计算机类（Computer）、通信类（Communication）、消费类（Consumer）

电子产品）扩展到服装等，美团的业务从闪送扩展到买药、买菜、跑腿等，滴滴出行的业务从专车和顺风车扩展到橙心优选。

从竞争角度来看，产品扩张战略通过不同品类产品之间的相互补贴提供竞争优势。从防御角度来看，产品扩张战略使多个类别的产品一起摊平了前期对技术、设备和人员的投资，而其他挑战者很难以单一的产品实现相同的规模和成本优势。因此，产品扩张战略是拥有突破性产品的挑战者的最优路径。

7.5 如何突破行业的"天花板"，实现增长

一个不想当将军的士兵不是一个好厨子。这句话你同意吗？就像这句驴唇不对马嘴的话一样，真实的商业世界中也有一些让人摸不到头脑的扩张战略。但正是这些扩张战略突破了行业的"天花板"。我们先来看几个真实商业世界中匪夷所思的例子。

- 一家生产火药的企业进入服装行业开始生产女性丝袜。
- 一家生产液晶电视的企业进入美容行业开始生产卷发棒。
- 一家生产打印机的企业进入医疗行业开始生产超声波诊断仪。
- 一家生产窗户栏杆的企业进入玩具市场开始生产儿童玩具。

以上这些企业都突破了所在行业的"天花板"，都在看似毫不相关的行业中完成了第二次增长并获得成功，为什么？

看似泾渭分明、不可逾越的行业边界被打破，竞争从四面八方涌来。这就是跨行业的增长战略。前面例子中的第一家企业是杜邦公司，第二家企业是夏普，第三家企业是佳能，第四家企业是纽威品牌公司。

在企业成功地实现向主流市场扩张后，昨天的挑战者就变成今天的先行者。这些企业跨行业获得成功的原因主要有两个。

首先，在整个竞争过程中，企业被迫形成多种能力（如采购、生产、研发、销售、运输、仓储、财务控制、运营管理等方面的能力），这些能力使企业有机会跨越行业边界，成为新行业中的挑战者，开始新一轮的增长。

其次，企业领导者对业务的定义。对业务的定义决定了市场的范围和方向，从微观、短视、狭隘的视角定义业务，可能会使企业错过新的机会。如果拜耳将自己的业务定义为涂料，那么将会错过医药市场；如果壳牌将自己的业务定义为石油，那么将会错过天

然气市场；如果佳能将自己的业务定义为相机，那么将会错过光学业务市场，如图 7-17 所示。

```
拜耳对业务的定义          壳牌对业务的定义          佳能对业务的定义
    涂料                     石油                    相机
   医药市场                 天然气市场               光学业务市场
  更广泛的视野              更广泛的视野              更广泛的视野
```

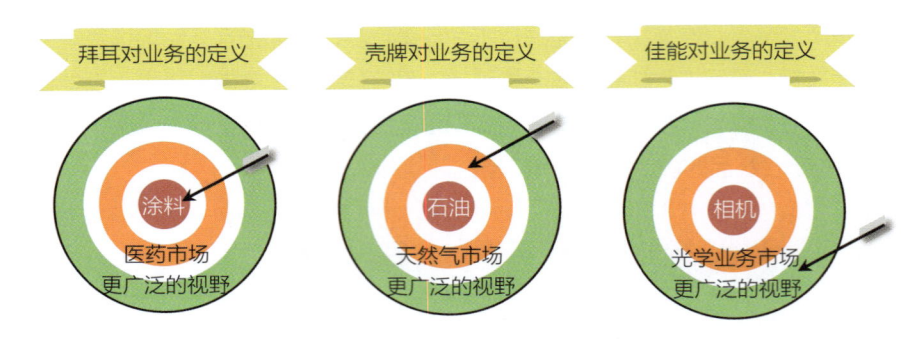

图 7-17　企业领导者对业务的定义

如何理解多元化战略？当一家企业开始生产看似无关的跨越多个行业的产品时就被称为多元化。1949 年，在《财富》杂志所列出的 500 强企业中，在单一行业从事生产和经营的企业占 28%，到了 1969 年下降到 7%，经营收入在这 20 年间从 38.7% 下降到 35.8%，而进入多个行业进行生产和经营的企业的占比则从 29.2% 上升到 44.5%。

到了 1969 年，进入新的行业实现多种产品的生产和经营已经成为大型企业打破行业瓶颈，摆脱技术创新周期的束缚，脱离原有行业的竞争，实现长期生存这个核心目标的公认方式。

1. 多元化战略是如何开始的

多元化战略可能来自企业研发和生产过程中的副产品，也可能来自员工的兴趣爱好和"摸鱼"时间。在多元化战略的价值被发现之后，多元化更多地来自企业有意为之的管理策略和组织方式。

> ⏰ 要点金句：多元化战略可能来自企业研发和生产过程中的副产品，也可能来自员工的"摸鱼"时间。

在真实的商业世界中，Swift 公司在西部对牛进行屠宰和处理，通过冷链运输体系将冷冻牛肉运输到东部进行销售。在屠宰过程中，会产生很多副产品。例如，牛的皮毛可以制成皮革制品，牛的脂肪和油脂可以制成肥皂，从牛骨中提炼出的骨胶可以制成胶水。在利润的驱动下，Swift 公司很自然地进入皮革制品、肥皂和胶水行业。

在成立时，拜耳只是一个制造染料这个单一产品的企业，为了在竞争中取胜，开始研制新的合成染料来替代天然染料。合成染料需要采取不同的方法和技术，因此拜耳投入资金来改进产品和工艺流程，并招募了很多富有经验的化学家。1897 年，其中一名化学家费利克斯·霍夫曼（Felix Hoffman）在实验室为患有严重风湿病的父亲研究出制造纯净阿司匹林的方法。1899 年，拜耳以"阿司匹林"（Aspirin）注册了药品名称。

这也是谷歌鼓励员工每周花 20% 的时间去开发工作以外自己感兴趣的项目的原因。Gmail、Adsense、Google Now、谷歌新闻和谷歌地图等都是员工在这 20% 的"摸鱼"时间的产物。

多元化战略背后的逻辑正如夏普的高级管理人员对夏普的技术多元化战略的阐述：

> 我们对公司的核心技术进行投资，遵循一种扩张策略——只要市场潜在业务中的竞争优势取决于夏普的核心技术之一，夏普就可以成功地将其扩展为新业务。

2. 从先行者到新行业的挑战者

打败方便面的是外卖，让自动取款机"失业"的是移动支付，遏制黑车发展的是共享单车。在真实的商业世界中，竞争并非仅仅来自同行，而是来自四面八方。多元化战略让一个行业中的先行者打破行业壁垒，进入另一个全新的行业中，成为其中的挑战者。

挑战者在新行业中，根据技术创新的不同阶段选择合适的产品作为武器，占领第一块市场，开始新一轮的渗透、扩张，实现一次战略循环。

【本章知识点小结】

- 5 种基本的企业战略：垂直一体化战略、水平一体化战略、市场扩张战略、产品扩张战略、多元化战略。

- 技术决定产品，产品决定战略。

- 成功战略的两个特征：能带来"核心竞争力"，有明确的"刹车点"。

- 从最初占领第一块市场时的战略选择到跨行业的多元化扩张，是从挑战者到先行者再重新成为挑战者的循环，也是一个完整的战略闭环。

💡【思考和下一步行动】

根据技术和产品分析战略路径

战略并不务虚,从挑战者确定技术创新阶段、确定产品类型、占领第一块市场、通过"借假修真"来获得核心竞争力,到从边缘市场向主流市场渗透,每一步都有迹可循,甚至有路径可依。

技术变革会带来突破性产品和改进性产品,拥有突破性产品的挑战者会优先选择垂直一体化战略;在生产过程中会出现副产品并引发产品扩张战略。

技术扩散会带来竞争性产品,拥有竞争性产品的挑战者会优先选择水平一体化战略,在规模化的优势下引发市场扩张战略。

请根据技术—产品—市场的战略路径分析一下你的产品和战略。

- 你的企业在行业中是先行者,还是挑战者?
- 核心技术处于技术创新的哪个阶段?
- 产品是突破性产品、改进性产品,还是竞争性产品?
- 企业的核心竞争力是什么?"借假修真","假"是什么,"真"又是什么?
- 当前的企业战略与产品和核心竞争力之间的联系是什么?
- 最新的人工智能技术和 ChatGPT 会对你的企业的生产过程和产品产生什么影响?

第 3 篇

实战策略篇

> 成功即将成为拼字服务。
>
> ——福布斯

在真实的商业世界中，成功虽然并不像福布斯所说的这样简单，但依然有迹可循。本书的第 3 篇将从商品组合策略、商品库存策略、商品定价策略、广告及营销策略、商品布局和展示策略 5 个方面进行介绍，拼凑出一张完整的商业策略图景。通过学习本篇内容，你将会发现，在真实的商业世界中，成功的策略总是会被广泛传播、不断复制，并且屡试不爽的。在现代企业中，这些策略也有应用。

第 8 章
如何摆放商品——理解商品组合策略

商品组合策略是商业策略中的第一块拼图。请回想一下你的购物经历，是否有时候会买回一些计划外的，甚至没有用的商品？即使你在购物前列出了明确的购物清单，也会因为促销、凑单等原因做出一些临时的决定，购买计划外的商品。

◎ 为什么你在购物时会购买计划外的商品？

◎ 为什么你明明列出了目标商品，却在最后一刻购买了其他商品？

◎ 为什么你的购物账单会超出预算？

◎ 为什么你在去购物前总会首先想起同一家商店？

◎ 为什么你总是感觉某家商店中的商品更实惠？

◎ 为什么你明知一家商店的商品价格并不低，但还是会选择购买？

◎ 为什么把一些商品买回来之后才发现买贵了？

以上问题有一个共同的答案——商品组合。将不同的商品以特定的方式组合在一起进行展示，将产生"魔幻的效果"，这就是商品组合策略。

1935 年，克雷斯吉公司（1962 年，克雷斯吉公司的总裁在密歇根州花园城开设了第一家凯马特商店，后来，凯马特商店在全国范围内扩张，最终取代了克雷斯吉商店）的创始人萨巴斯蒂安·克瑞斯吉（Sebastian Kresge）为商店经理撰写了一本内部培训手册，总结了 30 条商店运营的黄金法则。在如何提高销售额的部分，他写道：

对不同类别的商品进行组合意味着通过眼睛进行建议和无声的推销。在良好的商品组合展示下，每个商品都在暗示着另一个与之相关的商品。例如，牙膏暗示着牙刷，剃须刀暗示着爽肤水，台灯暗示着灯泡，棒球暗示着球棒和手套，铅笔暗示着橡皮，丝袜暗示着香水，冻奶油暗示着面巾纸。理想的商品组合可以为客户提供他想要的所有商品，确保客户在离开商店时购买更多的商品。而商品组合中的"红星商品"将带来更高的毛利率。

克雷斯吉公司内部培训手册中的内容只是商品组合策略的冰山一角。在真实的商业世界中，商品组合已经成为一种标准化操作。在任何一家商店的货架上都能发现商品组合策略的实例。在电商 App 中，商品组合策略被称为"搭配推荐""经常一起购买的商品"（见图 8-1）等。

图 8-1 "经常一起购买的商品"推荐功能

商品组合策略不仅能够销售更多的商品，带来更高的毛利率，还在每个运营环节中发挥着重要作用。可以说，不懂商品组合策略，就无法进行成功的商业运营。

8.1 理解商业运营中的 6 类商品

如何运营数量庞大的商品？答案是分类。在克雷斯吉公司的商品组合策略中，所有商品都可以通过两种方法被分类。

第一种方法是面向需求的商品分类。在这种分类方法下，按照穿衣、吃饭等需求，我们可以将商品分为服装、食品等。以食品为例，我们继续细分，可以将食品分为肉制品、乳制品、方便食品等。有的商店为了突出经营特色，将这些商品中对时间、运输方式和保存方式有特殊要求的蔬菜、水果、肉类归类为生鲜商品。

第二种方法是面向运营的商品分类。在这种分类方法下，根据销售额和毛利率的 KPI 目标，我们将商品分为 6 类：新奇商品、流行商品、基本商品、专业化商品、最畅销商品、高毛利商品。

克雷斯吉公司的"红星商品"就是高毛利商品的代号。

> ⏰ 要点金句:"巧妇难为无米之炊",再优秀的运营人员,没有与 KPI 相对应的产品支持也无济于事。

在上述 6 类商品中,每一类商品都肩负着运营中的一个职能,实现了从营销到引流、从购买到复购、从竞争到高毛利率。那么,它们是如何做到的呢?下面逐一对这 6 类商品进行介绍。

8.1.1 看不懂的东西——新奇商品

1869 年,梅西百货的第一位女高管玛格丽特·盖切尔(Margaret Getchell)训练两只猫,让它们穿上洋娃娃的衣服,在双人床上睡觉,这使得到店里来的客户感到非常新奇和愉快。

1878 年的深秋,在纽约展出的第一批弧光灯中,有一盏挂在梅西百货的第十四街门外,吸引了许多人围观。这在当时引起了一场轰动。在接下来的秋天里,梅西百货的所有区域都安装了弧光灯。在第一批弧光灯安装完不久,电话就安装好了。梅西百货成为第一个安装并可以免费使用电话的商店。这吸引了大批客户在商店里排队给自己的朋友打电话。

在 1887 年的圣诞节前夕,罗兰·哈斯·梅西(Rowland Hussey Macy)从欧洲进口了一种昂贵的玩具机器鸟,这个玩具不是商品,而是一种营销手段,主要作用是引起轰动。

什么是新奇商品?新奇商品不是真正的商品,不适合大量销售,不用于提高毛利率。新奇商品是制造话题、吸引注意力的媒介和手段。

> ⏰ 要点金句:新奇商品不是真正用于销售的商品,只用来制造话题、吸引注意力。

1869 年,穿洋娃娃衣服的猫是新奇商品;1878 年,弧光灯和电话是新奇商品;1887 年,玩具机器鸟是新奇商品;如今,普拉达的曲别针是新奇商品,如图 8-2 所示。这些新奇商品就如埃里克·奎尔曼(Erik Qualman)所说的,可以形成零边际成本传播的社群经济。

图 8-2 普拉达的曲别针

新奇商品在制造话题、吸引注意力之后会消亡，生命周期最短。

8.1.2 炫耀和展示——流行商品

虽然流行商品和新奇商品很像，非常容易被混淆，但二者有着本质的区别。流行商品是真正的商品，用于大量销售、创造利润。

11—14 世纪，用来交换谷物、皮革、金属的丝绸和香料在意大利是流行商品。

1590 年，可可在西班牙是流行商品，被标榜为需要特殊性格、知识和艺术品位的稀有商品。

1648 年，咖啡在英国是流行商品。一个犹太人在牛津开了第一家咖啡店，店里只卖咖啡这一种饮料，客户可以在店里品尝，也可以把咖啡豆带回家。

1660 年，咖啡被茶取代。茶叶的流行从艺术大师、商人和精英女性贵族 3 个群体中开始，他们在每次饮用时，都会"展示"茶叶，以示炫耀。当时茶叶的价格比咖啡贵 6 ～ 10 倍，但依然供不应求。

2022 年，星巴克的啤酒风味绵云拿铁是流行商品，如图 8-3 所示。

图 8-3 啤酒风味绵云拿铁

流行商品的生命周期比新奇商品长一些，但只出现在特定的时间。流行商品的生命有两种结束方式：第一，被另一个新的流行商品取代；第二，被模仿后数量大幅增加，价格下降，最终变成普通商品。

> **要点金句**：一旦流行商品被模仿，成为人人都使用的商品，就失去了流行的属性，变成普通商品。

14 世纪，意大利人学会了自己制作丝绸，丝绸慢慢变成普通商品。1660 年，流行商品茶叶取代了咖啡，使咖啡变成国民饮料。1783 年，英国为了打击走私而降低茶叶的关税，同时茶叶在被引入印度和斯里兰卡后因供给增加而价格下降，变成普通商品。

流行商品只出现在短暂且特定的时间，之后消失或变成普通商品。

8.1.3 每个人的刚需——基本商品

基本商品是满足人们基本生活需求的商品，是交易十分频繁的商品，是同质化最严重和可替代性最强的商品，是价格竞争最为激烈的商品，是被政府监管的商品，也是利润最微薄的商品。

中世纪时，亚麻布在英国是基本商品，也是当时集市交易中最主要的商品。

1421 年，面包和麦芽酒在英国是基本商品，二者的价格都受到严格的控制。英国的官员会定期开会确定面包和麦芽酒的价格及制造标准。

1930年，美国男士内衣制造商Coopers,Inc.向商家保证，其男士内裤一年至少复购3次，男士袜子一年至少复购5次，男士睡衣一年至少复购2次。

其他基本商品还包括能满足衣、食、住、行这些基本生活需求的商品，缺少这些商品，人们就无法维持基本的生活。

基本商品的生命周期是所有商品中最长的。基本商品只会短暂地被替代、升级为流行商品或分化为专业化商品，不会消失。

8.1.4 塑造影响力——专业化商品

专业化商品是基本商品中的一个分支，是边缘商品、小众商品、能在客户心中建立影响力的商品。这类商品不会有很强的需求和很大的销售量，但毛利率很高。

专业化商品的主要作用是建立一条完整的商品线，并在竞争中形成差异化。在真实的商业世界中，下列商品是专业化商品，也是在客户心中建立专业形象的策略。

- ◎ 对1930年的菲妮斯百货公司来说，婴儿的第一双学步鞋是其专业化商品。
- ◎ 对罗技来说，轨迹球是其专业化商品。
- ◎ 对星巴克来说，手冲咖啡是其专业化商品。
- ◎ 对搜索引擎必应（Bing）来说，实时股票、航班查询是其专业化商品。
- ◎ 对奔驰汽车来说，AMG(Aufrecht和Melcher，在Groaspach创办)是其专业化商品。

> 要点金句：一个专业化商品足以让你的商店在客户心中成为这个品类的专家。

在所有商品中，专业化商品是最容易让客户产生价值感的商品，并且这种价值感会扩散到同品类的其他商品中。2019年，肯尼亚马拉松运动员埃鲁德·基普乔格（Eliud Kipchoge）穿着某运动鞋品牌制造的某款跑鞋的原型样品，在奥地利维也纳的马拉松比赛中跑出了1小时59分40秒的最佳成绩。该款跑鞋中应用的缓震、ZoomX泡绵等技术也通过技术下放被应用在该运动鞋品牌的其他款跑鞋中，如图8-4所示。

专业化商品只要能产生利润，其生命周期就和基本商品的生命周期一样，并且不会消失或被替代。

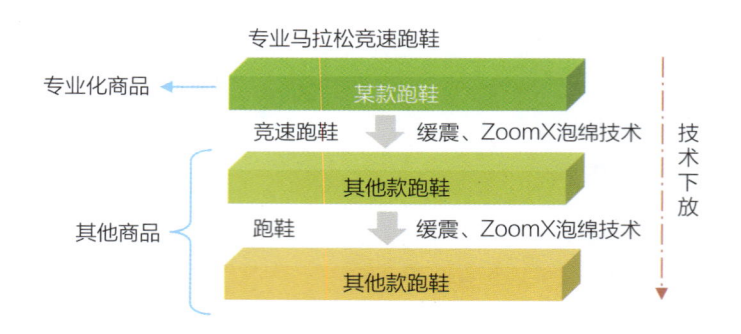

图 8-4 专业化商品与其他商品间的专业化传递路径

8.1.5 双胞胎组合——最畅销商品和高毛利商品

最畅销商品和高毛利商品是面向运营的商品分类中的最后两类商品，是非常重要的两类商品。需要说明的是，最畅销商品和高毛利商品并不是两类单独的商品，而是存在于前面 4 类商品之中，即新奇商品、流行商品、基本商品和专业化商品中的任何一个都同时包含最畅销商品和高毛利商品。

什么是最畅销商品？什么是高毛利商品？我们来看一个例子：

一件 T 恤使用成本为 100 元的原料，价格为 140 元。另一件 T 恤使用成本为 80 元的原料，但在样式、颜色、图案的设计上比较有特色，价格也为 140 元。当这两件 T 恤被同时进行销售时，一些客户可能喜欢成本为 100 元的 T 恤的性价比，另一些客户则可能喜欢成本为 80 元的 T 恤的设计风格。

在这个例子中，成本为 100 元的 T 恤是最畅销商品，成本为 80 元的 T 恤是高毛利商品，它们的区别在于前者内在的原料价值创造了最畅销商品，带来了更高的性价比，而后者外在的思想价值创造了高毛利商品。

> 要点金句：内在的物质价值创造了最畅销商品，外在的思想价值创造了高毛利商品。

最畅销商品是所有商品中销售量最大的商品，可能是一个时间段内的流行商品，但大部分都是基本商品。高毛利商品必须与最畅销商品同时出现，在最畅销商品的衬托下负责赚取利润。这非常像篮球比赛中的"挡拆"战术：做墙的球员原地站住不动来挡住防守球员，一旦二人发生身体接触，控球球员就绕过做墙的队友上篮得分，如图 8-5 所示。在最畅销商品和高毛利商品的"挡拆"战术中，一旦客户与最畅销商品发生接触，就是高毛利商品赚取利润的最佳时机，因为客户会将二者进行比较。

图 8-5 篮球比赛中的"挡拆"战术

> ⏰ 要点金句：高毛利商品通常与最畅销商品非常相似，并且在最畅销商品的衬托下赚取利润。

最畅销商品和高毛利商品的生命周期贯穿整个运营过程，是提升销售量和提高毛利率的基础。

8.2 运营中的商品势能法则

在运营的每个环节背后都有一类与之相对应的商品提供势能。换句话说，商品通过自身的属性为引流、购买和竞争等运营的不同环节带来能量，而运营人员则通过对应的商品来释放这种能量。这就是运营中的商品势能法则。

在上述 6 类商品中，每一类商品都肩负运营中的一个职能：有些商品依靠一己之力制造出热门话题，有些商品在客户心中树立起专业形象，有些商品默默地赚取利润，有些商品作为诱饵吸引客户进行比价，并赢得竞争等。

6 类商品在运营中的作用如图 8-6 所示。

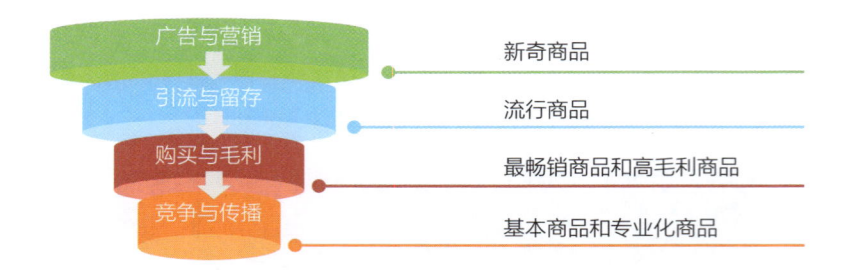

图 8-6　6 类商品在运营中的作用

8.2.1　新奇商品的广告与营销势能

提到广告、营销、推广这些词，很多人会条件反射性地想到预算、媒介等。在真实的商业世界中，广告与花钱并没有直接的联系，即花钱多少与广告效果的好坏之间没有直接的关系。可以实现有效传播的武器之一是新奇商品。

人们对于新奇的事物总是充满好奇心，希望了解得更多，从而借此成为话题领导者，在社交中成为中心人物。新奇商品会制造话题，满足人们的需求，借助人们的好奇心实现被搜寻、追踪、讨论，从而实现传播。

> 要点金句：新奇商品通过人们的好奇心驱动营销，让社群营销的传播边际成本为"0"。

如果说如今的新奇商品和 19 世纪的新奇商品有区别，就是如今的新奇商品更加缺少实用价值，颠覆了传统的观念，令人看不懂。这种看不懂带来的疑问是没有标准答案的，而这又进一步激发了人们关注商品并独立探索答案的欲望，强大的脑洞和个人鲜明的观点促进了人们对商品的讨论与传播，这与被动的广告告知不同，它是主动的行为，是广告、文案等难以实现的效果。

新奇商品不是商品。新奇商品只在广告与营销环节负责制造话题、吸引注意力。新奇商品不能使用销售量、毛利率等商品指标来衡量。

8.2.2　流行商品的引流与留存势能

新奇商品制造了话题、吸引了注意力，把潜在客户吸引为目标客户，达到了广告与营销的目的，而真正吸引客户持续且频繁访问商店、浏览商品的是流行商品。

一家商店里 90% 的商品都是固定不变的，95% 的商品和竞争对手的商品重合，85% 的客户是经常光顾的老客户。这些老客户非常了解该商店销售的商品。但是，他们也是其他商店的老客户，其中就包括与该商店销售相同商品的商店。

> ⏰ 要点金句：一家商店 90% 的商品是固定不变的，95% 的商品和竞争对手的商品重合，85% 的客户是经常光顾的老客户。

当客户已经熟悉你的商店中的商品和价格时，他们会如何选择？他们为什么要选择进入你的商店而不是其他竞争对手的商店？

答案在于客户购买商品的模式。你也许曾听到客户这样说："我们出去'逛逛'，看看有什么新鲜玩意儿。""逛"和"买"是两种完全不同的模式，"逛"没有目的性，带有休闲和社交的性质，会带来更多临时的、额外的、冲动的消费。

> ⏰ 要点金句："逛"的目的是获得乐趣，而不是购买商品。但是，往往大部分消费都发生在"逛"的过程中。

如今，大部分客户都是在"逛"，大部分消费都发生在"逛"的过程中，大部分利润也都来自"逛"。大部分客户没有明确的目的，他们总是在不同商店之间闲逛，看看在什么地方能找到新的商品。那些第一个展示流行商品的商店会给他们留下深刻的印象，下一次他们可能会说："我们去上次那家商店逛逛吧，他们总是有新鲜玩意儿。"

> ⏰ 要点金句：没有人会观看已经知道结局的电影，也没有人会逛一成不变的商店。

流行商品能给客户带来新鲜感，吸引客户走进商店，这就是我们所说的引流。而每次都第一个展示流行商品的商店将会给客户留下深刻的印象，成为客户下一次"逛"的首选。只有在用流行商品将客户吸引进店之后，客户才有机会停下来浏览、挑选并最终购买商品。

流行商品是真正的商品，用于大量销售、创造利润。第一家展示和销售流行商品的商店能够吸引更多客户。

8.2.3 最畅销商品和高毛利商品的购买与毛利势能

新奇商品制造了话题、吸引了注意力，流行商品带来了客户，那么哪一种商品对购买与毛利负责呢？答案是所有商品都将参与其中。

最畅销商品和高毛利商品是对商品的另外一种分类方法。这个类别中既包含流行商品，又包含基本商品。就像篮球比赛中的"挡拆"战术，只有将这两类商品摆放在一起同时销售，才能创造真正的购买和毛利。其中，最畅销商品负责提升销售量，而高毛利商品负责提高毛利率。

最畅销商品和高毛利商品与其他 4 类商品不同，它们就像是一对双胞胎。对于新奇商品和流行商品，我们很容易通过外观、上市时间、颜色和设计加以区分。但最畅销商品和高毛利商品外观相似，真正的区别藏在成本环节中。

下面以一件纯棉 T 恤的成本研究的例子来说明。

第一，看棉花。棉纤维分为 3 类：长绒棉、细绒棉、粗绒棉。其中最好的是长绒棉，因为其纤维细长，所以柔软舒适。长绒棉包括埃及棉、匹马棉、新疆棉。

第二，同样的棉花、品质，看支数。支数是纱的粗细规范，如将一斤棉花做成 30 根长度为 1 米的纱，就被称为 30 支。支数越大，纱就越细，织出的布就越薄，穿起来就越舒适。支数越大，对纺织品厂的工艺、棉花质地的要求也越高。

第三，看克重。克重是指每平方米的布料的重量是多少克。一般来说，相同品质的纱线，支数越大，克重越大。

第四，看成衣工艺。正规工厂和作坊的成衣工艺有一定的区别，我们可以从以下几个方面进行对比：领口的针车工艺，如用拉架螺纹工艺制成的衣服比用普通工艺制成的衣服更不易变形；袖口、下摆的缝纫细节；印花，印花分为丝网印、热转印、胶印、烫印等；刺绣。

选择不同产地和品种的棉花、支数、克重、成衣工艺等会带来不同的成本，不同的成本会带来不同的毛利率。对不同成本的商品制定相同的价格，使一部分商品成为最畅销商品，使另一部分商品成为高毛利商品。

那么，最畅销商品和高毛利商品是如何"工作"的？

首先，最畅销商品必须是真正拥有高性价比的商品，如一件优质长绒棉、大支数的纯白色 T 恤。

其次，最畅销商品和高毛利商品必须被摆放在一起进行销售，方便客户进行比较。

最后，最畅销商品和高毛利商品的价格必须相同。这样一来，比价就失去意义了，颜色、设计、功能等元素就成为客户进行比较的基础。

> ⏰ 要点金句：当两个看似相同的商品的价格相同时，比价就失去意义了，对比的重点变成商品中的其他元素（如颜色、设计、功能等）。

在满足上述 3 个条件的情况下，当客户将纯白色 T 恤与拥有和谐的配色或漂亮的印花图案的 T 恤进行对比时，在相同的价格之下，后者看起来更时尚、更容易被选中并购买。

如图 8-7 所示，同一品牌的两条尺寸、颜色、价格均相同的纯棉毛巾，一条为普通毛巾，另一条毛巾设计了单独的挂环，更具有便携性。你会如何选择？

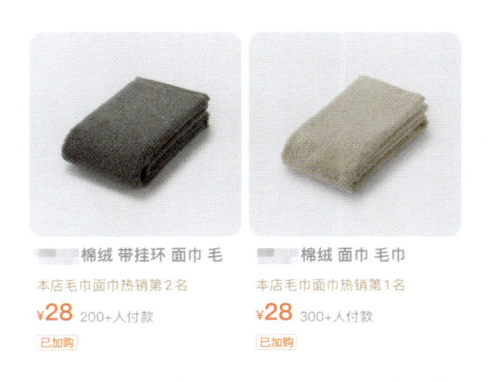

图 8-7　尺寸、颜色、价格均相同的两条纯棉毛巾

最畅销商品负责提升销售量，高毛利商品负责提高毛利率。只有当二者在一起，并且满足上述 3 个条件时才会起作用。

8.2.4　基本商品和专业化商品的竞争与传播势能

新奇商品负责制造话题、吸引注意力，流行商品负责将客户带到商店。在进行最终购买之前，客户需要进行决策。客户做出购买决策的依据有两个：价格和靠谱。

1. 价格

价格是客户做出购买决策的一个重要依据。但是，每个人能记住的价格极为有限。认知心理学家乔治·A. 米勒（George A. Miller）1956 年发表于《心理学评论》上的一篇论文指出，人类的短期记忆通常仅限于保存 7±2 条信息。因此，对于上百种商品，尤其是那些不经常购买的商品，人们很难记住它们的价格，更不要说与其他商店的商品价格进行对比了。

大部分客户只能记住很小一部分商品的价格，这些商品是他们日常频繁购买的商品，也就是我们所说的满足基本生活需求的基本商品。因此，基本商品的价格非常自然地被客户用于比价。

> **要点金句**：比价是竞争的开始，在众多商品中，比价只适用于基本商品。

比价的结果会被客户扩展到商店中其他类别的商品上——这家商店的酱油很便宜，那么这家商店的咖喱一定也不会太贵。从比价到形成低价印象的逻辑如图 8-8 所示。这些基本商品的价格不仅决定了客户从哪里购买商品，还决定了客户对整家商店价格的印象。

比价的基础	形成印象	印象扩散
基本商品的价格低	其他商品的价格低	整家商店天天低价

图 8-8　从比价到形成低价印象的逻辑

反向来看，基本商品成为商店吸引客户进行比价的诱饵。当基本商品的价格被广泛用于比价时，便成为竞争的武器。换句话说，在价格竞争中，商店并不需要保持所有商品都是低价，只需要在基本商品上维持低价，就可以在比价的竞争中获胜，并且在客户心中建立低价的印象，同时带动更多商品的销售。因此，天天低价背后的逻辑是基本商品天天低价。这也是将基本商品用于竞争时的策略。

> **要点金句**：天天低价背后的策略是用于比价的基本商品天天低价。

2. 靠谱

客户做出购买决策的另一个重要依据是靠谱。客户会去自己认为靠谱的商店购买靠谱的商品。但是，大部分客户由于缺乏专业知识而没有办法自己辨别商品是否真的靠谱。

靠谱通常由商店和商品来"告诉"客户。在正常情况下，相同的需求、相同的商品、相同的功能和相同的服务无法在客户心中建立靠谱的印象。靠谱的印象需要在边缘需求、边缘场景、边缘功能和边缘服务中被建立。

能满足边缘需求、边缘场景、边缘功能和边缘服务这几个条件的商品就是基本商品中的边缘和小众商品，我们将这些商品称为专业化商品。

如何判断利用一个搜索引擎是否能搜索到最新的消息？如果利用它能搜索到实时股票信息，就说明其数据是实时更新的，并且覆盖范围很广，一定能帮我们找到我们想找的信息。如何判断一辆汽车的性能？如果它能获得斯帕 24 小时耐力赛的冠军，就说明这辆车经受过极限测试并且表现优异，一定能满足我们对性能的要求。从专业化商品到形成专业印象的逻辑如图 8-9 所示。

图 8-9　从专业化商品到形成专业印象的逻辑

客户不需要为了购买商品而学习专业知识，成为某个领域的专家。这些边缘和小众商品针对特殊的需求建立靠谱的印象。与比价一样，客户将专业化商品的靠谱印象扩展到其他类别的商品上：从专业化商品靠谱到同品类下其他商品靠谱，再到不同品类的商品靠谱，以及整家商店和品牌靠谱。

基本商品通过低价来建立便宜的印象，并且在与竞争对手的价格战中获得优势；专业化商品通过专业性来建立靠谱的印象，赢得客户的信任并实现传播。

8.3　成功与失败的差距在于商品组合方式

商业运营是一套连续并且复杂的操作，就像一场拳击比赛。拳击手在日常训练中会学习如何使用直拳、勾拳、摆拳等。但只打好其中一种拳法并不能获胜，在拳击比赛中，没有任何一个拳击手只使用一种拳法，他们必须将多种拳法组合在一起，直拳虚晃，平勾击腹，上勾击头（见图 8-10），而获胜的关键就是将多种拳法巧妙地组合在一起。

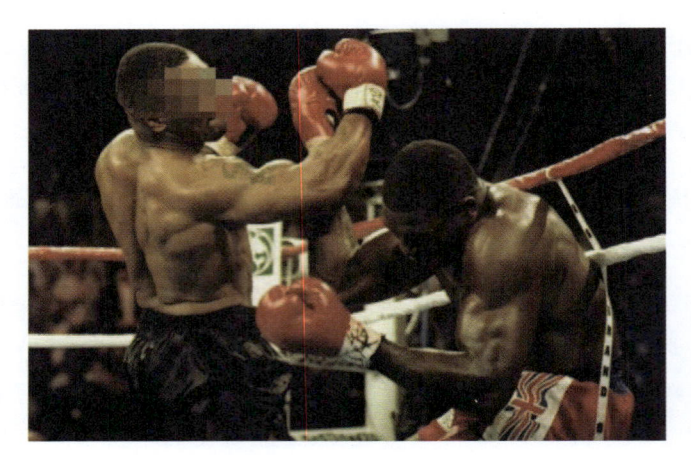

图 8-10　拳击比赛中的组合拳

在商业运营中也是如此，6 类商品就像拳击比赛中不同的拳法，每一类商品都有自己的优势，我们必须将它们组合起来，灵活使用，才能获胜，否则就是纸上谈兵。

商品组合策略分为 3 种：商品摆放组合策略、商品展示组合策略和商品推荐组合策略。

8.3.1　如何操纵概率——商品摆放组合策略

每家商店都有多种商品，应该如何摆放商品？为什么要将一种商品放在特定的商品旁边？看似相同的商品，为什么在摆放时有严格的先后顺序？

商品必须被按类别进行组合，以便客户进行查找、浏览和选择。在相同类别的商品中，商品必须被按最畅销商品和高毛利商品的分类进行摆放。

无论是在商店还是在电商平台上，很多商品的销售都是在没有销售人员协助的情况下由客户自助完成的。客户走进商店或者进入购物平台，挑选商品，结账离开。

在这种高随机性的场景中，在没有销售人员的引导下，能将高毛利商品卖给客户的有效方法有以下 3 种。

- ◎ 在最显眼的位置放置大量的高毛利商品，这样客户就有很大的概率选择它们。
- ◎ 将高毛利商品放在所有商品的前面，这样一来，客户会先看到这些商品，并且必须越过这些商品才能拿到后面的商品。如果是在电商平台上，就将这些商品放在其所属类目首屏的位置,这样一来,客户必须浏览完这些商品才能看到后续的商品。

◎ 将高毛利商品放在最畅销商品的右侧,方便客户将二者进行比较,同时方便客户使用右手首先选择这些商品。如果是在电商平台上,就将这些商品放在其所属类目的屏幕右侧,方便客户使用右手点击商品。

这种商品摆放组合策略在看似无人引导、自由选择的购买场景中,以最大的概率默默地创造着利润。

8.3.2 人为提供暗示——商品展示组合策略

商品展示组合策略本质上是一种暗示推销策略。这种策略与商品摆放组合策略不同,可以不用顾忌商品分类。换句话说,我们可以打破类别的限制对商品进行推荐。

首先需要展示的是新奇商品和流行商品,这两类商品通常会出现在商店中最显眼的位置;如果是在电商平台上,就会出现在首屏。

对于基本商品的展示,最有效的暗示策略就是提示性推销,通过不同商品展示组合对客户进行暗示。这种暗示的技巧在于将有关联的商品放在一起进行展示,每个商品都在向客户暗示着另一个与之相关的商品。就像本章开头介绍的那样,在 1935 年的克雷斯吉公司,牙膏暗示着牙刷,剃须刀暗示着爽肤水,台灯暗示着灯泡,棒球暗示着球棒和手套,铅笔暗示着橡皮,丝袜暗示着香水,冻奶油暗示着面巾纸。如今,薯片和瓜子暗示着饮料,泳装暗示着防晒霜,面包暗示着果酱,牛排暗示着烤肉酱(见图 8-11)。

图 8-11　牛排与烤肉酱的组合展示

理想的商品展示组合策略可以为客户提供他想要的一切,因为每个商品都暗示着另一个商品。更多的时候，不仅有关联商品间的组合，还有最畅销商品和高毛利商品的方法。

你可能会问，在商品展示组合策略中，缺少了高毛利商品与最畅销商品的对比，如何保证客户的选择？特定品类下限定金额的满减、凑单、免运费是非常实用的工具。

此外，我们还可以利用客户的从众心理。你也许在商店、各种电商平台，甚至商品包装上看到过以下或者类似的商品标签。

◎ 面包必吃榜！

◎ 酿酒商推荐！（咖啡师推荐！）

◎ 10.8 万条好评。

◎ 水果热度榜第 1 名。

◎ 回头客 6332 人。

◎ 98% 的人认为口感松软。

这些间接的信息都在通过暗示进行推销。对于不直观的商品、非标准化的商品、无法精准度量的商品，以及需要使用后才能得出结论的商品，人们最容易接受从众心理的暗示。

8.3.3 最后的明示——商品推荐组合策略

商品推荐组合策略是一种明示的推销策略。无论如何摆放商品、如何进行关联商品的暗示，都会有客户只购买单个商品就离开。这时，我们就需要使用商品推荐组合策略来提醒客户。

商品推荐组合策略是另一种关联商品的展示策略，只不过不再是暗示，而是光明正大地推销商品，建议客户购买。按照 19 世纪末克雷斯吉公司的培训手册的内容，销售人员应该通过直接说出建议来推销商品。例如，当客户只购买了一双长筒袜时，销售人员要笑着说："两双换着穿会增加 3 倍的穿着时间。"当客户花 10 美分购买了一小罐油漆时，销售人员要笑着说："花 25 美分就能买到一大罐油漆。"

如果你在麦当劳餐厅点过餐，那么这句话一定不会陌生："您还需要点什么？"这是麦当劳员工培训的基本内容。在客户已经完成商品选择，进入结账流程时，店员会以极快的语速给出以下明确的购买建议：

您还需要点什么？多加 2 元，小杯可乐可以换大杯哦！

您加一包薯条可以换成套餐，能节省 2 元！

您要不要加 3 元把可乐换成大杯？可以多一半哦！

以上的每一句商品推荐都是在明确地提醒客户。相同的推荐也会出现在电商平台的付款页面中，这个页面中有已经选择的商品和推荐的商品。

在如图 8-12 所示的这种特殊的场景中，客户没有比价、计算和思考的时间，这时暗示不再适用，最适用的策略是商品推荐组合策略。

图 8-12　客户在排队点餐

将关联商品、高毛利商品以主动提示的方式进行提示和推荐的策略，就是商品推荐组合策略。这种策略通常出现在商品摆放组合策略和商品展示组合策略无效，客户即将完成购买前的最后一步时。

【本章知识点小结】

- 在商业运营中，商品可以被分为 6 类：新奇商品、流行商品、基本商品、专业化商品、最畅销商品和高毛利商品。

- 6 类商品在整个运营过程中具有不同的势能：广告与营销势能、引流与留存势能、购买与毛利势能、竞争与传播势能。再优秀的运营人员也需要相应类别商品的支持。

- 6 类商品中最重要的两类是最畅销商品和高毛利商品，前者负责提升销售量，后者负责提高毛利率，二者必须被放在一起进行组合展示。
- 商品组合策略分为 3 种：商品摆放组合策略、商品展示组合策略和商品推荐组合策略。

💡【思考和下一步行动】

寻找、体验并验证商品组合策略

面向商业运营的 6 类商品无处不在，在每一种商业模式中，在每一个行业中，在每一家成功的企业中，我们都能找到这 6 类商品。

在这 6 类商品中，新奇商品、流行商品、基本商品和专业化商品是显性商品，我们凭借直观的感觉和经验就能发现；最畅销商品和高毛利商品属于隐性商品，二者的差异隐藏在原材料、制造工艺中，很难被发现。

请你逛一逛线下实体店或者电商平台，找一找最畅销商品和高毛利商品，并比较二者的差异。笔者给出以下几个线索：

- 最畅销商品通常也是基本商品。
- 成功的最畅销商品通常有全店或所在品类中最大的销售量。
- 高毛利商品与最畅销商品摆放在一起。
- 高毛利商品与最畅销商品有着相同的价格。
- 高毛利商品在最畅销商品的基础上多了一个设计元素、功能，或更具便利性。

第 9 章
买与卖的节奏——理解商品库存策略

商品库存策略是商业策略中的第二块拼图。19 世纪 70 年代，马歇尔百货公司每年的库存周转次数为 5 次。19 世纪 80 年代，梅西百货每年的库存周转次数达到 10 次。2001 年，杰夫·贝索斯在给股东的信中表示亚马逊的库存周转次数由 2000 年的 12 次增加至 16 次。2004 年，杰夫·贝索斯进一步在给股东的信中解释说："高库存周转率意味着我们能够保持相对较低的库存投资。"

在 2013 年拼多多第三季度财报会上，CEO 黄铮针对汇丰银行分析师关于农业战略的问题，给出以下答复：

> 我们从农业开始。曾几何时，在我们的平台上销售的商品 100% 是水果和农产品，所以我们永远不应该忘记我们的根，对吧？如果你从消费者的角度来看农业问题，就会看到我们所拥有的竞争优势。因此，我将举一个例子来展示我们为农民提供的团队购买模式创造的价值。对于湖南省的大蒜，我们在田间支付的价格在每斤 1 元左右。在上海或上海附近的地区，每斤大蒜的价格为 4～5 元。从价格上看，这是 4～5 倍。这是因为中间有一级、二级和三级中间商，对吧？这涉及包装、运输和再次包装。在我们的模式中，因为我们能够从消费者端收集足够的需求，这类似于汇聚这个地区和其他地区的需求，突然之间，1000 人，甚至 10 000 人，在同一天购买了相同的大蒜，所以我们实际上可以让农民把大蒜包装成小盒子，直接送到上海或其他地区。尽管我们将向快递公司支付一些额外费用，但根据我们的计算，运费可能是每斤 0.6 元，因为一个包裹通常的重量是 2.3 千克或 3 千克。因此，我们平台上的零售价约为每斤 2 元，几乎是大型超市和楼下商店的零售价的一半。即使有这一半的价格差距，去掉支付给快递公司的 0.6 元，农民也能多赚钱，消费者也能以更低的价格买到更新鲜的大蒜。因此，这是一个双赢的局面。

1930 年，菲林百货公司的创始人爱德华·菲林（Edward Filene）也举过一个相同的例子来说明商品库存策略的重要性。

想象一下，我们在一家家禽养殖场花 75 美分买了一只新鲜的鸡，要求把它送回家。"再给我 1 美元作为送货费。"农夫说。在这种情况下，成本可能是合理的。75 美分的生产成本和 1 美元的分销成本是如今商品分销的典型比例。这种情况是真实存在的。消费者只知道他们在从普通分销渠道购买商品时需要支付 1.75 美元，并不知道生产成本和分销成本分别占总价格的比例。

一般来说，从生产者到消费者的分销费用是商品成本的 2 倍，有时可以达到 3 倍或 4 倍。这并不意味着零售商是奸商，因为他们的平均净利润不到 5%。但这确实意味着浪费，因为生产成本与消费者支付的费用之间出现了无法解释的差异。

商品库存策略本质上是一种计划和控制业务流程的策略，覆盖商品采购（"进"）、运输和存储（"存"）、最终售出（"销"）。

一个完整的商品库存策略由商品采购策略（"进"）、最小完整库存策略（"存"）和商品快速售卖策略（"销"）3 个部分组成（见图 9-1），其中任何一个部分都会对最终的库存周转率产生影响。

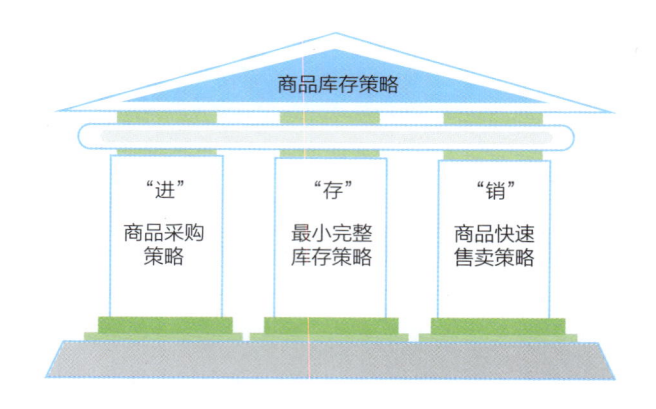

图 9-1　商品库存策略的组成

9.1　买的对是第一步——商品采购策略

采购就是我们常说的"进存销"中的"进"，是商品库存策略的第一步，如图 9-2 所示。采购的目标是在正确的时间，以正确的价格，购买正确的商品。这很容易理解，只有符合市场需求、符合消费者预期的商品，才有可能被快速售出，而采购错误的商品只会造成库存积压和滞销。

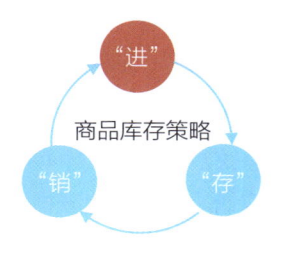

图 9-2　商品库存策略的第一步——"进"

> ⏰ 要点金句：在零售行业取得成功的关键因素是在正确的时间提供受消费者欢迎的商品。

9.1.1　如何对流行趋势进行预测

在进行商品采购时，我们需要掌握的核心技能是对流行趋势进行预测。如果你仔细观察就会发现，每一季的流行色总是会不约而同地出现在很多流行服饰品牌中。为什么？这是巧合吗？

这些高度一致的"巧合"是对流行趋势进行预测的结果。

◎ 创办于 1672 年的法国杂志 *Le Mercure Galant* 是第一本对流行趋势进行预测的杂志。该杂志展示了人们穿着最新款式服饰的插画，并明确建议读者应该如何着装，如图 9-3 所示。模仿成为流行趋势的第一个推动力。

图 9-3　杂志 *Le Mercure Galant* 及其中的插画

- ◎ 1834 年，巴黎的 J. Claude Freres & Cie. 公司从里昂染坊拿到色卡，向法国制造商出售最新的流行趋势信息；1855 年，该公司开始向法国北部鲁拜克斯纺织中心的学校和靠近瑞士边境的法国东部另一个纺织中心穆尔豪斯的设计师协会出售信息。商业信息成为预测流行趋势的关键因素。

- ◎ 1873 年，查尔斯·弗莱德里克·沃斯（Charles Frederick Worth）成为拿破仑三世的妻子欧仁妮·德·蒙蒂霍（Eugénie de Montijo）的服装供应商。随后，他又陆续为俄罗斯沙皇、意大利女王、奥地利皇后和英国女王设计服装。设计师成为影响流行趋势的催化剂。

- ◎ 1922 年 2 月 28 日，英国国王乔治五世和王后的女儿在威斯敏斯特教堂举行婚礼。宫廷服装制造商为她制作了礼服。礼服包括银色和象牙白色的丝绸婚纱、一件粉蓝色的套裙。在得到消息后，牛津街上的商店几乎在同一时间推出粉蓝色的裙装，以及各种银色和象牙白色的配饰。这是婚礼上的两种标志性颜色。热点事件和热点人物成为流行趋势的领导者。即使在今天，每年也有很多淘宝的商家在春节晚会后发布演员的同款服装。

- ◎ 1930 年，梅西百货的 118 个部门中有 69 个采购经理，其中大多数是女性。她们大多从一线的销售人员开始做起，随后被提升为库存主管，最终成为采购经理。

流行趋势最初由时尚杂志以插画的形式向人们传播，随后变成可以交易的商业信息。设计师的选择、热点事件和热点人物成为影响流行趋势的催化剂，而最终这一切汇集成采购经理（买手）对流行趋势的预测，如图 9-4 所示。

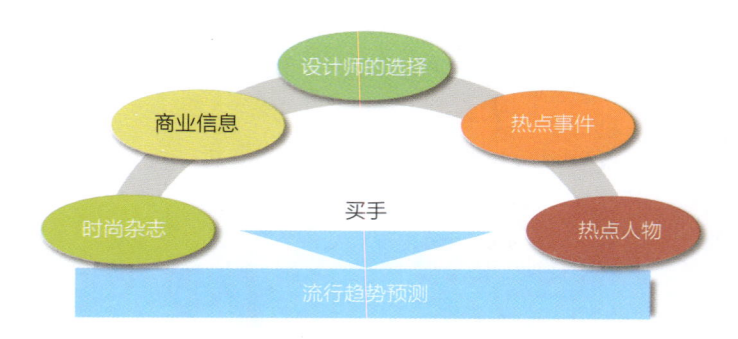

图 9-4 买手对流行趋势的预测技能

买手必须保持大量的社交，在剧院、乡村俱乐部、餐馆厅、教堂等地方仔细观察和倾听，打探商业信息，寻找时尚元素，拜访设计师，紧盯热点事件和热点人物，从中发现任何可能的机会。例如，当看到报道说巴黎的女性开始流行戴珠宝时，买手必须敏锐地意识到在纽约的时尚女性也有相同的需求。

如果深入了解买手的世界，你就会发现除了对流行趋势的"本能"反应，不同品类的买手还具有各自的"独门绝技"。

◎ 基本商品的买手主要依靠生活经验和基本常识（既包括商品的用途、使用频率，又包括人们收入的变化）对流行趋势进行预测。

◎ 流行商品的买手具有独到的品位和对艺术的鉴赏力。

◎ 对新奇商品的买手来说，超乎常人的勇气和想象力是任职的基本要求。因为如果说基本商品是人们的刚需，那么新奇商品必须能激发人们的购买欲望。

◎ 最畅销商品和高毛利商品的买手必须深刻理解"橘生淮南则为橘，生于淮北则为枳"这句话的含义。

> 要点金句：买手是商品库存的第一责任人。

买手承担了对流行趋势的预测工作，也是第一个必须对商品库存负责的人。买手凭借对流行趋势的预测能力，负责完成商品采购工作。

9.1.2 按采购日历订购商品

采购不仅仅是向生产商订购商品，还是众多买手之间的竞争。买手对流行趋势的预测，对大众偏好、时尚、设计的判断，对季节和天气因素的认识，可以帮助他们发现市场和流行商品中的机会，但他们依然无法应对每一季的采购竞争。

采购的竞争开始于购买时。买手应该在什么时间向生产商订购商品？是在销售旺季开始之前，还是在销售旺季开始后？是在流行趋势未定时，还是在流行趋势已定后？是在商品供给最充足的时候，还是在市场有最多购买需求的时候？

以上选择都是错误的，这些也是导致买手在采购竞争中失败的原因。买手必须从制造商的视角来思考问题，必须深刻理解制造商的业务流程，必须掌握制造商的生产节奏和规律，必须将自己的利益与制造商的利益放在一起进行权衡。不同买手的视野的差距如图9-5所示。

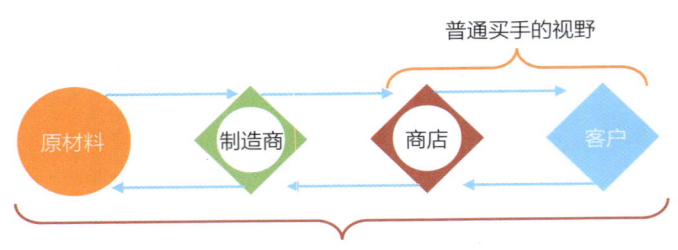

图 9-5 不同买手的视野的差距

1. 理解制造商的业务流程

制造商和售卖商品的商店一样，会对流行趋势进行预测，在面对与其他制造商的竞争时，希望能第一个生产出本季最流行的商品来获得订单。制造商根据流行季开展业务，因此买手要想理解制造商的业务流程，就要了解流行季的划分。

一年被分为春、夏、秋、冬 4 个季节，以北半球为例（南半球正好相反），一般来说，3—5 月为春季，6—8 月为夏季，9—11 月为秋季，12 月一次年 2 月为冬季。这 4 个季节组成了两个流行季，第一个流行季为 8 月一次年 1 月，也就是秋冬流行季；第二个流行季为 2—7 月，也就是春夏流行季，如图 9-6 所示。

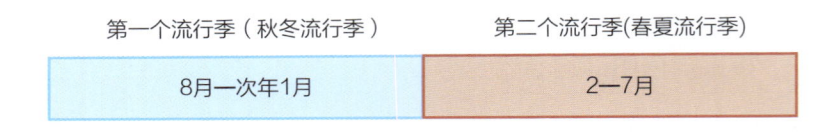

图 9-6 北半球的流行季划分方法

在一个流行季开始之前（前 1～2 个月的时间），制造商会综合各种流行杂志、热点事件、设计师观点等因素来确定本流行季的流行趋势。由于这时距离流行季开始的时间较长，存在各种不确定因素，因此制造商对流行商品的预测是基于已获得的信息和自己的猜测而做出的。

随后，制造商根据这些预测生产出少量流行商品的样品，并在各种博览会、展销会上向买手进行展示和推销。制造商预测流行趋势和生产样品的时间如图 9-7 所示。

在获得买手的反馈后，制造商将其中获得较好评价的样品保留，并进一步开发全系列商品，开始大量接受订单。制造商开发全系列商品和开始大量接受订单的时间如图 9-8 所示。

第一个流行季：8月—次年1月

图 9-7　制造商预测流行趋势和生产样品的时间

第一个流行季：8月—次年1月

开发全系列商品
开始大量接受订单

图 9-8　制造商开发全系列商品和开始大量接受订单的时间

在流行季即将开始之前，买手开始订购商品。这是制造商最为繁忙的时刻，也是买手竞争最激烈的时刻。制造商采购原材料，开始大批量生产，期间还有可能砍掉超过生产能力的订单。这个繁忙的状态将持续一段时间。制造商采购原材料和开始大批量生产的时间如图 9-9 所示。

第一个流行季：8月—次年1月

采购原材料
开始大批量生产

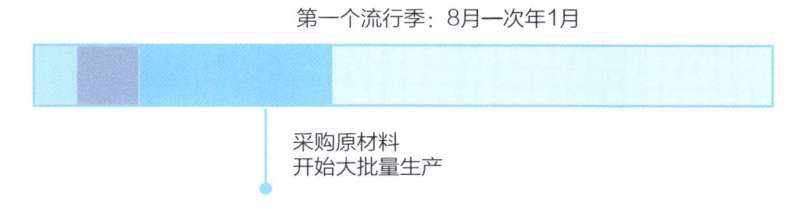

图 9-9　制造商采购原材料和开始大批量生产的时间

随着第一批订单生产完成，开始交付商品，制造商结束了繁忙的工作，这时制造商的机器和工人进入闲置状态。与此同时，第一批交付的商品的销售情况也会被反馈给制造商。制造商的机器和工人进入闲置状态的时间如图 9-10 所示。

第一个流行季：8月—次年1月

制造商的机器和工人进入闲置状态

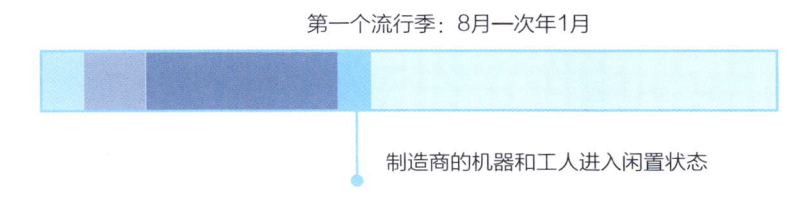

图 9-10　制造商的机器和工人进入闲置状态的时间

机器和工人闲置将带来巨大的成本浪费和不稳定性。制造商为了维持生产，会根据第一批商品的市场反馈改进设计和制造工艺，并带着生产的新样品寻找新订单。这时的商品不再是制造商靠预测生产的商品，而是根据市场检验和真实反馈生产出来的商品。换句话说，这时的商品才是本流行季中真正流行的商品。制造商获得市场反馈、改进设计和制造工艺、生产新样品、寻找新订单的时间如图 9-11 所示。

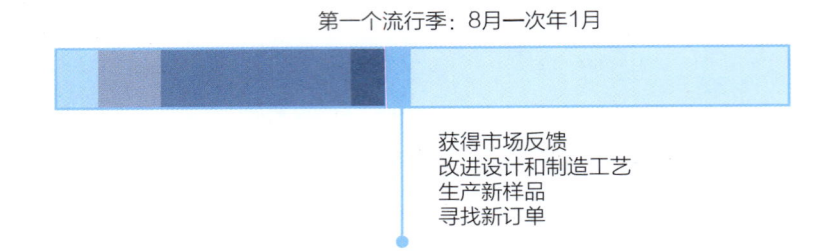

图 9-11　制造商获得市场反馈、改进设计和制造工艺、生产新样品、寻找新订单的时间

这些真正流行的商品让制造商再次获得买手的订单，并开始新一轮繁忙的生产和交付。也有一些制造商会在这个阶段犯错——流行商品和潜在的利润会让他们过度自信，结果就是生产过剩。

在整个流行季结束之前，制造商必须将所有已经购买的原材料制造成商品，并将库存中所有本流行季的商品都处理掉，以便回笼资金，为下一个即将开始的流行季做好准备。

2. 买手的采购日历

买手有与制造商的业务流程相对应的采购日历。采购日历是商品库存策略中的第一个日历。按照采购日历订购商品，会使买手有机会获得当下流行季最流行的商品、最优惠的价格、最低的库存风险。

> **要点金句**：采购日历背后的逻辑是寻找供需关系之间的缝隙和机会，以有竞争力的条件进行商品采购。

采购日历中有 5 个与制造商的业务流程相对应的重要日期，分别如下。

1）第一天：样品展示日

在样品展示日，制造商展示根据预测生产的样品。买手们汇聚在展会上对样品进行挑选和评价。由于每个制造商都希望第一个展示流行商品，因此这时的样品是制造商根据预测生产的商品，并不一定是本流行季真正流行的商品。

对有经验的买手来说，观察并对比不同制造商生产的样品之间的共性和差异，搜集其他买手的选择及对样品的评价信息，有助于初步预测本流行季的流行趋势，并对自己的判断进行修正。

2）第二天：完整商品线展示日

在完整商品线展示日，制造商依据买手在样品展示日对样品的评价和订购意向为受到好评的样品制作出完整的商品线。完整商品线的出现标志着采购旺季即将开始，同时从制造商的角度确定了本流行季的流行趋势。

对有经验的买手来说，通过比较完整商品线的商品和之前不受欢迎的样品间的差异，可以对未来流行季的流行趋势有更深入的了解。

3）第三天：小批量采购日

采购旺季从小批量采购日正式开始。制造商会根据订购顺序进行生产和交付，错过订购机会的买手将错过第一个市场高峰。这是买手间竞争最激烈的时间。

由于流行趋势仍然没有被确定，并且在大量的订单和紧凑的时间中，买手缺乏对制造商的议价能力，因此有经验的买手只会订购少量商品。这样做的原因有3个。

◎ 首先，避免采购错误带来的滞销和库存损失。

◎ 其次，这时商品缺乏性价比和竞争力。

◎ 最后，保持后续采购的灵活性。

4）第四天：正式采购日

在正式采购日，制造商完成了所有买手的订单生产，并获得了这些商品的市场反馈。这时，制造商处于空闲期。为了摊平投入的固定成本、支付可变成本，制造商需要获得新订单来维持生产。而这时的样品经过了市场的检验，是这个流行季中真正受欢迎的商品。

此时，市场处于供需的"缝隙"中，前期需求已经被满足，而供给还在持续，制造商迫切需要获得新订单。此时是买手进行大批量采购的最佳时机，原因有3个。

◎ 首先，制造商从小批量采购日的强势地位转变为主动寻求订单的弱势地位，买手有更大的议价空间。

◎ 其次，当前的商品是经过市场检验的流行商品，不需要担心有滞销风险。

◎ 最后，其他竞争对手正在"消化"在小批量采购日采购的商品。制造商的工艺成熟，或者找到更好的替代品，使买手新采购的商品成本更低，在市场中更有竞争力。

5）第五天：清仓扫货日

到了清仓扫货日，流行季即将结束。制造商必须开始清理剩余的原材料和库存商品，回笼资金，为下一个流行季做准备。

对有经验的买手来说，此时是以最低价采购当季流行商品的最佳时机。这些商品的数量不会很多，但足以支持商店的促销广告和竞争，并使商店在客户心中留下高性价比的印象。

1920年的梅西百货的故事可以更直观地呈现清仓扫货日的情况：

这个人犯了所有制造商迟早都会犯的错误——生产过剩。现在他需要一个营业额很大的机构来帮助他摆脱困境。

制造商在约定的时间被领进一个小房间。买手已经知道了制造商的商品线，于是用精明而熟练的眼光迅速地检查样品。随后，一楼的两个部门的销售人员被叫进了小房间。他们同意买手的意见，认为商品会受欢迎。最后，买手对制造商说："请下星期二下午两点半把您的存货送到麦迪逊大街1号。"

9.1.3 预防采购失误的对策和采购失误的代价

在真实的商业世界中，成功总是稀有的，更多的是失败和教训。任何只讲成功而不说失败的内容都禁不起推敲。买手的工作存在很高的风险，并不是每一次预测和采购都会成功的，因此很多商店都制定了预防采购失误的对策。

19世纪中叶，为了确保乡镇和郊区商店销售的服装顺应流行趋势，德本汉姆斯（Debenhams）开始雇用买手对未来的时尚需求进行预测。最初，买手的预测完全依据个人的判断，如女性买手更倾向于从使用感受和个人主观体验的感性角度来看待商品，而男性买手则更多地从商品设计和能否产生大量销售的理性角度对商品进行判断。但无论判断的标准是什么，买手的决定都会直接影响百货公司的利润。

为了防止买手犯错,所有买手的"个人秘籍"最后都被两条统一的规则替代。

第一,永远只做第二时尚。时尚趋势来自巴黎和伦敦,所以永远不要冒险做第一个吃螃蟹的人。

第二,永远选择和销售巴黎或伦敦知名设计师展示服装的廉价版本,这些设计更加有安全感。

但是,即使买手有丰富的经验、有防止犯错的规则,买手采购失误事件也会出现。而一旦出现买手采购失误,有效的抢救措施就是降价。

> 要点金句:价格是需求的开关。只要价格足够低,客户就几乎可以购买任何商品。

1911 年,菲林百货公司的买手采购了一批男士假领子,但当时这些商品并不受客户欢迎。菲林百货公司连续降价 3 次,以非常低的价格售出了其中的一部分,并将剩余的商品捐赠给当地的慈善机构。降价解决了买手的采购失误问题。

但是在几个月后,采购失误再次出现。与第一次不同的是,这次降价不再有用,甚至连当地的慈善机构也明确拒绝接受这批男士假领子。菲林百货公司这次找不到任何方式处理这批商品。这是买手采购失误的代价。

> 要点金句:供需是交易的边界。如果市场供过于求,那么即使是赠送,也不会有人要。

9.2　永远保持克制——最小完整库存策略

在正确预测流行趋势和商品需求之后,应该准备多少库存?这是运营中最常遇到的问题。这时,我们需要实施商品库存策略的第二步——确定最小完整库存,也就是"进存销"中的"存",如图 9-12 所示。

图 9-12　商品库存策略的第二步——"存"

对于应该准备多少库存这个问题，有两种截然不同的答案。

◎ 一种答案是应该保证充足的库存，这样客户可以在我们的商店中找到任何他们需要的商品，我们也不会因为缺货而浪费广告费用，错失销售机会。

◎ 另一种答案是应该保持最小的库存，这样可以维持较高的库存周转率，降低资金成本和管理成本，减少库存损失，以及在市场和需求发生变化时迅速做出反应。

哪一种答案是正确的呢？两种答案都是错误的。正确的库存既要保证有充足的商品，又必须有较高的周转率和较快的对变化的反应速度。具有这两种优势的库存策略被称为最小完整库存策略，如图9-13所示。

图9-13 最小完整库存策略

最小完整库存策略可以使商店实现既有充足和丰富的完整商品库存，又能保持最小的库存总量；既能在满足市场需求的情况下低成本地快速周转，又能迅速地适应流行趋势的变化的目标。

最小完整库存策略由"量"和"质"两个部分组成。从数量和资金两个角度来看，合理的库存的规模应该有多大？这涉及的就是库存的"量"。从商品类别角度来看，合理的库存应该包括多少种商品？这涉及的就是库存的"质"。

9.2.1 库存的"量"：规模

一个最小的完整库存需要多大的"量"？从宏观角度来看，库存的大小由每个月的销售额决定，换句话说就是库存应该保证能实现收支平衡下最基本的销售额。不同类别商品的库存规模的衡量方式不同。以服装这类耐用商品为例，如果每个月的销售额很低，只有5000美元，那么库存规模应该保持在12 000～15 000美元；如果库存投资为50 000美元，那么反过来必须相应地将销售额提高为每个月18 000～20 000美元。

> 要点金句：库存规模的"量"由每个月的销售额决定。

1. 库存规模是销售规模的函数

销售规模主要是指销售额。简单地讲，对耐用商品来说，完整的库存规模应该保持在每个月销售额 2.4～3 倍的水平；快消品的完整库存规模则要小一些。

过大的库存规模会造成商品的积压，而过小的库存规模则无法满足需求。过大的库存规模会增加库存损失，尤其是生鲜类商品，同时会带来较高的运营成本，失去价格竞争力。在过小的库存规模下做广告、搞促销会造成商品供应不足，错失销售机会，浪费广告费用，甚至带来客户的负面评价。

问题来了，既然库存规模是基于每个月的销售额的，那么每个月的销售额又是基于什么因素呢？未来可能的销售额来自过去的实际销售额，最终来看，销售额取决于商店所在城市的类型和主导工业、销售区域的范围和人口结构等情况，以及商店在其中的市场占有率。

2. 销售规模由商店的选址决定

换个角度来看，在明确了城市与人口、人口与销售额、销售额与库存规模的关系后，这个问题就变成商店选址的问题。在人口超过 1000 万人的超大城市和人口在 500 万人以下的中小城市，在以信息产业为主导和以制造业为主导的城市，在商业中心和在郊区小型社区中，即使是完全相同的两家商店，库存规模也不相同。

> 要点金句：库存规模取决于商店的选址。

两家完全相同的大型超市，其中一家比另一家更受欢迎的原因可能是它与客户的距离近。在繁忙的城市生活中，距离可能受到交通工具、停车场、照明和路面整洁度，甚至天气等一系列因素的影响。

对小型超市和社区便利店来说，便利是一个重要的影响人们购买决策的因素。很多人有重复的运动轨迹，如清晨上班族从居住的社区向公交站或地铁站移动，傍晚则相反，沿途的小型超市和社区便利店会为他们购物提供便利。

如何选址？有经验的选址专家会在地图上沿着每条街道绘制出 5 分钟、10 分钟、15 分钟的"等时线"，主干路、快速路和环路的"等时线"的距离最远，其次是联络线，距离最近的是街道、小巷。其中客户的交通工具、道路的等级、交通流量的变化、十字路口的数量、红绿灯的时长、道路拥堵情况、公交站和地铁站的位置都是重要的影响因素。因此，很多销售区域并不是以商店为圆心、半径相等的区域，而是一个综合各种因素、由"等时线"绘制成的不规则的区域。从不规则的销售区域中可以看出，有些看起来距离商店很近的地区其实并不容易到达，甚至被排除在销售区域之外。因此，只有完整且详细地绘制出能够覆盖的销售区域，才能计算出人口规模和销售规模，进而计算出正确的库存规模。

9.2.2 库存的"量"：数量

一个最小的完整库存需要多大的"量"？从微观的数量的角度来看，库存数量取决于潜在客户的数量。如果一家商店的库存中有 2000 个儿童足球，而它所覆盖的销售区域内只有 1000 名儿童，那么很显然，它的库存数量过大了。

1. 库存数量由客户的数量决定

库存数量由客户的数量决定，准确地说，库存数量由潜在客户的数量决定，库存数量由到访客户的数量决定，库存数量由经常购买商品的老客户的数量决定，如图 9-14 所示。

图 9-14　库存数量的决定因素

在确定具体的库存数量时，首先起决定作用的是潜在客户的数量。从理论上说，这些潜在客户都有购买商品的可能性。商店覆盖的销售区域内有多少潜在客户？这些潜在客户是固定居住者，还是流动的人口？如果是流动的人口，那么流动的频率和趋势如何？哪些因素决定了这些流动人口的数量和变化的趋势？这些都是决定具体库存数量的因素。固定居住者有长期固定的需求，流动人口的需求随人口转移而消失。

2. 筛选可能的购买者

进一步来看，在潜在客户中，只有到访的那一部分才有可能成为实际的购买者，因此我们应该只计算那些到访的客户，并为这些人准备库存。客户到访的决定因素有很多，如商店所在的位置便利、商店周围的配套设施齐全、商店在做促销活动等。在这些因素中，有些是固定不变的，有些是可变的。不变的因素会吸引固定数量的客户，而可变的因素则会带来数量不稳定的客户，如广告、主播等会在短时间内带来大量客户，而随着宣传的停止，客户也会减少。在确定库存数量时，我们应该只考虑那些不变的因素带来的稳定客户数量。

> **要点金句**：老客户是预测库存数量的基石，临时客户是造成库存短缺的原因。

具体来看，在到访的客户中，有些是长期的、忠诚的老客户，有些是短期的临时客户。老客户会长时间有规律地重复购买，并且其需求容易预测，临时客户则是造成销售波动的主要因素，如图 9-15 所示。

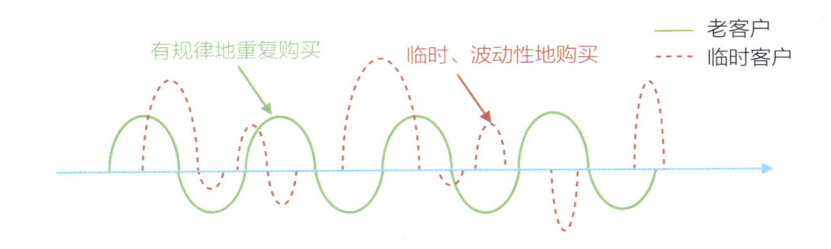

图 9-15　老客户与临时客户的购买规律

一个极端的例子是机场和火车站中的商店，其中绝大多数客户都是临时客户，这也是这类商店与普通商店相比，库存商品类别非常少的原因。在确定库存数量时，我们应该更多地考虑老客户的数量和变化趋势，避免临时客户的波动对库存数量造成大的影响。

9.2.3　库存的"质"：商品类别

一个最小的完整库存需要达到什么样的"质"？从商品类别的角度来看，完整的库存中必须包含不同类别的商品。这些商品由于所属的类别不同、功能属性不同、满足的需求不同，因此会有不同的库存周转速度。

1. 不同类别的商品有不同的周转速度

服装和鸡蛋的周转速度不同，化妆品和饮料的周转速度不同，不同类别的商品有不同的周转速度。商品类别对毛利率有固定的影响路径：不同类别的商品满足不同的需求，不同的需求频率带来不同的购买频率，不同的购买频率带来不同的周转速度，不同的周转速度带来不同的毛利率，如图 9-16 所示。

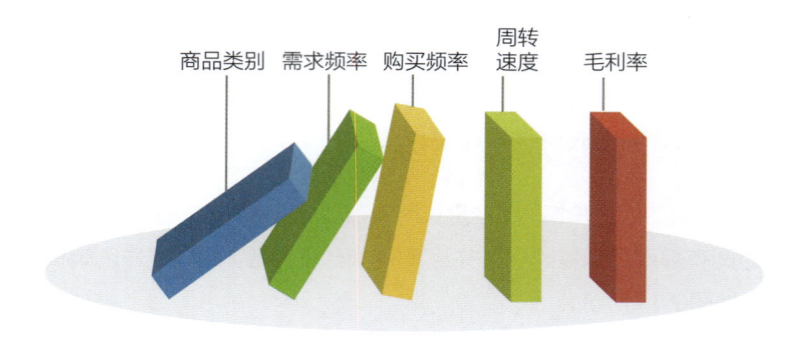

图 9-16 商品类别对毛利率的影响路径

周转速度快的商品可以降低过时、贬值、商品损耗和降价带来的风险；周转速度快的商品的库存费用和管理费用的占比更低；周转速度快的商品能更快地更新库存，适应市场的变化，满足客户的需求。

因此，库存中不同类别的商品、不同的库存比例会带来完全不同的结果。例如，在一家商店中，可能 40% 的库存商品只带来了 15% 的销售额，而在另一家商店中，30% 的库存商品带来了 55% 的销售额。这样看起来，好像减少商品的类别，只保留周转速度快的单一类别商品就可以，还能提高对供应商的议价能力。但实际情况并非如此。

每个客户都希望尽可能在一家商店购买到自己需要的所有商品，都希望商店可以提供丰富的商品供自己挑选，都希望看到最新的流行商品。在这种客户需求下，只提供少量类别商品的商店将在竞争中被淘汰，即便是零售行业中的"品类杀手"（Category Killer）也不例外。

> **要点金句**："品类杀手"是指营业面积大但商品品类较少的连锁商店，它在比较小的商品品类范围内销售较多的单品。

2. 不同类别商品之间的联系

从商品本身的属性来看，不同商品之间存在着需求上的联系，不同商品在运营的不同环节会发挥不同的作用。正如前面所介绍的那样，客户总是被新奇商品吸引，总是会想去有流行商品的地方逛一逛，总是会记住基本商品的价格并进行比价，总是信赖能提供专业化商品的地方。

因此，一个完整的库存应该包括新奇商品、流行商品、基本商品、专业化商品、最畅销商品和高毛利商品 6 类商品。不同类别的商品的库存周转速度不同，如图 9-17 所示。下面详细说明。

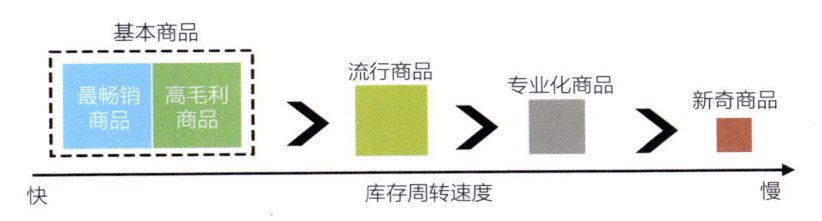

图 9-17　不同类别的商品的库存周转速度

在完整库存的 6 类商品中，最畅销商品和高毛利商品应该占据最高的库存比例，其中基本商品的占比应该为最高的。最畅销商品必须是周转速度最快的商品。如果一个最畅销商品没有达到应有的库存周转速度，我们就可以断定它不是最畅销商品。

流行商品在库存中的比例排名为第二。为了降低滞销风险，我们应该只在正式采购日才大批量订购流行商品，并在流行季结束前清仓，为下一个流行季的商品采购做准备。

库存比例排在后面的依次应该是专业化商品和新奇商品。专业化商品本来就是小众商品，由于客户数量较少，并且很少会有临时性、波动性的需求，因此我们只需要准备较少的库存。新奇商品是库存比例最低的商品，这类商品的目的是制造话题而不是售卖，所以我们只在每个流行季开始前准备用于展示的库存即可。

9.3　永远先人一步——商品快速售卖策略

售卖商品是商品库存策略的第三步，也是我们常说的"进存销"中的"销"，如图 9-18 所示。我们按对流行趋势的预测和采购日历采购商品，按不同的销售规模、库存周转速度和商品类别存储商品，但是，如果这些商品没有被及时售出，那么前面的所有工作都将变得没有价值。库存将占用大量资金，商品将面临过时、被损坏、丢失、折价，甚至被丢弃的命运。

图 9-18　商品库存策略的第三步——"销"

若要保持较快的库存周转速度，则商品的售卖节奏必须与采购节奏相匹配。换句话说，商品的售卖策略必须与商品的采购策略相互协调。售卖速度低于采购速度，就会造成库存积压；售卖速度高于采购速度，就会造成库存短缺，丢失客户。因此，商品售卖策略的核心是按照商品的采购日历制定一套销售日历，并严格按照销售日历的节奏售卖商品。

9.3.1　按销售日历售卖商品

销售日历是商品库存策略中的第二个日历。在制定销售日历前，我们先来回顾一下采购日历。采购日历包括 5 个关键的日期。

◎ 第一天：样品展示日。

◎ 第二天：完整商品线展示日。

◎ 第三天：小批量采购日。

◎ 第四天：正式采购日。

◎ 第五天：清仓扫货日。

与采购日历中的 5 个关键日期相对应，销售日历中有 4 个关键的日期。

◎ 第一天：新商品上架日。

◎ 第二天：早期广告售卖日。

◎ 第三天：大规模售卖日。

◎ 第四天：季末清仓日。

1. 第一天：新商品上架日

销售日历的新商品上架日发生在采购日历的样品展示日之后。在买手获得制造商的样品后，商店开始售卖新商品。由于样品数量很少，因此每家商店能获得的样品数量很少。这时的目的主要是测试，通过售卖少量的样品，获得在本流行季哪些流行商品将受到客户欢迎的信息。这也是新商品上架日最主要的目的。

这种测试方法在 1930 年时被称为"黄色标签法"：每一种第一次上架售卖的商品中的最后一个都会被贴上特殊的黄色标签，黄色标签用于和其他商品进行明显的区分，当客户选择了这个商品时，将无法完成购买（客户可以对这种商品进行预定，但无法将这个商品带走）。

如今，这类用于测试商品的方法被称为"爆款申领，免费试穿"，被测试的商品会被直接标注为"非卖品"。很难想象一个零售商会这样阻碍销售，但基于测试的目的，一切都解释得通。

这些商品并非真的"非卖品"。每当有客户询问或试图购买这些商品时，销售人员就会进行记录。被记录次数最多的商品无疑将成为本流行季最受欢迎的商品。而这些信息也将被反馈给制造商。制造商根据这些反馈，生产出完整的全线商品。随后，客户很有可能会看到这些"非卖品"上架销售。

2. 第二天：早期广告售卖日

销售日历的早期广告售卖日对应的是采购日历的小批量采购日。在制造商生产出完整的全线商品后，每家商店都开始建立完整的库存。与其说是销售旺季即将开始，不如说是竞争即将开始。每家商店都希望自己是第一家展示流行商品的商店，并通过这些流行商品吸引客户。

在销售旺季开始时，商店除了开始建立库存，还会在媒体上投放广告。这时投放广告有两个目的。

第一，为竞争进行宣传，让客户知道在哪里可以第一个看到流行商品。

第二，刺激需求。需求没有达到高峰时，可以被广告持续刺激。

这些广告可以将客户带到商店，使其浏览本流行季的流行商品，并且比平时提前几天购买商品。否则，这些客户将会进入竞争对手的商店，购买竞争对手的商品。

3. 第三天：大规模售卖日

销售日历的大规模售卖日对应的是采购日历的正式采购日。这时，制造商已经根据反馈改进并生产出全新的流行商品，并且由于第一个采购旺季已经结束而处于闲置状态，急需新订单，因此买手获得了更大的议价空间。这时的商品既是能被市场认可的流行商品，又有更具竞争力的采购价格。

这时，商店在上一个日期采购的商品必须被清空，取而代之的是二次采购带来的大规模低成本的流行商品。只有在上一个采购日小批量采购，并且严格按销售日历进行售卖的商店才能快速清仓。在二次采购完成并且开始大规模售卖之前，库存规模应该比以往任何时候都要庞大，库存类别比任何时候都要完整，广告投入比任何时候都要多。

4. 第四天：季末清仓日

销售日历的季末清仓日对应的是采购日历的清仓扫货日。这时，销售旺季进入尾声，流行季即将结束，商店的库存应该甚至必须降至整个季度的最低水平。

还记得前面提到的每年中的两个流行季吗？对比一下两个流行季的开始和结束时间，就能明白为什么在 6 月 18 日、11 月 11 日进行清仓促销了，如图 9-19 所示。

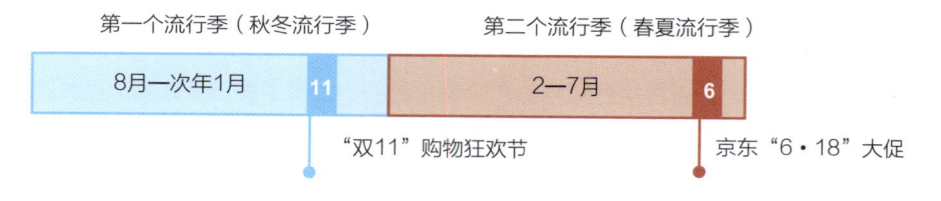

图 9-19　流行季结束前的清仓促销

季末清仓日的目标有两个：首先，通过低价采购并清理制造商（尤其是那些因"犯错"而造成生产过剩的制造商）的库存，在客户心中建立起物美价廉的印象；其次，为下一个即将到来的流行季做准备。

在整个销售日历中，最关键的就是在特定日期前完成商品售卖。例如，在大规模售卖日前，必须清空前一次小批量采购的商品；在季末清仓日前，必须清空在大规模售卖日采购的商品。那么，这种 KPI 靠谱吗？这在真实的商业世界中可以实现吗？

9.3.2 自动定期降价策略

众所周知,每一次交易都涉及买和卖双方,其中价格是调节双方的杠杆,时间是最大的制约因素。在交易刚开始的阶段,需求刚刚被唤醒,价格可以刺激需求;而在交易临近结束的阶段,需求已经被满足,价格则不再有任何作用。

> ⏰ 要点金句:价格杠杆只在市场需求还没有被完全满足时起作用。

要按销售日历售卖商品来完成前面的销售 KPI,关键就在于充分调节时间和价格这两个因素。准确地说,就是要赶在竞争对手之前以价格刺激市场中剩余的需求,提前一步降价售卖商品,实现清仓。这种策略被称为自动定期降价策略。

> ⏰ 要点金句:当市场中的需求所剩无几时,只有第一个降价的人才能清空库存。

自动定期降价策略最早出现在 1909 年的菲林百货公司。具体规则和操作很简单:商品被标明具体上市日期和价格,如果没有按标价被售出,就会在固定的时间后被降价;如果依然没有被售出,就继续被降价,直到被售出为止;如果连续 30 天都没有被售出,就会被赠送出去。

自动定期降价策略的销售时间表如下。

◎ 初上市——原价。

◎ 12 天后——降价 25%。

◎ 18 天后——降价 50%。

◎ 24 天后——降价 75%。

◎ 30 天后——赠送。

以一件衬衫为例,商店以每件 3 美元的价格出售 500 件衬衫。衬衫的标签上除了尺寸、材料,还标明了上市日期和价格。在 6 月 12 日上市当天,标价为 3 美元。经过 12 天的销售,剩余 100 件衬衫,这 100 件衬衫标签上的 3 美元被划掉,价格被更改为 2.25 美元。又经过 18 天的销售,还剩余 20 件衬衫,这 20 件衬衫的价格被更改为 1.5 美元。如果中途衬衫出现断码的情况,就直接降到下一个价格区间。在 24 天后,剩余的衬衫的价格被改为

75美分，并以此为最终价格。30天后，最终剩余的衬衫不再继续降价和销售，而是被赠送出去。自动定期降价策略适用于商店中的所有商品。降价标志会被展示在最明显的地方向客户进行说明，如图9-20所示。

图9-20　菲林百货公司的降价标志

1909年1月4日，菲林百货公司开始实施自动定期降价策略。菲林百货公司在各种报纸上进行广泛宣传，甚至还设置了奖金。如果有客户发现某个商品超出时间而没有降价，商店就会给予其奖励。看到这里你也许会问，该策略成功了吗？没有人会傻到第一天就以原价购买几周后就会降价的商品吧，一定会有很多人等到最后一天去领取赠送的商品。

在最初的几个月里，自动定期降价策略让菲林百货公司损失了数千美元，大家都不理解自动定期降价策略，很多人对这种宣传抱有怀疑态度，大部分人都在等待商品降价。很多人来到商店进行观望，等待并检查商品是否真的如广告宣传的那样会自动降价。

慢慢地，一些人发现自己昨天心仪的商品今天就不见了。于是，有人开始在商店里"藏"商品，他们把自己挑选好的商品"藏"到其他商品下面或者放在货架最隐蔽的位置，计划等到降价日以低价购买。但是，商店每天晚上都会对所有商品进行整理，所以人们发现这招不管用，好货不等人，不能再等待商品降价。于是，当他们再次遇到心仪的商品时就会选择直接付款购买，防止被其他人买走。最终，90%的商品都是在最初的12天内被原价售出的。

自动定期降价策略让菲林百货公司获得了非常高的库存周转率。据统计，菲林百货公司在大约 10 分钟内卖出了 275 件皮衣，在 30 分钟内卖出了 470 件男士西服，在 1 天的时间内卖出了 21 384 双丝袜、5132 顶帽子，在 2 周的时间内卖出了 60 000 双鞋。

自动定期降价策略的作用有 3 个。

第一，克制了买手在采购商品时的冲动，使买手抵挡住了通过"捡漏"获得低价商品，从而赚取高额利润的诱惑。通常，这类"捡漏"商品的背后都有各自各样的原因，买手的冲动采购很容易造成损失。

第二，在销售竞争中占得先机。一旦客户首先在一家商店购买了流行商品，就不会再购买其竞争对手的商品。

第三，自动定期降价策略实现了近似强制性的定期清理库存，使商店可以按销售日历进行售卖，也使买手可以按采购日历进行采购。

如今，某服装零售企业的每一季商品的上市时间都会比同行早，每个商品都有一个初上市价格，并且会自动在固定的时间降价，用红色标签的新价格覆盖原来的价格，如图 9-21 所示。

图 9-21 某服装零售企业商品的价格变化

虽然我们都知道商品最终都会降价（见表 9-1），但出于季节性、尺码、颜色等考虑，我们在看到心仪的商品时还是会立刻购买，而不是等待。

表 9-1　某服装零售企业商品价格的变化规律

初上市	第一次降价	第二次降价	第三次降价	第四次降价	折扣率
399 元	249 元	199 元	149 元	129 元	32%
299 元	249 元	199 元	149 元	129 元	43%
249 元	199 元	149 元	129 元	99 元	40%
199 元	149 元	129 元	99 元	79 元	40%
149 元	99 元	79 元	69 元	59 元	40%
129 元	99 元	79 元	59 元	—	46%
99 元	79 元	59 元	49 元	39 元	39%

【本章知识点小结】

◎ 商品库存策略由商品采购策略（"进"）、最小完整库存策略（"存"）和商品快速售卖策略（"销"）3 个部分组成。

◎ 采购经理（买手）是库存的第一责任人，必须理解制造商的业务逻辑，时刻注意市场的"脉搏"。

◎ 制造商的业务流程决定采购日历，采购日历决定销售日历。

◎ 商品采购策略的核心是流行趋势预测，最小完整库存策略的核心是商店的选址，商品快速售卖策略的核心是自动定期降价策略。

【思考和下一步行动】

寻找、体验并验证商品库存策略

我们购买的任何一个商品的价格中都既包括生产成本，又包括分销成本。例如，一杯 35 元的咖啡中不仅包含咖啡豆（约 3 元）和一次性纸杯（约 0.5 元）的成本，还包括咖啡豆的仓储、运输成本，以及由此带来的人工、水电、房租、行政管理等隐性成本，而后者在总价中所占的比例也远远高于前者。对流行趋势进行预测、按采购日历订购商品、保持合理的库存规模，以及按销售日历售卖商品都会显著地降低这些隐性成本。

从 19 世纪 70 年代马歇尔百货公司每年库存周转 5 次，到 2000 年亚马逊每年库存周转 16 次；从 1909 年菲林百货公司的自动定期降价策略，到如今商店定期打折的价格标签，成功的商业策略一直被传承、被学习、被模仿、被重复。

去商店挑选一个即将过季的商品，揭开商品标签上堆叠的厚厚的价格标签，就能看到自动定期降价策略的缩影。

想了解更多策略吗？想聆听更多商业故事吗？还有哪些企业使用了这些策略？欢迎你来读者交流群（可以通过添加封底上的读者服务小助手的微信进群）里跟大家一起聊一聊。

第 10 章
谁来决定商品价格？——商品定价策略

商品定价策略是商业策略中的第三块拼图。不同的商品有不同的价格，这似乎是一件再正常不过的事情了。走进星巴克咖啡厅，你会发现相同口味的咖啡被分成中杯、大杯和超大杯 3 种杯型，而这 3 种杯型又分别对应着 3 种不同的价格。

我们继续仔细观察就会发现，这种情况并不只是出现在星巴克的咖啡上，还出现在很多商品上，如 iPhone 13 有 3 种价格，特斯拉的 Model 3 有 3 种价格等。这种情况广泛存在于不同行业、不同企业和不同商品中。我们把这种对相同的商品设定从低到高的 3 种不同价格的策略称为三分式定价策略。三分式定价策略可以追溯到 1879 年美国街头的"五分一角"杂货店。一个定价策略可以跨越 100 多年，为什么？

在揭秘三分式定价策略之前，我们必须先简单介绍一下商品定价的历史——从无固定价格到单一固定价格，再到多种价格，这将有利于我们理解商品价格的形成过程，以及每一次改变背后的缘由。

10.1　从讨价还价到单一固定价格的底层逻辑

价格由市场决定。在早期的交易中，随着供需平衡的变化，商品的定价策略经历了从讨价还价到单一固定价格。当商品稀缺时，讨价还价是一种默契，而当商品丰富时，单一固定价格则更受欢迎。

10.1.1　集市中的讨价还价

在早期的商业世界中并没有商品定价这个概念，相同商品的最终成交价格可能不同。最终成交价格与客户所掌握的信息、谈判能力、谋略、胆量等因素有关。这种讨价还价的历史可以追溯到罗马最早的两个集市。

在公元 100—110 年的罗马，为了促进商品交换出现了集市。其中最著名的两个集市分别是古罗马广场和图拉真广场上的集市。在这些古代集市上，游牧民族骑着骆驼进入城邦，带来了远方的物品。他们交换或售卖的物品都没有固定的价格，同一个商品对不同的客户可能会有悬殊的价格，而最终会以什么样的价格成交，则主要取决于客户掌握的信息和谈判能力，有时还需要一些谋略和胆量。讨价还价过程中曲折的交易过程如图 10-1 所示。

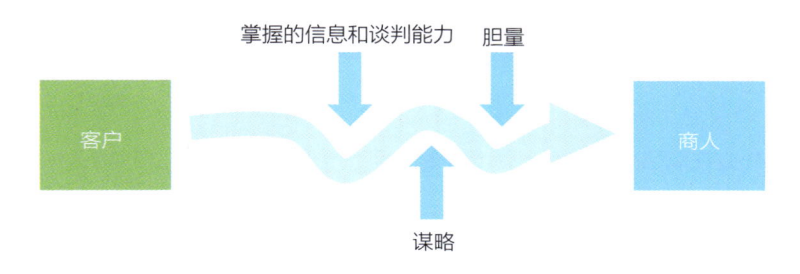

图 10-1　讨价还价过程中曲折的交易过程

交易在漫长的讨价还价过程中结束。交换或购买商品的过程变成一个"苦差事"，毫无乐趣。对谈判能力稍差的人来说，交易过程充满了挫败感。这不是商业交易，而是一次智力挑战。讨价还价作为主流的交易方式一直延续到 19 世纪初。

10.1.2　现代商店的单一固定价格

1838 年，法国出现了世界上第一家百货公司——乐蓬马歇百货公司（见图 10-2）。乐蓬马歇百货公司的创始人阿里斯蒂德·布西科从 1852 年开始在他的商店中第一次使用单一固定价格销售商品。他相信客户总是会到他们能找到的最优惠价格的地方购买商品。事实与他预想的一样，通过使用单一固定价格销售商品的方式，阿里斯蒂德·布西科使乐蓬马歇百货公司的销售额有了大幅提高（1877 年，销售额达到 7300 万法郎）。

1846 年，美国的批发商亚历山大·特尼·斯图尔特（Alexander Turney Stewart）在纽约百老汇建造了一个 8 层楼高的零售商店——大理石宫，同样采取单一固定价格销售商品。亚历山大·特尼·斯图尔特意识到：绝对不能欺骗客户，必须让客户高兴和满意，以便让客户再次光临。亚历山大·特尼·斯图尔特认为，建立伟大企业的关键是与客户交朋友并鼓励他们回来，即专注于客户服务。

图 10-2　乐蓬马歇百货公司

对于为什么在商店中采取单一固定价格，亚历山大·特尼·斯图尔特这样描述：

> 人们来找我问我成功的秘诀，我告诉他们我没有秘诀。我的生意从一开始就是一个原则问题。如果你仔细观察，就会注意到，客户在商店里得到了他本人希望得到的待遇。也就是说，没有任何的虚假陈述，价格固定在尽可能低的数字上，并且客户的情况不会影响销售人员的行为。

亚历山大·特尼·斯图尔特提出的单一固定价格对所有人一视同仁，客户不用担心因为不善于或者不喜欢讨价还价而吃亏。这让客户感觉到交易的公平，从而让购物成为一件轻松愉快的事情。他的策略总结起来就是通过透明且固定的价格在客户心中建立诚实可信的印象，这种印象会让客户选择再次回到他的商店并且购买更多商品。单一固定价格带来更高利润的传导过程如图 10-3 所示。

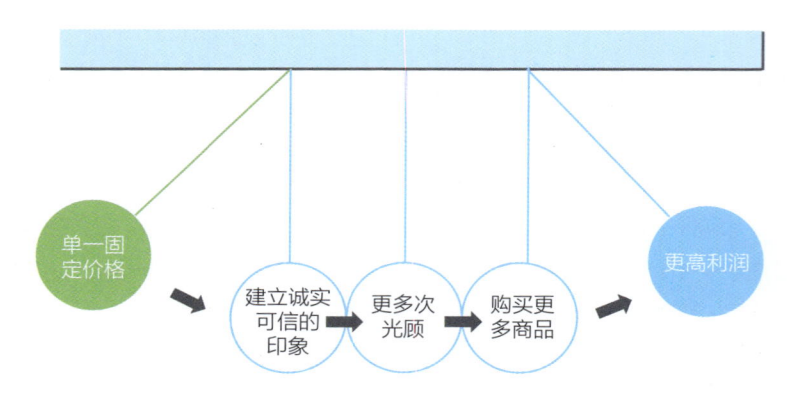

图 10-3　单一固定价格带来更高利润的传导过程

更多次光顾、购买更多商品、持续更长时间，这些加起来所带来的利润比讨价还价带来的利润更高。用今天的话来说就是亚历山大·特尼·斯图尔特通过提供良好的用户体验（User Experience，UE），获得了客户的终身价值（Customer Lifetime Value，CLV）。

> ⏰ 要点金句：客户的终身价值比通过单次讨价还价获得的利润更有价值（单一固定价格→建立诚信可信的印象→持续购买→终身价值）。

单一固定价格策略帮助亚历山大·特尼·斯图尔特在商业上获得了巨大的成功，也为后来的商店树立了榜样：梅西百货采用单一固定价格策略对商品进行统一标价，福特汽车公司对其 T 型汽车也采用了单一固定价格策略进行定价。如今，单一固定价格已经成为商业中的一种规范。

10.1.3　理解定价策略与供给的关系

从讨价还价到单一固定价格是一种适应市场变化，使供给和需求保持平衡的结果，这两种定价策略并没有好坏与对错之分，都是最适合当时市场环境的定价策略。

在罗马最早的集市上，由于商品来自远方造成供给稀缺，那时的商人所销售的商品主要取决于他们能找到什么，以及能够携带和运输什么。而物品稀缺让客户无法进行选择和对比，因此商人占有主动权，这就形成卖方市场，如图 10-4 所示。

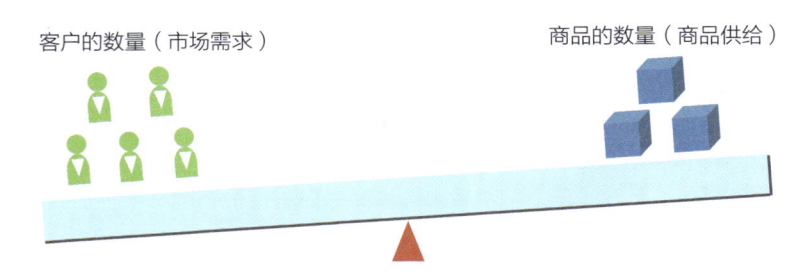

图 10-4　市场需求大于商品供给时形成卖方市场

在第一次工业革命时期（18 世纪 60 年代—19 世纪 40 年代），机器劳动代替手工劳动，商品供应量增加，批发商开始出现，这些都让客户有更多的选择和对比，形成买方市场，如图 10-5 所示。在买方市场中，单一固定价格更有利于商品的销售，因此必然要替代讨价还价成为新的定价策略。

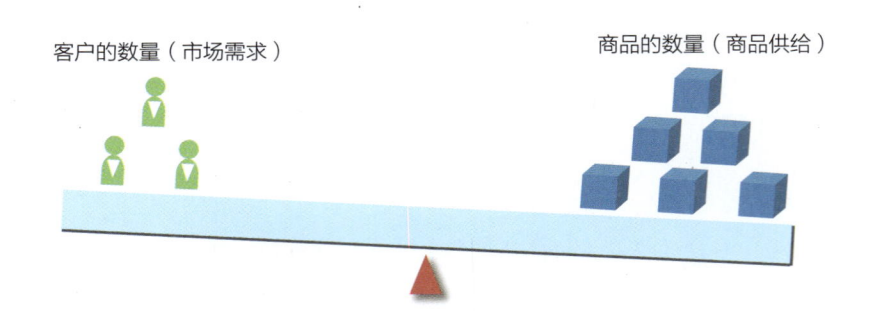

客户的数量（市场需求）　　　　　　　　商品的数量（商品供给）

图 10-5　商品供给大于市场需求时形成买方市场

> **要点金句**：讨价还价适用于商品稀缺的卖方市场，单一固定价格适用于商品丰富的买方市场。

换句话说，对于稀缺商品，讨价还价依然是最好的定价策略，而对于大批量生产的标准化商品，单一固定价格则是最优的定价策略。

10.2　从单一固定价格到三分式定价策略

定价策略必须适应不断变化的市场。乐蓬马歇百货公司和大理石宫在第一次工业革命时期摒弃了讨价还价的定价策略，为商品制定了单一固定价格，这让它们获得了巨大的成功，也使单一固定价格成为百货公司的规范。随后到来的美国城市化再次改变了商业环境，同时必然再次改变定价策略。

10.2.1　5 美分和 10 美分定价策略

1879 年，在纽约的街头出现了一种新型杂货店——"五分一角"杂货店。其背后的 FW 伍尔沃斯公司把"五分一角"杂货店中每种商品的固定价格都从一种扩展到了两种：5 美分和 10 美分，并且显示在商店的招牌上，如图 10-6 所示。

为什么 FW 伍尔沃斯公司为相同的商品设置两种不同的价格？因为市场正在发生变化。在城市化的推动下，当时纽约的人被分为两个部分：一部分是生活在纽约当地的人，另一部分则是在城市化过程中来纽约打拼的人，如图 10-7 所示。这些来到纽约打拼的人是"五分一角"杂货店中 5 美分和 10 美分商品的主要购买者。较小的家庭结构和初期不稳定的收入使他们急需一种廉价且能够按需求量购买的商店。5 美分和 10 美分这两种价格极好地匹配了当时涌入纽约的新人口的需求。

图 10-6 "五分一角"杂货店

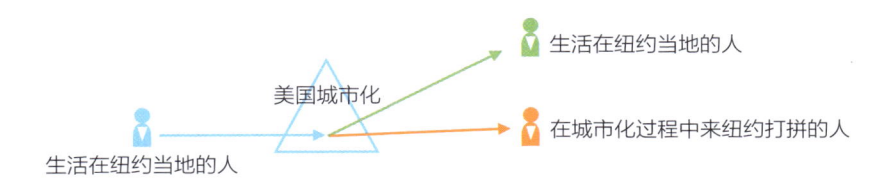

图 10-7 美国城市化带来的变化

FW 伍尔沃斯公司的创始人伍尔沃斯曾不止一次地警告公司的经理们：

红色柜台上的任何东西都不能超过 10 美分。否则，我们的商店将失去对公众的吸引力，我们将失败。

> 要点金句：商品定价必须匹配客户的结构和市场需求，单一群体适合固定价格，多个群体则适合多种价格。

10.2.2 三分式定价策略的雏形

到了 1932 年，由于美国经济大萧条和由此带来的成本上涨等原因，FW 伍尔沃斯公司又增加了一条 20 美分的商品线。

依靠三分式定价策略，FW 伍尔沃斯公司在 1945 年的营业额达到 4.47 亿美元。到了 1979 年，也就是 FW 伍尔沃斯公司成立 100 周年时，它已成为世界上最大的百货连锁店。至此，3 种价格的商品价格体系雏形出现了。

成功者的经验总是会被广泛传播和反复研究，但没有人能清晰地说明为什么相同的商品从低到高有 3 种不同的价格，或者再进一步来说，为什么不是 4 种或者更多种不同的价格呢？直到另一个成功的模仿者出现，并详细解释了这种定价策略背后的逻辑，人们才明白。

10.3 定价是对消费水平的洞察

爱德华·菲林和他的弟弟亚伯拉罕·林肯·菲林（Abraham Lincoln Filene）在 1881 年一起创立了菲林百货公司，并在商店中使用三分式定价策略。爱德华·菲林通过一个简单的例子解释了这种定价策略背后的逻辑，以及为什么不应该出现第四种价格。

我们商店中的商品应该有多少种价格？这不取决于我们的观点，而应该由事实来决定。我们必须从客户的购买习惯中寻找答案。以帽子为例，假设我们服务于附近几个社区的普通女性客户，她们对帽子的消费水平为 10 美元，那么大部分时候她们会购买价值 10 美元的帽子用于日常佩戴；但有些时候，她们可能为了参加一个社交活动而需要一顶比普通帽子好一些的帽子，就会愿意为帽子支付更多的费用，也许这个价格是 15 美元；相反，有些时候她可能不得不节省开支，这时她们支付的费用就会少一些，也许是 5 美元。这样看来，普通女性客户愿意为帽子支付 3 种不同的价格，分别是 5 美元、10 美元、15 美元（见图 10-8）。

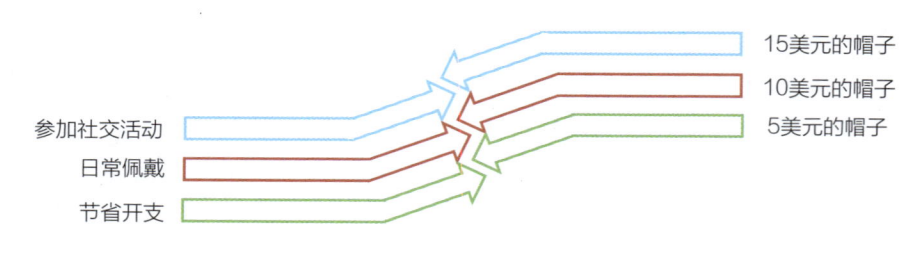

图 10-8　三分式定价策略分别匹配不同的需求

但是，我们服务的社区中并不是所有的普通女性客户都有相同的消费水平。消费水平较高的客户也许会选择一顶 15 美元的帽子用于日常佩戴，选择一顶 25 美元的帽子用于参加社交活动，选择一顶 10 美元的帽子用于节省开支。与此类似，社区中消费水平较低的客户可能会认为，10 美元的帽子是较贵的选择，5 美元的帽子刚好适合日常佩戴，3 美元的帽子是节省开支时的选择。我们将这 3 类客户在不同场景中的消费需求进行汇总，结果如表 10-1 所示。

表 10-1　3 类客户在不同场景中的消费需求

单位：美元

客户类型	节省开支	日常佩戴	参加社交活动
消费水平较低的客户	3	5	10
消费水平中等的客户	5	10	15
消费水平较高的客户	10	15	25

由表 10-1 可以发现以下规律。

◎ 3 美元的帽子和 25 美元的帽子只出现了一次，并且都只对应一类客户的一种场景：3 美元的帽子对应的是消费水平较低的客户在节省开支时的场景，25 美元的帽子对应的是消费水平较高的客户参加社交活动时的场景。这两类场景显然都不是常见的消费场景。

◎ 5 美元的帽子和 15 美元的帽子各出现了两次，分别覆盖了两类客户的两种场景，即消费水平较低和中等的客户都有机会购买 5 美元的帽子，而消费水平中等和消费水平较高的客户都有机会购买 15 美元的帽子。

◎ 10 美元的帽子出现了 3 次，是出现频率最高的，覆盖了 3 类客户的所有场景。换句话说，3 类客户都有机会购买 10 美元的帽子。

由上述分析可知，10 美元的价格出现次数最多（一共出现了 3 次）。换句话说，10 美元的帽子能满足 3 类客户的需求，因此 10 美元是我们首选的价格。其次是分别出现了两次的 5 美元和 15 美元的价格。只有很少一部分客户会选择 3 美元和 25 美元的帽子，这预示着这两种价格的帽子会滞销。

因此，按照覆盖的客户和使用场景，我们预测 10 美元的价格能带来最大的销售量，其次是 5 美元和 15 美元的价格，所以我们选择 5 美元、10 美元和 15 美元这 3 种价格来为商品进行定价。

> **要点金句**：三分式定价策略是选择有可能带来最大销售量的前 3 种价格。

当然，我们不可能根据消费水平简单地将客户分为 3 类。消费水平由可支配收入决定，而可支配收入由客户的实际收入决定。任何一个社区中客户的实际收入的分布都十分广泛，并且差别不大，以至于我们在对客户的实际收入进行分组时很难看到明显的间隔。但 3 种价格的优势在于提供了一个区间范围，当客户的实际收入落入不同定价的区间时，他们可以根据自己的实际收入做出选择，如图 10-9 所示。

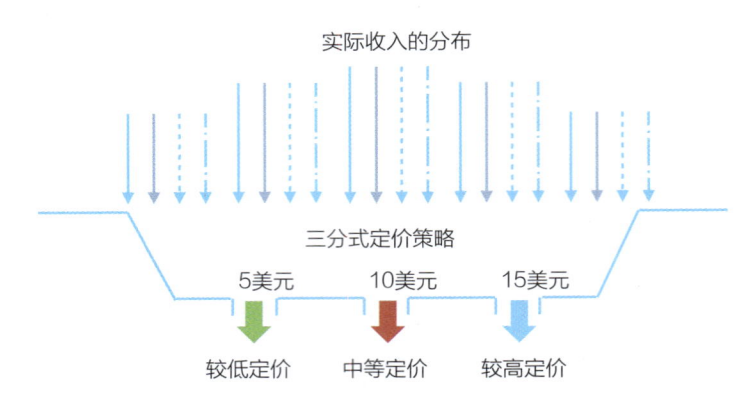

图 10-9　客户的实际收入与三分式定价策略的关系

10.3.1　定价是客户群体与库存成本的函数

为什么一定是选择前 3 种价格，而不是选择 4 种或者 5 种价格呢？也许有些客户就是喜欢更低价或者更高价的商品呢？我们可以从以下两个方面进行解释。

第一，《战国策·齐策三》中说："物以类聚，人以群分。"志趣相投的人更容易相聚成群。人是群居动物，彼此间有相互关照、相互协助的需求，再加上受到社区的地理位置，人们的生活习惯、职业技能、经济情况和血缘关系的影响，每个社区中的人群大体都有相似的属性。因此，由低到高的 3 种价格可以最大限度地覆盖同一社区中的客户群体。

第二，从库存的角度来看，零售行业的商店（特别是百货商店）是所有商业组织中最复杂的，因为客户的需求是多种多样的。如果一家商店试图满足所有客户的需求，就会面临巨大的库存压力。换句话说，要满足需求就要提前备货，需求有多复杂，备货就要有多复杂。而且总有一些商品会因为面向较少的客户或场景而销售速度缓慢，使得库存周转率降低，形成滞销商品，这些滞销商品最终会慢慢吞噬掉利润。

因此，无论是从社区人口属性还是从库存角度来看，三分式定价策略都是最优解，既能满足大部分客户的需求，又能保证库存周转率。

> ⏰ 要点金句：客户的结构和需求是影响定价策略的第一个因素，库存周转率是影响定价策略的第二个因素。

10.3.2　三分式定价策略促进关联商品的销售

三分式定价策略除了可以最大限度地覆盖客户群体、减少商品的无效库存，还可以促进关联商品的销售。在一家销售服装的商店中，当所有商品的价格都被按照客户的消费水平划分为 3 种时，客户就会发生更多的组合购买。例如，一个客户在购买了一顶普通的帽子后，不太可能选择一双最好的皮鞋，或者一件便宜的外套。因此，相同消费水平的客户会选择相似场景和价格的商品进行搭配。

在现实世界中，你可能在某商店选择了一件 199 元的防风摇粒绒夹克，搭配一条 199 元的弹力修身牛仔裤；或者选择了一件 299 元的休闲牛仔夹克，搭配一条 299 元的休闲直筒牛仔裤。该商店对所有商品都制定了 3 种价格，所以相同消费水平的客户能够选择和搭配相同场景和价格的服装。而当客户无法找到满意的搭配组合时，如当客户选择了 199 元的牛仔裤时，发现只有 499 元的夹克，他们可能会同时放弃这两个商品，一个都不购买。

> 要点金句：三分式定价策略的优势如下。
> ◎ 最大限度地覆盖现有客户群体，并满足其潜在需求。
> ◎ 减轻商品的库存压力，提高库存周转率。
> ◎ 促进关联商品的销售，带来客户的组合购买。

10.4　商品价格创造的"成功阶梯"

前面介绍了商品定价的历史，从讨价还价到单一固定价格，再到 5 美分和 10 美分的细分价格，以及增加 20 美分后初具雏形的三分式定价策略，这些只是定价策略的基础，下面介绍一种更为复杂和有效的定价策略，通用汽车公司的第八位总裁阿尔弗雷德·斯隆（Alfred Sloan）称这种定价策略为"成功阶梯"。

10.4.1　主要品牌和辅助品牌

阿尔弗雷德·斯隆最早随父亲一起经营一个为汽车生成轴承的工厂，该工厂于 1918 年在通用汽车公司的快速扩张中被收购。阿尔弗雷德·斯隆在通用汽车公司从高级经理做到了副总裁，并在 1923 年皮埃尔·杜邦离开通用汽车公司后，成为通用汽车公司的总裁。

当时福特汽车公司的 T 型汽车的市场占有率超过 50%，阿尔弗雷德·斯隆在分析了通用汽车公司的全部车型后，发现没有一款车型能和福特汽车公司的 T 型汽车抗衡。不仅如此，他还发现通用汽车公司虽然有雪佛兰、别克、奥兹莫比尔、凯迪拉克等好几个品牌，但这些品牌之间毫无关联，有几个品牌竟然还面对相同的客户群体，相互竞争，蚕食通用汽车公司的整体市场份额。

阿尔弗雷德·斯隆曾在通用汽车公司 1923 年的财报中这样描述：

> 明智的做法是在每一个价位上都有一种车型，就像一位指挥战役的将军希望在每一个可能遭到攻击的地点都有一支军队一样。我们在某些位置有太多的车型，在其他位置却没有。当务之急是发展我们的商品线，在竞争出现的不同价位上迎接竞争。

随后，阿尔弗雷德·斯隆开始了上任后的第一项工作——为每个"钱包"和用途打造一款车型。阿尔弗雷德·斯隆把通用汽车公司的 5 个品牌分成 5 个等级（见图 10-10）：雪佛兰是入门级品牌，奥克兰、别克和奥兹莫比尔是中端品牌，凯迪拉克是高端的旗舰品牌。换句话说，从雪佛兰到凯迪拉克，商品价格由低到高。这种对商品的等级划分被阿尔弗雷德·斯隆称为"成功阶梯"。

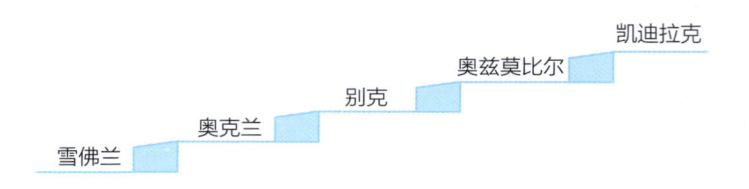

图 10-10　1923 年阿尔弗雷德·斯隆对通用汽车公司 5 个品牌的分级

> ⏰ **要点金句**：阶梯式的价格体系可以避免企业自有产品之间的相互竞争，并且可以吸引不同收入水平的客户。

随后，阿尔弗雷德·斯隆发现现有的 5 个品牌的汽车价格悬殊，无法相互协同，这很容易让竞争对手钻空子。于是，阿尔弗雷德·斯隆开始对"成功阶梯"进行改造：通过增加品牌的数量来增加阶梯的密度，提高不同品牌之间相互协同的作用。具体的做法是为除入门级品牌雪佛兰之外的 4 个品牌分别建立辅助品牌。

阿尔弗雷德·斯隆在 1926 年为奥兹莫比尔建立辅助品牌维京人，在 1927 年为凯迪拉克建立辅助品牌拉萨尔，在 1929 年为别克建立辅助品牌马凯特，在 1930 年为奥克兰建立辅助品牌庞蒂亚克。此时，通用汽车公司的主要品牌和辅助品牌及其对应汽车的价格如表 10-2 所示。

表 10-2　通用汽车公司的主要品牌和辅助品牌及其对应汽车的价格

品牌		价格 / 美元
旗舰品牌	凯迪拉克	3295 ~ 6700
辅助品牌	拉萨尔	2295 ~ 5125
中端品牌	别克	1195 ~ 2145
辅助品牌	马凯特	900 ~ 1000
中端品牌	奥克兰	1145 ~ 1375
辅助品牌	庞蒂亚克	745 ~ 895
中端品牌	奥兹莫比尔	875 ~ 1035
辅助品牌	维京人	1595
入门级品牌	雪佛兰	525 ~ 725

这样，通用汽车公司就有了一条从 500 美元到 7000 美元的完整价格阶梯：在 1000 美元以下，有入门级品牌雪佛兰；在 1000 ~ 2000 美元这个区间，有中端品牌奥兹莫比尔、奥克兰和别克，这些中端品牌的辅助品牌又将 1000 ~ 2000 美元这个区间进一步细分；在 2000 ~ 7000 美元这个区间，有旗舰品牌凯迪拉克和辅助品牌拉萨尔。

这 9 个不同层级的品牌吸引着不同收入水平的客户，让客户有足够大的选择空间。当客户的收入水平暂时较低时，可以选择价格较低的品牌；当客户的收入水平提高时，可以更换价格较高的品牌。

福特汽车公司也曾短暂地尝试过相似的辅助品牌策略：在 1936 年为林肯建立了辅助品牌林肯 -Z，在 1937 年为福特系列的主流车型建立了辅助品牌 De Luxe Ford，在 1939 年建立了 Mercury。此时，福特汽车公司也有 5 条商品线，价格从低到高依次为福特、Ford De Luxe、Mercury、林肯 -Z 和林肯，与通用汽车公司的雪佛兰、奥克兰、奥兹莫比尔、别克、凯迪拉克进行竞争。

10.4.2　建立商品的"价格锚点"

辅助品牌是阿尔弗雷德·斯隆的价格体系成功的关键因素。除了弥补最初品牌车型间价格悬殊造成的漏洞，辅助品牌还有一个更重要的作用，那就是建立商品的"价格锚点"。

仔细分析阿尔弗雷德·斯隆的定价策略就会发现，每个辅助品牌的价格都比主要品牌的价格低一些，这既可以填补"成功阶梯"中的空白区域，防止竞争对手钻空子，又可以让辅助品牌成为一个用于对比的参照物（"价格锚点"），在价格上与主要品牌形成对比，更好地衬托出主要品牌的高性价比。换句话说，辅助品牌主要用于让客户进行比较，一旦客户接受辅助品牌的价格，就会以辅助品牌的价格作为基础，在再次对比价格时，心理锚点就会发生变化，如图 10-11 所示。阿尔弗雷德·斯隆的主要目的是销售主要品牌的汽车，而辅助品牌的汽车只是一个引导客户进行对比的营销工具。

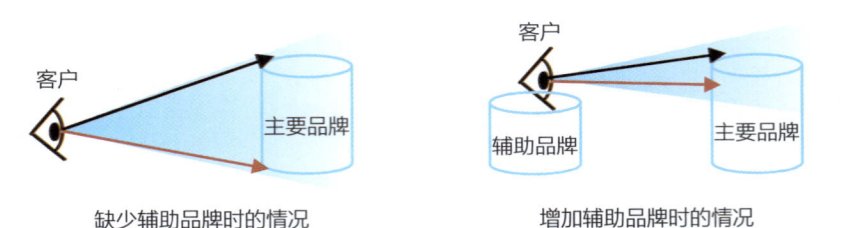

图 10-11　使用辅助品牌作为"价格锚点"供客户进行对比

> **要点金句**：1923 年的汽车属于全新的商品，客户无法通过经验对价格进行判断和对比，因此建立一个"价格锚点"更有利于这类商品的销售。

以上就是阿尔弗雷德·斯隆建立起的"成功阶梯"。读到这里，可能有人会问，这些都是真的吗？它是商业史中的杜撰和"鸡汤"吗？前面介绍的 3 种定价策略和后面的"成功阶梯"之间又有什么联系呢？

10.4.3　iPhone 的定价策略

现在我们来转换一下视角，做一个简单的类比。如果我们把苹果公司每年发布的新款 iPhone 看作 1923 年通用汽车公司的主要品牌，将苹果公司上一年发布的旧款 iPhone 看成辅助品牌，就可以看到 iPhone 全线商品价格体系中的"成功阶梯"。当我们深入分析每一款机型的时候，又能看到以内存容量划分的同一商品的 3 种定价策略。

苹果公司在 2007 年发布了 iPhone 2G，随后在 2008 年发布了 iPhone 3G，在 iPhone 3G 之后又发布了 iPod touch。这时，iPhone 是苹果公司的主要品牌，而 iPod touch 是辅助品牌，如表 10-3 所示。

表 10-3　2008 年苹果公司的主要品牌和辅助品牌策略

在售机型	内存容量 /GB	价格 / 美元
iPhone 3G	4、8	599、699
iPhone 2G	8	599

续表

在售机型	内存容量/GB	价格/美元
iPod touch	8、16、32	229、299、399
iPod Classic	120	249
iPod nano	8、16	149、199
iPod shuffle	1、2	49、69

2012年，苹果公司的"成功阶梯"已经比较完整了——从高端的iPhone 5到中端的iPhone 4S和入门级的iPhone 4。这时，主要品牌是iPhone 5，而主要品牌iPhone 5与辅助品牌iPhone 4S阶梯之间的最小间隙是100美元（649美元-549美元），比之前iPod touch与iPhone 3G之间的最小间隙200美元（599美元-399美元）的差距已经小了很多，阶梯的间隙在缩小；而主要品牌也保持着649美元、749美元和849美元3种不同的价格，如表10-4所示。

表10-4　2012年苹果公司逐渐缩小间隙的"成功阶梯"定价策略

在售机型	内存容量/GB	价格/美元
iPhone 5	16、32、64	649、749、849
iPhone 4S	16	549
iPhone 4	8	450
iPod touch（4th）	16、32	199、249
iPod touch（5th）	32、64	299、399
iPod Classic	160	249
iPod nano	16	149
IPod shuffle	2	49

2013年，苹果公司发布了iPhone 5C，iPhone 4S替代了iPhone 4的位置，价格从549美元下降到450美元。iPhone 5C的价格则为549美元和649美元，辅助品牌的最高价与主要品牌（iPhone 5S）的最低价重合，都是649美元（见表10-5）。与2012年iPhone 5与iPhone 4S的100美元的差距相比，阶梯的间隙已经完全消失。在阶梯的这一层，价格体系变得密不透风。

表10-5　2013年经过调整后密不透风的"成功阶梯"定价策略

在售机型	内存容量/GB	价格/美元
iPhone 5S	16、32、64	649、749、849

续表

在售机型	内存容量/GB	价格/美元
iPhone 5C	16、32	549、649
iPhone 4S	8	450
iPod touch（4th）	16	229
iPod touch（5th）	32、64	299、399
iPod Classic	160	249
iPod nano	16	149
iPod shuffle	2	49

如果说在 2007 年 iPhone 刚出现时，iPod touch 一直作为 iPhone 的辅助品牌，那么到了 2014 年，每一款 iPhone 都有了自己的辅助品牌。此时不同款 iPhone 分别面向不同收入的客户群体，相互之间只有协作，没有竞争。主要品牌 iPhone 6 系列也始终保持着 3 种不同的价格，如表 10-6 所示。

表 10-6　2014 年苹果公司的"成功阶梯"定价策略

在售机型	内存容量/GB	价格/美元
iPhone 6 Plus	16、64、128	749、849、949
iPhone 6	16、64、128	649、749、849
iPhone 5S	16、32	549、599
iPhone 5C	8	450
iPod touch（5th）	16、32、64	199、249、299
iPod nano	16	149
iPod shuffle	2	49

2016 年，苹果公司继续通过辅助品牌缩小阶梯中的间隙。2016 年，苹果公司发布 iPhone SE，价格是 399 美元和 499 美元，如表 10-7 所示。从价格可以看出这款商品的作用——填充 iPod touch 和 iPhone 5C 之间的价格间隙。或者说，使 iPod touch 和 iPhone SE 之间形成协作和对比，以便更好地将购买 iPod touch 的客户转化为购买 iPhone SE 的客户。

表 10-7　2016 年苹果公司的"成功阶梯"定价策略

在售机型	内存容量/GB	价格/美元
iPhone 7 Plus	32、128、256	769、869、969

续表

在售机型	内存容量/GB	价格/美元
iPhone 7	32、128、256	649、749、849
iPhone 6S Plus	32、128	649、749
iPhone 6S	32、128	549、649
iPhone SE（1st）	32、128	399、499
iPod touch（5th）	16、32、64、128	199、249、299、399
iPod nano	16	149
iPod shuffle	2	49

> **要点金句**：成功的定价策略综合了一横（三分式定价策略）、一纵（"成功阶梯"）两种定价策略，横向为同一商品的客户提供选择，纵向建立联系，避免竞争，同时满足了多种消费需求。

苹果公司的价格体系中包含三分式定价策略（一横）和"成功阶梯"（一纵）两种价格体系，如图 10-12 所示。

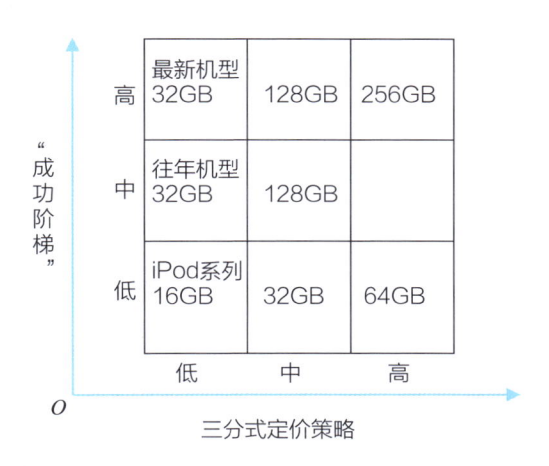

图 10-12 苹果公司的价格体系

横向是对每一个新发布的机型（主要品牌）都根据内存容量保持了 3 种不同的价格，每一种价格之间相差约 100 美元，就像女士的帽子一样，让客户能在单一的商品中找到适合自己的价格。这种定价策略只针对新发布的商品，一旦商品在第二年变为辅助品牌，其价格就会减少为两种或者降低。

纵向是由 iPod 系列和 iPhone 历年机型等不同商品组成的"成功阶梯"价格体系，相互之间的价格相邻但并不交叉，既确保了商品之间的联系，又避免了商品之间的相互竞争，同时满足了多种客户的需求。一旦阶梯间出现间隙，就会有新的辅助品牌来填充。这一横、一纵完整地诠释了本章介绍的 3 种价格与"成功阶梯"的定价策略。

【本章知识点小结】

◎ 商品的定价策略由市场供需关系决定。讨价还价适用于商品稀缺的卖方市场，单一固定价格适用于商品丰富的买方市场。

◎ 商品的价格区间划分由市场中客户的可支配收入决定，上限和下限不超过客户全年的收入波动范围。

◎ 辅助品牌是一种心理营销，用来提供价格比较。一旦客户接受辅助品牌的价格，在再次比价时就会以这个价格作为心理锚点，会更容易接受主要品牌的价格。

【思考和下一步行动】

寻找、体验并验证定价策略和"成功阶梯"

互联网上有一个诙谐的段子用来形容成功的定价策略非常合适，名字叫"我是怎么从买单车到最后买了劳斯莱斯的"。

一天，我觉得上班走路很累，想去买辆自行车。结果我去了一看，要 2500 元。旁边的人说，2500 元都花了，不如加点钱买辆电动车。遂问电动车价格，得知是 3500 元，我决定买，却被告知不如加点钱买小踏板摩托车划算。于是，我看了摩托车……我咨询单位司机，被告知越野车的性能不如普拉多，价格只差 9 万元。好！我决定买普拉多！在看了普拉多之后，我觉得丑，于是咬牙买兰德酷路泽 4500，这需要 100 多万元。我决定不买越野车了，买宝马 7 系……经过一番折腾，我最终买了辆劳斯莱斯！

成功的定价策略就像一个梯子，通过不断地改变客户的"价格锚点"，引导客户通过比较不断向上攀登。你在日常购物时是否也曾攀登过这样的"梯子"呢？在本章结束时，笔者留下以下几个问题和行动指引。

◎ 你知道还有哪些产品使用了三分式定价策略，或者"成功阶梯"的定价策略吗？

◎ 在去喝杯咖啡时，你会选择哪种杯型？请感受一下三分式定价策略的魅力。

◎ 打开衣柜，看看自己购买的同一品牌的服装是否属于相同的定价区间。

◎ 思考最近一次购买过的商品，你在做决策过程中是否受到"价格锚点"商品的影响？

◎ 假设你是一名分析师，你负责的商品使用了哪一种定价策略？是否有"辅助品牌"？竞争对手的定价策略是什么？

第 11 章
如何创造幻想？——广告及营销策略

广告是把钱从观众兜里掏出来的麻醉剂。

——巴纳姆（Barnum）

1870 年，巴纳姆建立了一个马戏团并依靠各种广告吸引观众。那时，广告教父大卫·奥格威（David Ogilvy）还没有出生。

广告及营销策略是商业策略中的第四块拼图。在巴纳姆生活的年代，没有无线广播，没有电影和电视机，也没有互联网，所有广告都发布在报纸和人们自制的传单上，巴纳姆能使用的工具就是手里的笔，能使用的广告形式只有文字和简单的图形。但也只有在这种最原始的状态下，我们才能发现广告背后的规律。

11.1 看得懂是最有效的策略

不知道从什么时候开始，我们一谈起广告就必须和数据、技术、工具等连在一起。从 CTR（Click-Through-Rate，点击通过率）到 CPM（Cost Per Mile，千人成本）、CPC（Cost Per Click，每次点击的成本），从 DSP（Demand-Side Platform，需求方平台）到 ADX（Ad Exchange，互联网广告交易平台）、SSP（Supply Side Platform，供应方平台），从"通投拉满"到"人群定向"，好像谈话里不带几个专业名词、时髦工具的名字就不懂广告。但是，这些从来都不是广告的本质。广告不是堆砌专业名词，更不是一个个工具的名字。那么，广告的本质到底是什么？

11.1.1 为什么说广告是幻想的起点

"广告"一词源于拉丁文 Advertere，包含注意、诱导和传播的意思。公元 1300—1475 年，广告演变为英语的 Advertise，含义演化为注意、通知。直到 17 世纪末英国开始举办大规模商业活动时，广告才被广泛使用。

广告是在人们之间传递信息，在人们心中建立幻想，在人们脑中造梦的一种方法。在这个过程中，有效的"咒语"是文字。

文字与图像、视频、富媒体及虚拟现实相比，最大的优势在于足够简单。文字这种简单而又抽象的符号，将复杂的信息（如情感、动作等）用简单的、抽象的、统一的寥寥几笔的符号进行记录和传递。这种信息与符号的对应关系被统一记录在"字典"中，通过不断地重复和背诵被保留在人们的记忆中。

象形文字可能还与原始信息有一些联系，如图 11-1 所示的汉字中的"马"。但对于表音文字的英语，如何将 Horse 与真实世界中的马建立起联系呢？

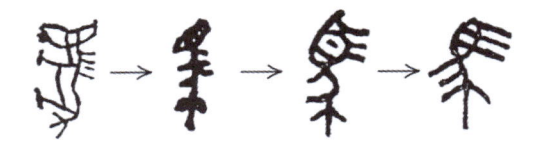

图 11-1　象形文字"马"的演变过程

这里的"马"属于物质名词，也就是背后有真实物体与之相对应的名词。除了物质名词，还有由人的感官、情感、幻想产生的抽象名词和感官名词，如"悲愤""幸福""爱""香甜"等，以及对词语进行再次抽象后产生的语言名词，如"梦想""主义"等（见图 11-2），从物质名词到语言名词，每一级都需要更高的理解能力。每个人都会由这些相同的词语想象出完全不同的意境，正所谓"一千个读者眼中就会有一千个哈姆雷特"。

由于文字的这种特性，因此人们在阅读时并不能像看图像和视频那样非常直观地获得其背后的信息。在阅读的过程中，人们需要对这些抽象的符号进行解压、具象和还原，对符号背后的信息进行二次加工。这个二次加工的过程是由人们的大脑完成的，我们称之为"脑补"的画面。就像我现在提到"春天"这个词一样，这个文字符号对气温、动物、植物这些具体事物进行了压缩，需要人们在大脑中进行信息的还原。

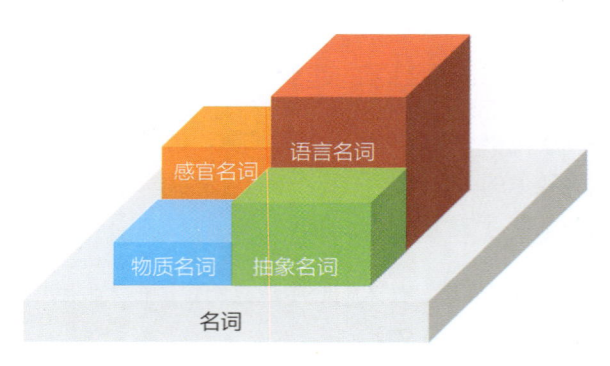

图 11-2　名词的 4 个不同分级

在"脑补"的过程中，人们被迫参与其中，努力地在大脑中搜寻已经存储的各种画面、场景、人物等来与文字符号进行类比，并一一对应起来，确定它们之间的联系，补齐缺失的信息，并最终通过具象的内容理解抽象文字的含义。这些都是在理解文字的过程中，大脑进行的主动思考。

文字符号本身是没有意义的，只有当文字符号与它背后所代表的具体事物、情感、动作等联系在一起时才有意义。这也是从阅读到理解文字的完整过程。但是，如果人们的大脑中从来没有存储过这样的信息，就很难理解抽象的文字，甚至会产生误解。

⏰ **要点金句**：越是新技术、新产品、新功能，越是要用人们已经非常熟悉的信息进行描述，否则就是鸡同鸭讲。

在广告中的文字被阅读后，一旦人们的大脑主动参与理解的过程，信息传递就完成了，幻想就有可能被建立起来。这正是文字的作用和广告的目的。

虽然我们借助各种技术、工具、方法论等对营销全过程进行追踪、度量、分析，并产生了大量数据指标，这些数据指标可以帮助我们锁定目标受众、评价媒体、评估广告创意、衡量营销成果、核算成本和投资回报率，但是没有一个数据指标能对最基本的广告内容进行度量，更准确地说是对信息的质量、语言的流畅度、文字的可读性进行度量。

⏰ **要点金句**：彼得·德鲁克曾经说过："你如果无法度量它，就无法管理它。"

文字是承载思想、交流信息的工具，文字的质量直接影响思想的传递效果。从文字到行动的传递路径如图 11-3 所示。如果人们看不懂文字，就无法理解其中的信息，无法理解其中的信息就无法产生幻想，无法产生幻想就无法付出行动。

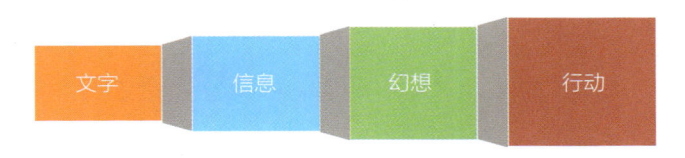

图 11-3　从文字到行动的传递路径

在广告及营销中，我们要使用简单的词汇，确保每个人都能看懂，确保每个人都能理解，确保每句话都能匹配人们大脑中已有的信息，确保每句话都留有足够的想象空间。换句话说，广告的文字越简单，内容越通俗易懂，能读懂的人越多，大脑理解的过程越简单，对应的记忆越丰富，越容易让人产生幻想，带来的购买就越多。

在真实的商业世界中，苹果公司在发布每个新款 iPhone 时都会使用广告语，其中没有硬件名词，没有技术参数，没有功能介绍，没有专业词汇，只使用最简单的文字，如"快""强""大""新""超值""不同"等，确保每个人都能看得懂。

下面列举了一些新款 iPhone 发布时的广告语，你能发现其中的规律和秘密吗？

◎ iPhone 3G：你期待已久的 iPhone。（The iPhone you've been waiting for.）

◎ iPhone 3GS：迄今为止最快、最强的 iPhone。（The fastest, most powerful iPhone yet.）

◎ iPhone 4：再一次，改变一切。（This changes everything, Again.）

◎ iPhone 4s：出色的 iPhone，如今更出色。（The most amazing iPhone yet.）

◎ iPhone 5：有史以来改变最大的 iPhone。（The biggest thing to happen to iPhone since iPhone.）

◎ iPhone 5S：最超前、空前的手机。（Forward thinking.）

◎ iPhone 5C：生来多彩。（For the colorful.）

◎ iPhone6/6 Plus：比更大还更大。（Bigger than bigger.）

◎ iPhone 6S/6S Plus：唯一的不同，是处处不同。（The only thing that's changed is everything.）

◎ iPhone SE：一小部的一大步。（A big step for small.）

◎ iPhone 7/7 Plus: 7，在此。（This is 7.）

- iPhone 8/8 Plus：新一代 iPhone。（A new generation of iPhone.）
- iPhone X：Hello，未来。（Say hello to the future.）
- iPhone XS/XS MAX：大屏幕上见。（Welcome to the big screens.）
- iPhone XR：哪一面都是亮点。（Brilliant. In every way.）
- iPhone 11：一切都刚刚好。（Just the right amount of everything.）
- iPhone 11 Pro/Max：Pro，如其名。（And then there was Pro.）
- iPhone SE2：称心称手，超值入手。（Lots to love. Less to spend.）
- iPhone 12：一拍即合。（Everything just clicks.）
- iPhone 12 Pro/Max：自我再飞跃。（It's a leap year.）
- iPhone 13：解锁超能力。（Your new superpower.）
- iPhone 13 Pro/Pro Max：强得很。（Oh. So. Pro.）
- iPhone 14：神技能爆满。（Wonder full.）
- iPhone 14 Pro/Pro Max：强力出圈。（Pro. Beyond.）

如果说 iPhone 的广告语中有什么特别之处，那就是广告语虽短，却大量使用了物质名词和感官名词，如"iPhone"是物质名词，与真实的商品相对应，而"期待""改变""出色""超能力""神技能"等是感官名词。物质名词＋感官名词可以让人们产生想象的空间。

> **要点金句**：必须用"魔法"打败"魔法"，必须用感官名词让人产生幻想。

11.1.2　写出高中生能懂的广告及营销内容

看得懂是产生想象的前提条件，也是所有广告及营销中最基本、最有效的策略。那么，如何衡量广告及营销内容是否能让目标受众看得懂呢？

衡量一个广告能否让人看得懂的方法有很多，如综合广告及营销内容中词语的难易程度、单个词语的长度、复杂词语出现的次数和频率、每句话的长度、句子中包含词语的个数、看完一个广告所需要的时间等因素，对广告及营销内容进行评分，据此判断广告及营销内容是否能让人看得懂。

> **要点金句**：词语是进入思想的门，看得懂是打开这扇门的钥匙。

如何进行评分呢？笔者推荐使用一种非常实用的方法：Dale-Chall Score。它是一种衡量内容可读性的方法，通过对内容中所使用的词语和句子的情况对内容的可读性进行评分，并提供了可读性得分与可读性水平间的对应关系。按受众的受教育水平进行划分的可读性水平如表 11-1 所示，可读性得分越低，表示内容的可读性水平越高。换句话说，可读性得分越低，覆盖的人群越广泛。

表 11-1　按受众的受教育水平进行划分的可读性水平

可读性得分	可读性水平		
	年龄	美国学生年级	中国学生年级
4.9 分及以下	10 岁	4 年级学生能轻松理解	小学生能轻松理解
5.0～5.9 分	11～12 岁	5 年级或 6 年级学生能轻松理解	小学或初中生能轻松理解
6.0～6.9 分	13～14 岁	7 年级或 8 年级学生能轻松理解	初中生能轻松理解
7.0～7.9 分	15～16 岁	9 年级或 10 年级学生能轻松理解	初中或高中生能轻松理解
8.0～8.9 分	17～18 岁	11 年级或 12 年级学生能轻松理解	高中生能轻松理解
9.0～9.9 分	19～22 岁	13 年级或 15 年级（大学）学生能轻松理解	大学生能轻松理解
10.0 分及以上	23 岁	大学毕业生能轻松理解	大学毕业生能轻松理解

具体来看，我们将可读性水平与教育等级及年龄图谱（见图 11-4）进行对照，可以获得内容的可读性水平所对应受众的年龄段。例如，5.0～5.9 分（可读性得分）对应的可读性水平为小学 5 年级或 6 年级的学生的理解水平，对应的受众实际年龄为 11～12 岁。这一对应关系可以帮助我们检查营销文案是否通俗易懂，以及可以覆盖的受众范围。

那么 Dale-Chall Score 是如何对内容的可读性水平进行评分的呢？提高广告及营销内容的可读性水平需要进行哪些改善呢？

词语和句子是 Dale-Chall Score 对内容的可读性水平进行评分的两个关键要素。在词语评估方面，Dale-Chall Score 列出了 3000 个日常生活中最常见的简单词汇，将这些词汇以外的词标记为生僻词，并计算出生僻词与常见词的比例；在句子评估方面，Dale-Chall Score 通过计算每个句子中词语的数量来衡量句子的复杂程度。

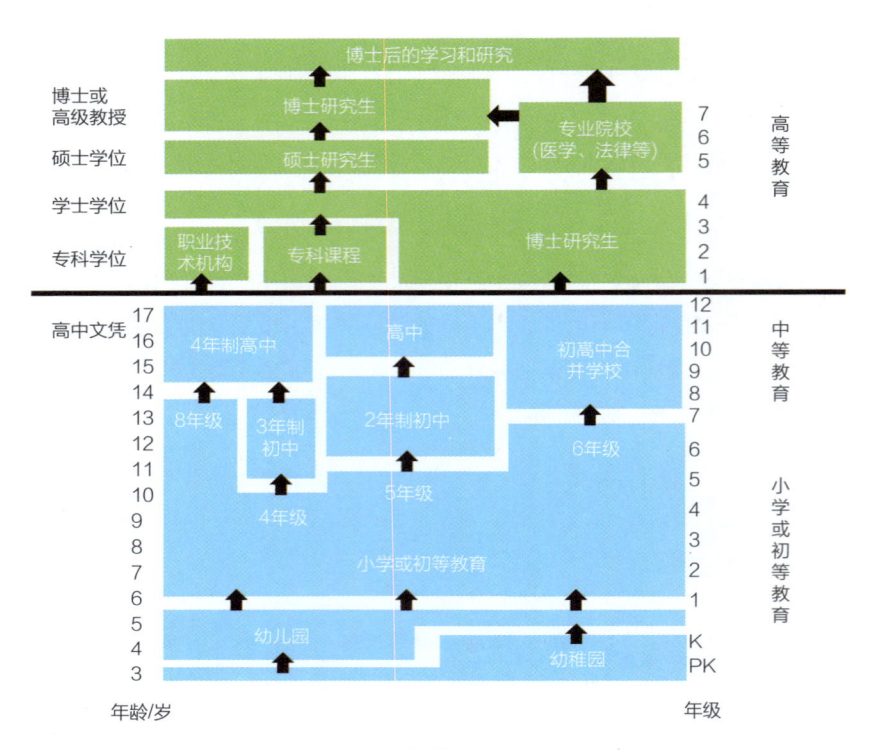

图 11-4 教育等级及年龄图谱

从 Dale-Chall Score 的可读性得分的计算公式中可以发现，生僻词的数量和句子中词语的数量是影响内容可读性的主要因素。生僻词的比例越高，句子中的词语数量越多，可读性水平就越低。从现实生活中来看也确实如此，如果一句话很长，其中包含很多不认识的词，人们就需要花费较长的时间来阅读、思考和理解。

$$可读性得分 = 0.1579（生僻词的数量 / 词语的数量 \times 100\%）+ 0.0496（词语的数量 / 句子的数量）$$

因此，如果希望广告及营销内容有较高的可读性水平，就要尽量多地使用生活中常见的词语，避免使用生僻词和专业术语，同时严格控制每句话的长度，尽量使用简单的句式进行描述。

苹果公司官网上关于如何购买 iPhone 的帮助信息如图 11-5 所示。我们使用 Dale-Chall Score 对其进行可读性水平评分：这段内容中的生僻词的比例为 27%，句子的平均长度为 12.4，预计阅读时间为 2 分钟，因此这段内容的可读性得分为 8.6 分，可读性水平为高中生能轻松理解。

How to Purchase

First, specify if you're a new or existing AT&T Wireless, Sprint, or Verizon Wireless customer. You can also choose to purchase your iPhone unlocked and contract-free.

Once you select your carrier, or if you're purchasing iPhone contract-free, follow the steps below to complete your iPhone purchase.

If you have an existing account with your carrier:

1. **Enter your account information**
In order to check your account status, you will need to enter your wireless phone number, billing zip code, the last four digits of your Social Security number and your account password (if you have one).

2. **Review iPhone pricing**
iPhone pricing and eligibility to purchase a new iPhone will be determined based on your account status with your carrier.

3. **Make any required plan selections**
You may need to select a data and messaging plan.

4. **Decide where to get your iPhone**
You can choose to have your iPhone shipped to a physical address, or pick up your iPhone at an Apple Retail Store.

Ship iPhone
To ship your iPhone to a physical address, select the Ship button on the Bag page.

Pick Up iPhone
To pick up your iPhone at an Apple Store, select the Pick Up button. Click How to Pick Up to see who can pick up your iPhone.

图 11-5　苹果公司官网上关于如何购买 iPhone 的帮助信息

看得懂是广告及营销内容被观看和阅读的门槛，是进入大脑的基本条件，是引发被动思考的“引信”，是与大脑中的已知信息建立联系的“铰链”，是谈论所有广告及营销技巧的基础，是最基本、最有效的广告策略。

11.2　理解广告技巧和场景化营销策略

在看得懂的基础之上，我们可以在形式上给广告增加一些技巧。这些技巧既可以应用在广告文字方面，又可以应用在营销活动的方方面面。最重要的是，这些技巧都是有迹可循的实战经验，是经过真实商业世界检验的方法论，是如今依然被广泛使用和模仿的技巧。

11.2.1　巴纳姆的 12 项广告策略

广告策略来自巴纳姆，他是一位美国马戏团商人，也是现代商业广告的鼻祖，西尔斯·罗巴克的创始人理查德·西尔斯（Richard Sears）与大西洋和太平洋食品公司的创始人乔治·吉尔曼（George Gilman）都是他的门徒，并大量地使用了他的广告策略。

巴纳姆善于做广告及营销，提出了很多能吸引眼球的广告策略。如今，我们在很多成功企业的广告及营销内容中依然能找到这些策略的影子。笔者整理出其中最有效的 12 项广告策略。

1. 体现真实性

第一项广告策略：体现真实性。具体怎么体现真实性并让人信服呢？巴纳姆的方法有两种：多使用细节描写和使用本人的照片及亲笔签名。

- 在广告中提供丰富的细节描述，细节越多越真实。巴纳姆在他的马戏团广告中对长颈鹿和大象进行了大量并且丰富的细节描写来体现真实性。

- 巴纳姆在广告中放置了他本人的照片及亲笔签名，这些将人们大脑中抽象的文字与具体的人物建立了联系，亲笔签名也提高了文字的可信度。

2. 制造悬念

第二项广告策略：制造悬念。制造悬念这项策略主要应用在巴纳姆广告的标题中。例如，在 1873 年的一个广告中，标题是"全世界都应该知道的事情！"这个标题以带有感叹号的祈使句告诉你这件事情非常重要，却没有透露任何内容。这个标题以说话说一半的方式制造悬念。

制造悬念的目的是引起读者的好奇心。制造悬念的方法除了前面提到的只透露部分信息，还可以是在标题中使用相互冲突、带有反转性的内容。无论是在 1873 年还是在今天，我们都可以找到很多这样的文章标题，并且其中很多文章标题很受欢迎，如《说来惭愧，我助理月薪才 5 万元》等。

反生活、反常识、反经验的内容是制造悬念的底层逻辑。就像 19 世纪 70 年代美国《纽约太阳报》的主编约翰·博加特（John Bogart）所说的那样："当狗咬人时，这不是新闻，因为这种情况经常发生。但如果人咬狗，那就是新闻。"（狗咬人不是新闻，人咬狗才是新闻。）

3. 展示结果，而不是具体的功能

第三项广告策略：展示结果，而不是具体的功能。巴纳姆在广告中介绍乔伊斯·海斯（Joice Heth）的"怪人秀"表演时，没有直接介绍表演者，而是在广告中介绍了乔伊斯·海斯的另一个让人好奇的身份。

如今，这项广告策略被称为"黄金圈法则：Why、How、What"。将巴纳姆在"怪人秀"上的广告手法套用到 iPod 上：苹果公司在发布第一代 iPod 时说的是"把 1000 首歌装进口袋"（见图 11-6），而不是"容量为 5GB 的音乐播放器"。

图 11-6　iPod 广告

iPod 的 5GB 容量是商品本身的功能，是"What"；1000 首歌是人们好奇和期待的事情，是"Why"。

4. 挑动人们的情绪

第四项广告策略：挑动人们的情绪。人的情绪是复杂多样的，当事物的结局符合自己的预期时，人就会产生快乐的情绪，反之则会产生痛苦的情绪；当对事物具有积极看法时，人会产生希望，反之则会失望；长久的希望称为自信，经常反复的失望称为不自信；忽略小的利益和危害称为豪迈；希望他人好的欲望称为仁慈；想知道为什么的欲望称为好奇……

可见，情绪可以随着事物、预期和人们的看法而改变。具体到广告中，巴纳姆在广告中挑动人们的情绪的方法主要有两种。

第一种方法是使用带有感情色彩的词汇，这类词汇有很多，但必须和人们心中的潜意识相对应才能起作用。这种潜意识被称为"心智模型"。

例如，巴纳姆把演出中的一个节目名字从《印第安人战争俱乐部》改为《杀死库克船长的俱乐部》，这里的"杀死"是一个带有感情色彩的词汇，与人们的预期不符，而"库克船长"是一个特定的心智模型。此外，巴纳姆还把他的河马称为"圣经中的巨兽"。这里的"河马"是一只普通的动物，而"圣经"是一个特定的心智模型，"巨兽"则能激发特定的好奇情绪。

第二种方法是在广告中同时提供完全相反的信息和结论，制造冲突。这样做的目的是将人们的观点分为两派，通过争论挑动人们的情绪和好奇心，同时使广告本身持续被争论、关注和传播。

巴纳姆在给"美人鱼"的演出做广告时这样描述：

它是在斐济群岛被活捉的，许多权威人士都深信这一点。但另一些医生和科学人士竟然宣称它只是一种人工产物，不可能存在于自然界。

在该广告中，句号前面的"许多权威人士都深信这一点"和句号后面的"但另一些医生和科学人士竟然宣称它只是一种人工产物"是完全相反的信息，这样就制造了冲突，如图 11-7 所示。

图 11-7　广告中人为制造的冲突

最终的答案是什么？究竟谁来给出最终的答案？这种冲突的信息激起了人们的好奇心和论战，也将人们的观点分为两派。争论的结果如何、答案究竟是什么，这些并不重要，唯一重要的是这些人会为了维护自己的观点而买票来观看演出。

5. 传授一些专业知识

第五项广告策略：传授一些专业知识。这些专业知识隐藏了广告的功利性，打破了人们对广告的传统认识，除了能引起人们的兴趣，还可以起到教育作用，通过专业性使广告与广告之间形成差异。

巴纳姆是这方面的大师，他对科学和自然有着浓厚的兴趣，会把这些专业知识放在自己的广告中。这些专业知识就像我们如今在农产品广告中看到的产地、纬度、海拔、光照，在乳制品广告中看到的奶牛品种、牧场和蛋白质含量等专业知识一样。在广告中插入专业知识既能引起人们的兴趣，又能起到教育作用，最重要的是可以让自己的广告从众多广告中脱颖而出。

6. 没有问题就创造问题

第六项广告策略：没有问题就创造问题。问题就像是广告的"钩子"，能吸引人们耐心地看完整个广告。

创造问题的具体方法是在广告的开始和中间部分提出问题或者进行一些测试，在结尾处给出答案或者测试结果。没有问题怎么办？那就创造问题，先将广告的内容以问题的方式提出来，再在后面的内容中提供答案，即自问自答。

巴纳姆的广告开头总是会提出"这是什么""为什么会这样"的疑问，这些问题引导着人们继续查看接下来的广告内容。

7. 具体，具体，再具体

第七项广告策略：具体，具体，再具体。在广告中，具体的内容怎么强调都不为过。具体的内容能够赢得人们的信任。那么，到底怎么做呢？我们可以使用精确可信的内容、丰富的细节描述和精确的数字来代替含糊不清的内容。

巴纳姆说，在广告中永远不要出现"稍后""很多人""有些人""我的一个朋友"等模糊的字眼，取而代之的应是"星期六中午""7个男人""马克·韦瑟"等具体且明确的内容。

巴纳姆还说，当你在广告中描写一只狗时，千万不要使用"狗"这个通用名词，而是要使用特定的专有名词来明确地说明，如"这是一条牧羊犬"。

除此之外，精确的数字也是让内容更加具体化的一种方法。在使用数字时要注意，避免使用整数，无论是年份、金额还是人数。因为任何人都可以随意编造一个整数，而非整数和小数点后的数字看起来更真实。

如今，除了要准确，广告中的数字还需要经过本福德定律（Benford's Law）的检验。与我们想象的不同，在实际生活中，数字出现的频率并不是均匀分布的，数字1出现的频率为30.10%，而数字9出现的频率仅为4.58%，如图11-8所示。

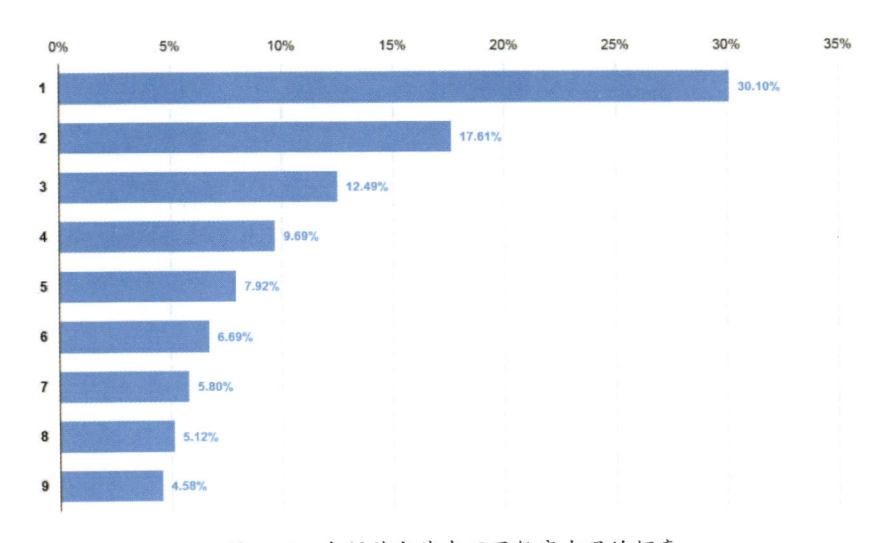

图11-8 本福德定律中不同数字出现的频率

精确的数字会让整个文案更加生动、有趣、真实、可信。例如，巴纳姆在 1876 年的一个广告中写道："我伟大的旅行耗资 153.1 万美元，雇用了 1103 个人、612 匹马，这些人和马将由 105 辆坚固的钢制铁路车厢运往缅因州东部和密苏里州西部。"

8. 推荐、证明、背书和佐证

第八项广告策略：推荐、证明、背书和佐证。我们要寻找任何可以为广告内容提供第三方证明的材料，用来证明我们在广告中的观点是正确的。

9. 消除潜在的风险，提供保证

第九项广告策略：消除潜在的风险，提供保证。方法可以是对效果进行保证，也可以是进行退款保证。

当巴纳姆的马戏表演出现失误时，他会向观众全额退款，因为他知道失望的观众和舆论对于后续演出的影响有多大。巴纳姆的一个门徒则使退款保证发挥了更大的作用。

1888 年，理查德·西尔斯发现他的模式非常容易被竞争对手复制，于是为了保持自己的竞争优势，向客户做出"不满意就退款"的保证。1893 年，理查德·西尔斯在他的商品目录的扉页上写道："我们保证我们的价格低于其他同类商品的价格，如果你不这样认为，我们将欣然退款。"1901 年，这句话被改为："如果您不满意，请退款。"又过了 5 年，这句话最终变成："保证满意或退款。"

这相当于如今电商的"极速退款"服务。虽然有人恶意利用这种保证机制来退还人为损坏或已经使用过的商品，但这种退款保证作为一种口碑和购买保证在中西部地区口口相传，为理查德·西尔斯建立了竞争优势。

10. 使用有"魔法"的词语

第十项广告策略：使用有"魔法"的词语。有"魔法"的词语如"令人惊讶""终于""令人兴奋""独家""奇妙""迷人""第一""免费""保证""令人难以置信""改进""爱""限量提供""强大""非凡""揭示""特别""成功""超级""独特""紧急""精彩""突破""全新""如何"等。把这些词语加到广告的标题和内容中会增强广告的吸引力。但请注意不要违反广告法。

据巴纳姆的助手说，巴纳姆撰写销售文案的成功秘诀是正确地使用形容词。巴纳姆的助手解释说，在广告中使用普通的名词陈述事实带来的结果就是允许人们对这个陈述

产生怀疑,而在名词前加上一些形容词之后就变得不一样了。他举了两个实例:

"海狮"这个词听起来很普通,大部分人都见过海狮,他们会质疑你的广告内容,因此这个名词不一定能吸引观众。但"奇怪而又罕见的海狮"听起来就像是一个你必须去看一看的东西。

假设一家杂货店宣称自己销售的是"优质、新鲜的鳕鱼",而街对面的竞争对手宣称"有史以来捕获的最大、最甜美的鳕鱼,肉比雪还白,这是大西洋出产的最好的鳕鱼",你猜哪家的鳕鱼卖得多?

11. 限定时间,创造稀缺性

第十一项广告策略:限定时间,创造稀缺性。巴纳姆经常在他的广告中设定一个最后时限,并反复强调。有了这个最后时限,巴纳姆就有了鼓励人们采取行动的理由。

巴纳姆解释说:

当你在广告中清楚地写明了"最后一周"或"仅限今天"时,就在人们的心理上为下一步行动提供了正当的理由。只要这个最后时限听起来是合理可信的,人们就不会让你失望。

一个实例是巴纳姆在广告中宣传两位即将结婚休假的演员的演出时写道:"最后一周!去看那对夫妇。"他知道限定截止日期会让人们在他预期的时间来到马戏团观看演出。

这类似于如今电商 App 中经常弹出的优惠券,如"满 200 元减 5 元,仅在今天有效"等,这些人为设定的最后时限为人们采取行动提供了正当的理由。

12. 制造有冲击力的效果

第十二项广告策略:制造有冲击力的效果。巴纳姆非常清楚人们是繁忙的,观看马戏表演并不是人们日常生活中最重要的事情。在美国同时有上万家马戏团演出相同的节目,还有很多其他的娱乐活动争抢人们的注意力。因此,广告必须有冲击力。

首先,没有冲击力的广告无法打破生活的惯性,将人们的注意力从日常的工作和生活中吸引到马戏表演上来。

其次,没有冲击力的广告将被淹没在同行或其他可替代的娱乐活动及热点事件的竞争中。换句话说,做了广告,但是没有效果,钱就打水漂了。因此,巴纳姆的广告总是巨大而醒目的。他经常购买整个报纸版面或者最靠前的 1/3 版面,希望自己的广告出现在报纸最引人注目的位置上,同时排除了其他竞争对手在这个好位置做广告的可能性。

  1879 年,巴纳姆花了 3000 美元制作了一张巨大的自拍照海报(见图 11-9),光印刷时间就超过 3 个月。这张巨大的自拍照海报足以覆盖一栋建筑的整个外立面,吸引了路人的注意力。在这张巨大的自拍照海报张贴出后,只要巴纳姆走在路上,就会被人们认出来。巴纳姆巨大的自拍照海报不仅吸引了人们的注意力,还对人们产生了深刻的影响,即使在他去世后,仍然有人能回忆起他的名字和面孔。

图 11-9 巴纳姆制作的巨大的自拍照海报

  2022 年,苹果公司为了宣传 iPhone 13 Pro 的拍照功能,在某人才市场大楼的广告牌上放了一张巨大的西兰花广告海报,这张海报上有一行小字"西兰花,用 iPhone 13 Pro 微距拍摄",如图 11-10 所示。这是"Shot on iPhone"系列广告的一部分。从 2014 年的 iPhone 6 开始,苹果公司就在全球 25 个国家张贴巨型户外广告海报,广告内容非常简单,一张图片占据了 80% 以上的版面,剩下的是一行小字:"Shot on iPhone",以及一个小小的苹果公司的 Logo。这些巨型户外广告足以吸引人们的注意力,并对人们产生深刻的影响。

  以上 12 项广告策略是针对明确的、可见的文字广告的策略。需要说明的是,除了可见的广告形式,还有一种隐性的、不可见的广告形式,即场景化广告。与其说它是广告,不如说它是一种营销的场景和氛围,一切广告都在无形之中。

图 11-10　iPhone 13 Pro 的西兰花广告海报

11.2.2　韦奇伍德的场景化营销策略

如果说明确的、可见的文字广告是人人可见的硬广告，那么隐性的、不可见的场景化广告则是软广告。

1765 年，韦奇伍德（Wedgwood）在格罗夫纳广场开设了一家瓷器陈列室，以举行盛大晚宴时陈列物品的形式将瓷器陈列在桌子上，如图 11-11 所示。韦奇伍德以这种方式陈列瓷器不是为了销售，而是为了制造一种特殊的场景，从而满足贵族和绅士的休闲、娱乐需求，并从中得到与广告相同的宣传效果和更高的利润。

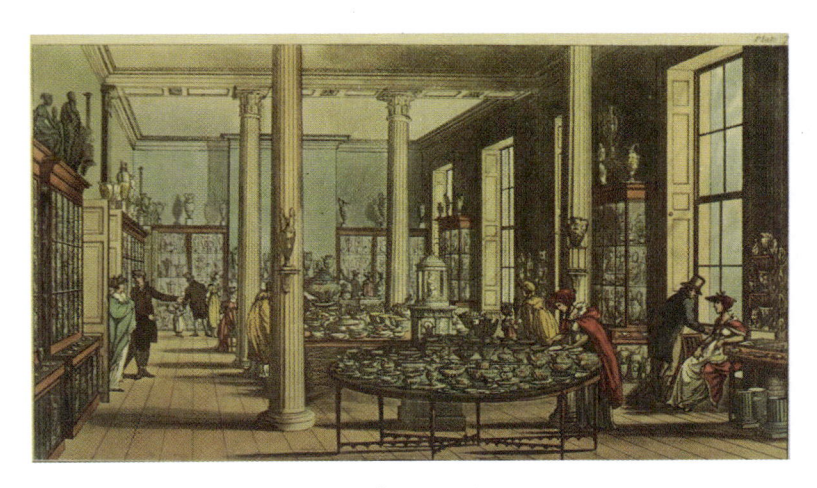

图 11-11　韦奇伍德的瓷器陈列室

当时瓷器商人的竞争激烈，几乎所有瓷器商人都在商品和广告上下功夫，其中一部分人销售中国制造的昂贵的精美瓷器，以高品质赢得客户，另一部分人则选择销售在英国本地生产的仿制瓷器，以低价带动销售。而韦奇伍德的策略完全不同，他注意到每一次流行趋势的确定和改变都来自宫廷，于是开始想办法把自己的瓷器融入贵族的生活中，将视线从商品本身转移到销售的场景中。

韦奇伍德开始寻找场所开设自己的瓷器陈列室。他曾告诉搭档其中的奥秘：

时尚比商品本身重要得多！我们必须有一个优雅、宽敞和舒适的陈列室，帕尔购物中心的陈列室对普通人来说太容易接近了，我们现在的客户不能与其他人混为一谈。

随后，韦奇伍德选择了格里克街的波特兰别墅作为他的瓷器陈列室，并将其打造成一个时尚的度假胜地。在这种场景化营销中，瓷器不再是主角，购物的目的不再是购买商品，购物的过程也不是简单的交易，而奢华的展示和表演，以及到访的贵族和绅士才是最吸引人的。

尽管如此，一切还是要回归到交易本身，韦奇伍德还是需要将自己的瓷器销售出去才能获得利润。那么，他是如何做的？场景化营销策略带来了哪些广告效果呢？

在回答这些问题之前，我们先来对比一下韦奇伍德瓷器陈列室中的瓷器与市场上销售的瓷器。韦奇伍德的瓷器陈列室中的瓷器来自英国本地的陶瓷工厂，因此从实用性角度来说，两种瓷器有相同的材质、尺寸、图案和功能。但是，当瓷器在特定的场景中被展示，与来自宫廷的贵族和绅士产生联系时，就增加了时尚的属性。这时的瓷器不再是用于喝茶的容器，而是变成带有宫廷氛围和时尚属性的商品。换句话说，市场上销售的瓷器只让人联想到喝茶，只能从理性角度满足人们的使用需求，只能提供实用价值，而韦奇伍德的瓷器陈列室中的瓷器则能让人联想到优雅、奢华和时尚，能从感性角度满足人们的情感需求，能提供情绪价值，这就让两种材质、尺寸、图案和功能相同的瓷器产生了明显的差异。

> ⏰ **要点金句**：商品的价值取决于使用者对它产生的联想。实用价值带来理性的联想，促使思考。情绪价值带来感性的联想，激发幻想。

18 世纪的场景化营销策略产生的效果远远超过广告，人们为了体验商品中的时尚氛围和快乐的情绪，愿意以几倍的价格购买这些使用价值完全相同的商品。如今，场景化营销策略依然被广泛使用。

11.3 你理解的广告不是真实的广告

从人人可见的硬广告到场景化的软广告，无论文案多么富有想象力、使用了多少种文字技巧、设计了多么奢华的场景，广告都还是广告。每个人都有辨别广告的能力，每个人都知道广告的功利性，每个人都会避免观看广告。这样一来，再高超的文字技巧、再成功的营销策略也会失效，因为人们在心理上预先做了准备，设置了防线。除非它不是一个广告，或者说看起来不像是一个广告。因此，最聪明的广告策略是隐藏自己，而这也是大部分广告使用的策略。

在真实的商业世界中，只有很少一部分广告被人们认识到，更多的广告依靠伪装隐藏自己，偷偷发挥作用。这就是你理解的广告和真实商业世界中广告的区别。

当你阅读公众号上的文章、看短视频、玩游戏时，遇到广告就会快速跳过或刻意忽略，但在选购商品时，却会盯着商品的包装和名称仔细察看。这时，你到底在看什么？

> 要点金句：你知道的广告形式只是真实商业世界中广告形式的 0.001%！

广告不局限于在媒体上投放的主动推送给客户的信息，更多形式的广告以不同的身份、名称、形式隐藏在商业世界中。可以说，从场景到装潢，从商品陈列到展示方式，从商品摆放位置到外包装，甚至是商品名称的文字中都包含着大量广告信息。

11.3.1 橱窗中的广告策略

第一种隐性的广告是橱窗。在最初淘宝后台的店铺管理中，广告位不叫横幅广告，也不叫焦点图广告，而叫橱窗，如图 11-12 所示。你是不是感觉这个名字有些奇怪？

图 11-12　淘宝后台店铺管理中的橱窗

淘宝的橱窗来自古老的商店。它的功能和实体店中的橱窗一样，即摆放商品，吸引客户进入商店。橱窗是一种非常古老的商品展示方式，并且功能比单一的广告强大得多。

17 世纪之前的商店有一个迎接客户的前门，在门的两侧有两个比较宽的开口，覆盖着木质的百叶窗。当百叶窗打开时，它们就变成一个商品展示架。随着平板玻璃的广泛使用，木质的商品展示架变成玻璃橱窗。

最早带有大玻璃橱窗的商店出现在巴黎。玻璃橱窗能够让人们在商店外面看到商品，并把他们吸引到商店里进行购买，因此很快成为所有商店的标准配置。于是，如何布置自己的橱窗，吸引人们进入商店成了所有商店的商业秘密。商人们总是观察、研究那些成功商店的橱窗风格，并应用在自己的商店中。

伍尔沃斯每到一个国家、一个城市都会研究当地商店的橱窗，并记录在他的日记本中，举例如下。

伦敦，3 月 5 日，星期三：

伦敦的街道对外国人来说很有趣。听说这里有一些不错的商店，但我们还没有找到。截至目前，我们看到的都是一些小商店，它们装饰橱窗的方式对我来说很新鲜。商品从上到下摆放得离玻璃窗很近，从橱窗外面看不到商店里的情况。

维也纳，4 月 6 日，星期日：

维也纳商店的橱窗是我所去过的城市中商品陈列最好的，一切看起来都那么新奇、那么诱人。格拉本大街是一条伟大的零售街，从早上 8 点到晚上 8 点，这里都是人山人海的。女士逛街的合适时间是下午 4 点到晚上 8 点，那是会客的时间。

很明显，对商店来说，橱窗不是广告，但早已成为商店吸引注意力、招揽客户、销售商品的有效方法。

1897 年 8 月 26 日，伍尔沃斯在写给店长的经营指导中说：

一位店长在信中抱怨我对提高销售额的要求："你想让我上街把人们拉进商店里来吗？"不，你不必在大街上叫卖。这种方法对我们来说太古老了。但是，你可以悄悄地把客户拉进你的商店，他们是不会知道的。用吸引人的商品装饰橱窗，吸引他们。当你把客户带进商店时，在柜台上展示大量橱窗中的商品。

相同的橱窗策略也出现在克雷斯吉公司中。在内部培训材料中，克雷斯吉公司这样描述成功的橱窗：

你站在商店二楼从窗户向下看，在人行道上，人们正朝着两个不同的方向匆忙前行。他们中间有人会在橱窗前停住脚步吗？你的橱窗要想成功，就必须让这些匆忙的人停下脚步，让他们走到你的橱窗前。所有失败的橱窗看起来都一样，所有成功的橱窗看起来都各不相同，他们像磁铁一样吸引着路过的人。

当人们走到橱窗前时，兴趣就从整个橱窗上转移到特定的商品上。这些商品必须能够从质量到价格、从功能到实用性上进行自我推销。这些商品必须能引起人们的注意，激发人们想要拥有它们的欲望和购买的意愿，最终让人们立即进入商店，或者在人们的脑海中留下深刻的印象，让人们无论何时想起这些商品都会记起那个橱窗。

1935 年，克雷斯吉公司将人行道上匆忙前行的人们吸引到橱窗前驻足，如图 11-13 所示。今天，当你在上班途中、在商业区闲逛时、在手机上浏览时，是否会在"橱窗"前停止脚步，仔细观察橱窗里的商品？你又是否能想到这是一种古老又有效的隐性广告？

图 11-13　克雷斯吉公司将匆忙前行的人们吸引到橱窗前驻足

橱窗不仅是为了吸引那些想要购买商品的客户，还是为了吸引路人。橱窗让人们在没有明确购买意图的情况下也可以欣赏商品，把明确的需求和购买行为转变为无目的的娱乐和欣赏。

11.3.2　价格战中的广告策略

第二种隐性的广告是价格战。2019 年，拼多多的首页上出现了"百亿补贴"活动。在拼多多 2019 年第二季度财报会上，来自瑞士信贷的 Tina Long 在询问"百亿补贴"活动的具体内容时,得到的答复是拼多多的"百亿补贴"与其他平台不同,其他平台的相关活动更多地由节日驱动,但拼多多的"百亿补贴"活动并不是由节日驱动的。

没过多久,淘宝、京东和苏宁易购的首页上也相继出现了"百亿补贴"活动、"超级百亿补贴"活动(见图 11-14)、"秒杀百亿补贴"活动。

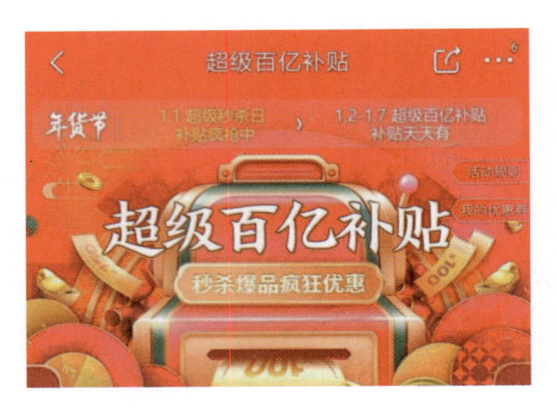

图 11-14 "超级百亿补贴"活动

1905 年,伍尔沃斯面临一场残酷的价格战。竞争对手耗资 500 万美元与伍尔沃斯进行价格战,于是伍尔沃斯把所有商店的经理召集起来商讨反击的策略:

当我们的竞争对手把促销商品放在他的橱窗里时,我们要从这些商品中挑选出最畅销的商品,并以他一半的价格放在我们的橱窗里,只要竞争对手的商品还放在橱窗里,我们的商品就不要撤下来!

在价格战开始后,当时一家商店的经理把具体的竞争过程以周报的形式记录下来,发给了伍尔沃斯。从这份周报中,我们可以看到竞争的激烈程度。周报的内容是这样的:

在星期六晚上商店关门后,我们与竞争对手展开了第一次真正的较量。虽然花了不少钱,但是我们赢了。

晚上 10 点 30 分,我和纽贝里先生下班坐车回家,当经过竞争对手的商店时,发现他在布置橱窗。我们跳下车偷偷观察,发现他在橱窗里摆放了精美的瓷壶和盘子,并用橄榄枝进行装饰。这些瓷壶和盘子的尺寸比我们橱窗里的明显要大一号。我们马上返回商店,在橱窗里换上了同样尺寸的瓷壶和盘子,并把橱窗里的所有价签都改为 55 美分。随后,我们藏在他的商店外静静地等待。当他抽着烟路过我们的橱窗时,将烟头狠狠地摔在地上,砸起的火花飞溅。他跑回去把他橱窗里的所有价签都改为 55 美分。当他更改价签的时候，我们又继续把价签改为 55 美分 2 个。现在，快凌晨 2 点了，他也把价签改为 55 美分 2 个。而这时我们已经把价签改为 55 美分 4 个。我们又继续等待了半个小时，他没有采取进一步的行动，我们也回家休息了。

伍尔沃斯肯定了这种做法，并在周报的回复中解释了这样做的原因：

不要害怕损失金钱。第一，它阻止了你的竞争对手赚钱；第二，它为我们带来的广告效应比任何方法都要有效，并且会让人们在未来一段时间内一直记住我们。虽然我们在短期内会亏损，但长期来看竞争会逐渐减弱。

无论是 1905 年的伍尔沃斯的橱窗之战，还是今天的"百亿补贴"活动等，背后都是相同的原因：阻止竞争对手赚钱，带来广告效应。这也成为真实商业世界中的标准操作。徐欣在访谈中曾说过一段京东和新蛋中国打价格战的往事：

当时京东的 GMV 增长了 200%，新蛋中国在看到后便开始打价格战。无论京东卖什么东西，新蛋中国都以便宜 7% 的价格卖。当时京东的毛利率才为 5%，也就是说，新蛋中国是亏本的。这样做的风险很高，卖得越多，亏得越多，而且没有规模效应。但当时京东的客户的忠诚度不高，他们都跑到新蛋中国购买商品去了。京东当时开会讨论要不要还击，有些人感觉风险太高。但当这种机会来临时，你不还击，新蛋中国就尝到甜头了、长大了，那时候再打价格战，就需要更多的时间和金钱。

如果说价格战是一种广告，那一定是事半功倍的。因为有一半的广告费是由在竞争中失败的一方支付的。而当人们看到低价竞争的商品时，不会想到这是一种广告，因为他们感受到的是一种真正的实惠。

11.3.3 爆款商品的广告策略

第三种隐性的广告是爆款商品。我们先来看一个关于伍尔沃斯的故事。一位欧洲的银行家被邀请参加 FW 伍尔沃斯公司新商店的开业庆典，在开业的前一个晚上，伍尔沃斯陪同这位银行家在镇上散步。在经过一家五金商店时，伍尔沃斯看到里面在销售灯笼，一只灯笼的价格为 50 美分。

"这就是我们明天的爆款。"伍尔沃斯看着银行家说道。他走进商店买光了所有灯笼。第二天早上，这些灯笼出现在了 FW 伍尔沃斯公司新商店的橱窗里，橱窗上挂着一个牌子："只售 10 美分！每个客户限购一个！"

伍尔沃斯有损失吗？当然！伍尔沃斯在那些灯笼上每只损失了 40 美分，但带来的广告价值远远高于这个损失。镇上的每个人都清楚地知道这些灯笼每只值 50 美分，当他们只花 10 美分就买到时，他们在这家商店开业第一天就牢牢地记住了这家商店。

相同的策略也出现在沃尔玛中，如 2013 年沃尔玛在节假日低价销售当时的新款 iPhone——iPhone 5C（见图 11-15）。对沃尔玛这种实体零售店而言，商店的客流量和销售指标高度相关。低价销售最新款 iPhone 的最终目标是让客户进入实体店，并在到达 iPhone 的促销柜台之前穿过整个超市。沃尔玛相信这样能够向这些客户销售更多额外的商品。

图 11-15　沃尔玛低价销售 iPhone 5C

10 美分的灯笼、低价销售的最新款 iPhone 是爆款商品，也是隐性广告。这类商品的作用是吸引人们的注意力。

对于这类肯定会亏钱的爆款商品，伍尔沃斯有着特殊的策略。1905 年，伍尔沃斯指示分店经理这样处理爆款商品，以便实现最大的宣传效果，并尽量减少损失：

> 在你的商店里，把这些商品放在后面的一个小柜台上，就像它们是日常的廉价商品一样，无论有多少客户在排队等待购买，都只安排一个人在柜台上接待并销售，售完即止。

爆款商品本身不是广告，但确实起到了广告宣传的作用，所以它更像是一个广告的杠杆。

11.3.4　商品名称中的广告策略

第四种隐性广告是商品名称。百香果的英文名称是 Passion Fruit，Passion 的中文意思是激情、热情，英文名称和味道之间没有任何联系。与百香果类似的还有水蜜桃、贵妃枕果、黑钻樱桃、白糖荔枝（见图 11-16）、妃子笑荔枝（见图 11-16）、奔腾处理器、鱼香肉丝等。

图 11-16　水果市场中售卖的白糖荔枝和妃子笑荔枝

还记得巴纳姆的 12 项广告策略中的有"魔法"的词语吗？撰写销售文案的秘诀是正确地使用形容词。单独使用一个名词（如"桃子""樱桃"等）的结果就是允许客户思考和对比，并产生怀疑：这个桃子甜吗？这个樱桃的颜色为什么比较深呢？一旦在商品名称前加上形容词就变得不一样了。我们套用巴纳姆的助手列举过的两个实例：

"桃子"这个名词听起来很普通，大部分人都吃过桃子，他们不太会相信你的桃子更甜、更特别。因此，"桃子"这个名词不一定能吸引客户。但"水蜜桃"听起来就像是一个你必须尝一尝的水果。

假设一家商店宣传自己销售的是"优质、新鲜的樱桃"，而街对面的竞争对手宣传自己销售的是"黑钻樱桃"，你猜哪家商店的樱桃卖得多？

商品名称最初都只是一个名词，在营销过程中被加入了有"魔法"的形容词，而这是隐藏最深、效果最好的广告。

客户在购买商品之前都会看一下商品名称，将简单、抽象的文字符号在大脑中进行还原，对这些信息进行二次加工。在理解的过程中，客户的大脑被迫参与其中，寻找已经存储的信息来帮助理解。例如，当客户看到"水蜜桃"这个文字符号时，必须分别寻找到"水""蜜""桃"3 个信息，并将 3 个信息的含义组合在一起来帮助理解商品名称的含义，如图 11-17 所示。

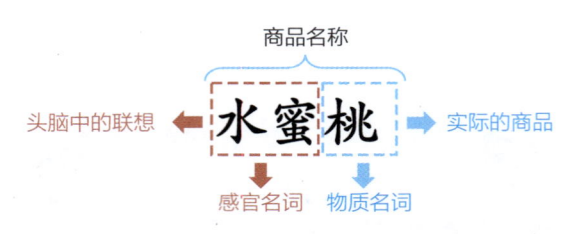

图 11-17　商品名称中的信息拆解

　　同样，当客户看到"黑钻樱桃"这个文字符号时，必须分别寻找"黑钻"和"樱桃"这两个信息。客户可能并没有见过黑色的钻石，但"钻石"这一个词就足以引发昂贵、稀有的联想。与之类似的还有"奔腾处理器"，虽然"处理器"这个专业名词很难理解，但"奔腾"这个词非常容易理解。

　　在理解了商品名称中的广告策略后，我们就很容易理解为什么鱼香肉丝里没有鱼、狮子头里没有狮子、蚂蚁上树里没有蚂蚁、松鼠鳜鱼里没有松鼠、虎皮尖椒里没有虎皮了。

【本章知识点小结】

- 广告是产生幻想的艺术，幻想是在大脑中创造想象空间的秘密。
- 在所有广告及营销策略中，看得懂是最有效的策略。
- 广告分为显性的广告和隐性的广告，其中显性的广告只占 0.001%。
- 广告必须能吸引人们的注意力，并产生深刻的影响。因此，短暂的广告是一件危险的事情。一旦开始做广告，就永远不要停止。

【思考和下一步行动】

寻找、体验并验证广告策略

　　广告不是选择媒体，不是堆砌专业名词，不是一个个指标，不是最前沿的技术，更不是简单的操作工具。最有效的广告及营销策略是看得懂，否则所有的技巧、方法论都是徒劳的。

　　在真实的商业世界中，从一眼可辨的媒体广告到爆款商品，从奢华的场景到充满形容词的商品名称，广告及营销无处不在。

　　在真实的商业世界中，是什么吸引你在一个商品前停留？商品名称中的词语哪些是名词，哪些是带有"魔法"的形容词？

巴纳姆的 12 项广告策略在今天依然适用：几乎所有商店都提供了 7 天无理由退换的服务，消除了购买的潜在风险等；电商的优惠券限定了时间，制造了稀缺性，同时为客户提供了行动的理由；iPhone 的巨型户外广告海报制造了有冲击力的效果。请寻找巴纳姆的 12 项广告策略在真实的商业世界中的应用，填写在表 11-2 中。

表 11-2　巴纳姆的 12 项广告策略在真实的商业世界中的应用

	广告策略	在真实的商业世界中的应用
1	体现真实性	
2	制造悬念	
3	展示结果，而不是具体的功能	
4	挑动人们的情绪	
5	传授一些专业知识	
6	没有问题就创造问题	
7	具体，具体，再具体	
8	推荐、证明、背书和佐证	
9	消除潜在的风险，提供保证	
10	使用有"魔法"的词语	
11	限定时间，创造稀缺性	
12	制造有冲击力的效果	

第12章
如何展示商品?——商品布局和展示策略

1906年,建筑师威廉·华莱士(William Wallace)和詹姆斯·吉布森(James Gibson)被德本汉姆邀请为其设计并建造一家最舒适的大型商店。德本汉姆要求新商店必须散发出奢华和舒适的气息,这样才能从一心想买最好商品的客户那里获得最高的价格。1906年的德本汉姆商店如图12-1所示。当时其他商店和杂货店主不理解为什么销售场所会被视为销售奢侈商品的先决条件。

图 12-1　1906年的德本汉姆商店

原因很简单,因为奢华是一种心态,是一种个人放纵和冲动的胜利,是一个依靠视觉、嗅觉、听觉和触觉来感受的世界,这些感官上的刺激会激发人们的情绪和幻想,将人们置于特定的思维框架中。而奢侈品的利润主要来自客户能否达到这种心态,简单来说就是喜悦和自我满足的心态。

英国作家查尔斯·狄更斯（Charles Dickens）在他的散文集《博兹札记》中对当时伦敦的商店进行了详细的描绘：

> 大约6年前，"流行病"开始在亚麻布和服饰商店中出现。其主要症状是狂热喜爱平板玻璃，以及对煤气灯和镀金制品有极大的热情。"病情"逐渐恶化，终于达到了可怕的程度。镇上尘土飞扬，老旧的商店被拆除，取而代之的是正面带有金字招牌的宽敞商店。地板上铺着土耳其地毯，屋顶由巨大的石柱支撑；十几块玻璃合二为一；商店的服务人员从1个增加到12个……除了商店的门上张贴的皇家饰品，桃花木、清漆和昂贵的地板也风靡一时……华丽的豪宅、石栏杆、玫瑰色的饰品、巨大的煤气灯出现在每条街的拐角处。

平板玻璃、金字招牌、土耳其地毯、皇家饰品、桃花木等都是创造奢华场景和奢侈心态必不可少的元素。

从1906年的德本汉姆商店到今天的迪士尼主题乐园，销售场所对于商品的销售一直非常重要。因为销售场所能在销售之前改变客户的心态，向客户传递重要的信息。几乎没有装饰的仓储式商店和摆放杂乱的商品意味着低廉的价格；暖色的灯光和烘焙的香气暗示着家庭的温馨；古典的风格和装饰暗示着简单、怀旧、稳定与可信赖；抽象的图案和装饰、鲜艳的配色传递着科技与现代感；尖形拱门、花窗玻璃和修长的束柱传递着庄严与神秘；梦幻的城堡（见图12-2）、卡通的人物和绚烂的烟花传递着冲动、喜悦与自我满足。

图 12-2　销售场所中梦幻的城堡

如何装饰销售场所？如何摆放商品？这些是商业策略中的第五块拼图——商品布局和展示策略的内容。这些策略既包括商店的外观及内部的装饰风格，商品的摆放、布局和展示，又包括光线的色温、气味和环境的温度。虚拟的线上购物也是同理，购物 App 的背景颜色、商品主图、标题描述的每个文字等都是创造场景的基本元素，用于向客户传递信息。创造场景是为下一步售卖商品做准备的策略。我们将这些策略统一称之为商品布局和展示策略。

12.1 理解商店场景在销售中的作用

在所有创造场景的元素中，商店是最基本的，也是最重要的。商店是客户在购买商品前第一眼看到的元素，这些元素组成的场景在客户心中建立预期，让客户对商品、质量、价格因素等建立最基本的印象和认知。因此，50% 的商店经营者依据规模的大小，每 3～8 年对商店进行一次改造，保证商店能够跟随潮流，同时适应场景的变化，满足客户的预期。

12.1.1 创造吸引力——商店布局的目标

在商店的场景策略中，商店布局的最终目标是使商店对客户产生吸引力，从而促进商品的销售和获得满意的利润，如图 12-3 所示。

图 12-3 商店布局的最终目标

销售不同类型商品的商店往往会采用不同的方法使商店对客户产生吸引力。例如，对折扣商店来说，仓储式的商店、极简的装饰、裸露的管道、拥挤的过道、堆放杂乱的商品、自助式地挑选和结账、拥挤的人群等都会使客户产生廉价和物有所值的印象。这种印象正是折扣商店最具吸引力的地方，而将相同的方法应用在奢侈品商店时则会产生完全相反的效果。

一个相同的包包，放在 30 平方米的杂货店里，与放在上千平方米，门口挂着金字招牌，店内铺着地毯的商店内相比，在客户心中的价值是完全不同的。这就是场景带来的预期和吸引力。

> **要点金句**：销售场所中的每个元素都在默默地给客户"讲故事"。

在实现促进商品的销售和获得满意的利润这个目标时，有一套完整且标准的方法论可供使用。这套方法论包括 3 个部分：商店的整体布局、位置和空间的分配方法、货架的设计。通过这 3 个部分的设计可以实现以下 3 个目标。

◎ 让客户在整家商店中流动。

◎ 提高商品的曝光率。

◎ 有效地利用商店的空间。

下面主要介绍支撑实现促进商品的销售和获得满意的利润这个目标的 3 项策略，即整体布局策略、位置和空间分配策略、货架设计策略（见图 12-4）。

图 12-4 支撑实现促进商品的销售和获得满意的利润这个目标的 3 项策略

12.1.2 提高曝光率——整体布局策略

整体布局策略决定了客户在商店中的移动路径和移动模式。无论是在实体店，还是在购物 App 中，整体布局策略都是相通的，其中客户移动的方向、路线、顺序，甚至每个入口、看到的每个商品都是经过精心设计的。

客户的移动路线、进入和离开的位置、移动模式、关注程度等都会被记录和分析，并用来不断优化整体的布局和路线设计，如调整入口的位置、减少不必要的出口等。

在所有的布局模式中，最常见也是最基本的布局模式是 U 形布局，即一端是商店的入口，一端是商店的出口。商品被沿着 U 形路线展示，客户在进入商店后，沿着 U 形路线依次浏览商品并从出口离开。

在这种布局模式中，只保留一条客户通道，其余空间都用来摆放商品，有效地利用了商店的空间。客户在商店中只能以固定的路线按相同方向移动，沿途的每个商品都获得了相同的展示机会和最高的曝光率。

在真实的商业世界中，U 形布局最直观的例子有宜家商店的布局等。在宜家商店的外面有非常清晰的"入口"和"出口"标志；在宜家商店的内部，每一层的购物地图都是由很多个不同方向的 U 形布局组成的，客户从统一的入口进入宜家商店，按相同的路线移动，浏览商店中的每个商品，最终在统一的出口离开。宜家商店的客户移动路线如图 12-5 所示。

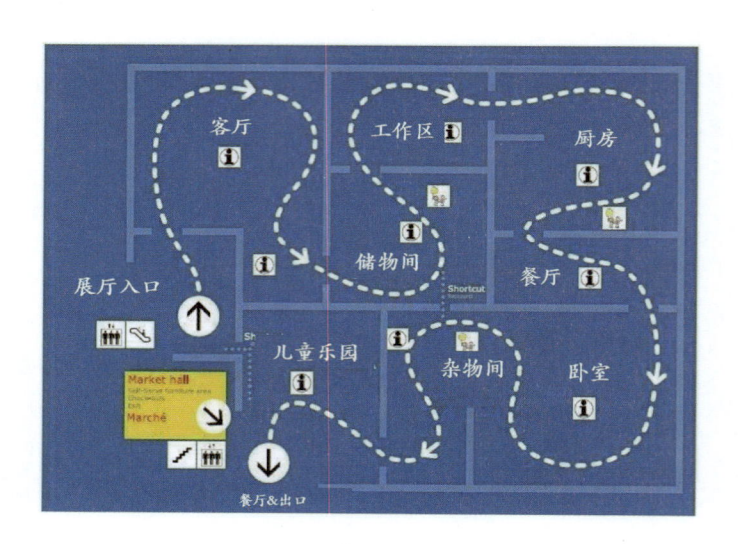

图 12-5　宜家商店的客户移动路线

我们在互联网的购物平台上也可以发现相同的布局模式。购物平台的大部分入口集中在首页，客户从首页到商品分类页，再到最终的购物车和付款页面，有相同的移动路线。例如，在亚马逊平台上，一旦客户进入从购物车到付款的流程，就只能向一个方向移动，中间没有离开的出口和返回的退路。

12.1.3　平效优先——位置和空间分配策略

在大部分商店中，为什么化妆品通常都位于一楼？为什么黄金首饰的销售空间比冰箱、电视机这些大家电的销售空间大？为什么卫生纸、洗衣液这些日用品的销售空间小并且位置隐蔽？

位置和空间分配策略表面上看起来是对商品在商店中的位置和面积的分配方法，但背后有一个复杂的数学方程式。商品在运营中的作用、商品的销售份额、商品的毛利率、商品的周转速度、商品的重要性、商品包装的大小等因素共同决定了位置和空间分配策略，如图 12-6 所示。

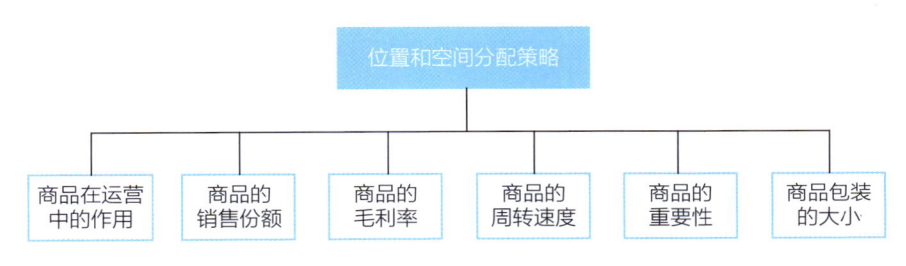

图 12-6　决定位置和空间分配策略的主要因素

我们以最简单的方式来说明这个复杂的过程。当只考虑其中一个因素时，如商品的销售份额，很明显占销售份额 5% 的杂货会被分配 5% 的销售空间；而当这类商品的毛利率较低时，其销售份额占比可能会下降；在进一步考虑杂货的重要性和周转速度时，可能会进一步缩小其销售空间。

综合这些因素为不同类别的商品在商店中分配不同的销售空间，最终通过平效（每平方米的营业面积可以产出多少销售额，用公式表示为平效 = 销售额 / 商店的营业面积）来衡量商店空间分配的合理性。从这个角度来看，我们就可以理解前面提出的问题了。因为黄金首饰与冰箱、电视机相比是高价值商品，所占的销售份额更高，所以销售空间更大；卫生纸、洗衣液这些日用品的单价低，所以被分配的销售空间小。

那么，为什么化妆品通常都位于商店的一楼，卫生纸、洗衣液这些日用品的位置都比较隐蔽呢？这是由商品的属性决定的。换句话说，商品的属性决定了商品的展示位置。

化妆品属于流行商品，并且大部分客户会在冲动下购买这些商品。因此，这类商品通常会出现在显眼的位置，从而避免客户在寻找过程中与其他商品进行比较而改变主意。对于卫生纸、洗衣液这些日用品，客户在购买前通常有着明确的目标和计划，所以即使把它们放在隐蔽的角落，客户也能找到。

拥有百年历史的国际零售行业权威刊物《先行零售商》为成功的空间分配确定了 6 个步骤。

- ◎ 确定商店营业空间的总面积。
- ◎ 确定每一类商品的销售空间，确保商品的销售空间占比与销售份额占比相同。
- ◎ 根据平均商品包装尺寸和分类进一步调整销售空间的分配，缩小小尺寸包装商品的销售空间，增大尺寸包装商品的销售空间。
- ◎ 根据平均货架宽度调整商品在货架内的销售空间。
- ◎ 根据需要调整商品的展示高度，以便获得最高的商品曝光率和空间利用率。
- ◎ 综合考虑商品的库存数量、周转速度、滞销情况进行最终销售空间的细微调整。

《先行零售商》的研究结果显示，按照上面 6 个步骤分配销售空间，可以提高商店的销售额和利润。

12.1.4 引导客户视觉——货架设计策略

在设计完商店的整体布局、确定不同类别商品的位置和空间之后，我们还需要对货架进行设计。成功的货架设计不仅能高效地展示商品、吸引客户，还能提高销售额。

提到货架，你最先想到的是什么？是宝洁的货架理论，是刘强东的那句"零售业的秘密都在沃尔玛的货架上"，还是由小到大、纵向陈列、横向色块吸引注意力等这些通用的货架陈列规则？

要分析货架的设计，就要先了解货架是什么。货架是摆放和展示商品的地方。货架的前身是柜台，宝洁的货架理论就源自古老的商店柜台。

当商品的种类不断丰富，商店间的平效竞争越来越激烈，商店的面积无法满足展示和销售需求时，商品开始转向上层的立体空间，这时，平面的柜台就变成立体的货架，如图 12-7 所示。

每家商店都需要货架，每种商品都需要货架。对于不太方便展示的商品，如餐厅的菜品、电影院的影片、酒店的客房、飞机的座位等，货架以菜单和价目表的形式出现，而在电商平台和 App 上，货架则以商品列表页的形式出现。

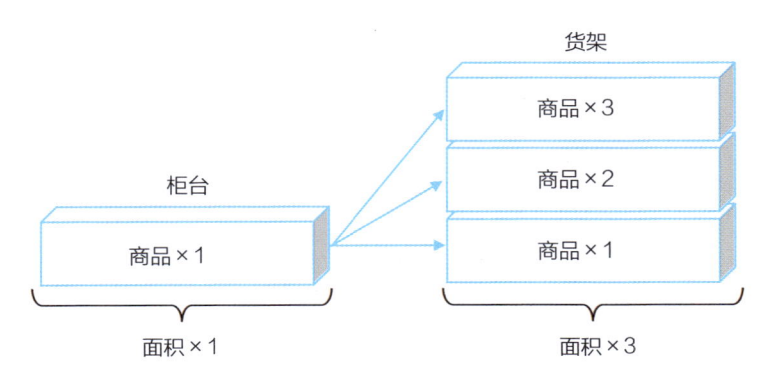

图 12-7　柜台向上层的立体空间扩展形成货架

> ⏰ **要点金句**：柜台是货架，菜单和价目表是货架，电商平台和 App 上的商品列表页也是货架。

要制定出成功的货架设计策略，就要理解柜台的设计。货架来源于柜台，也完全继承了柜台策略。那么，如何设计一个柜台？什么是成功的柜台策略？在真实的商业世界中，对于柜台策略已经有完整和标准的方法论。1935 年，克雷斯吉公司的内部培训手册中对如何设计一个有吸引力的柜台进行了详细的描述：

衡量一个柜台是否有吸引力的标准是看它对销售额的贡献。柜台中商品的布置必须非常精确，每个商品都要有适当的位置和空间，相关的商品和互补的商品要相互靠近。

柜台必须干净、整洁、填满丰富的商品，避免引起客户的恐惧和怀疑。这样才能向客户传递一种信息："我就是你一直在寻找的。"

注意柜台中商品的轮廓线。商品摆放要整齐，避免看上去起伏不平，这样才能使整个柜台具有吸引力。

当客户在商店中移动时，最先看到和接触的总是柜台的边角。这里是整个柜台最重要的位置，也是带来最高销售额的空间。柜台边角上展示的商品定义了整个柜台的内容和风格。要经常改变柜台边角上展示的商品，保持柜台的新鲜感和对客户的吸引力。

1935 年的柜台设计策略完全可以被套用到如今的货架设计上。在货架上，相关的商品和互补的商品必须相互靠近。对货架来说，边角是客户第一个看到和接触的区域（见图 12-8），而与客户视线平齐的位置及上下 15°夹角范围则是最受关注的区域，这里展示的商品必须是吸引人的。在电商 App 的商品列表页中，首屏是客户第一个看到的区域，相当于货架的边角位置，因此是最有价值的空间。

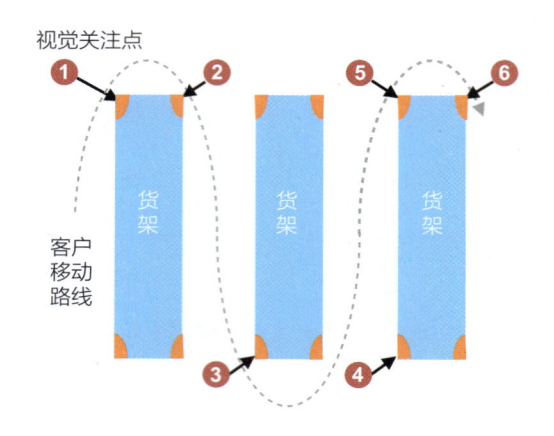

图 12-8　客户的视觉关注点——货架的边角位置

12.2　没有最好，只有最合适——商品展示策略

我们一路从商店的整体布局策略、位置和空间分配策略、货架设计策略来到商品展示策略。在促进商品销售的过程中，商品的展示策略发挥着非常重要的作用。

> ⏰ **要点金句**：没有最好的商品展示策略，只有最符合销售目标的商品展示策略。

你是否注意到，在普通商店中，商品被按类别、尺码等整齐地摆放在一起，而在折扣商店中，不同类型、不同尺码、不同颜色的商品被杂乱地堆放在一起（见图12-9），这种情况也出现在同一家商店的普通销售区和打折清仓区，以及网店中的官方旗舰店和折扣商店中。

图 12-9　折扣商店中的商品摆放

商品展示策略也是商品布局和场景的一部分。同时，商品的展示还与商品本身的属性、作用、客户群体、所在位置及周转速度有关。

12.2.1 广泛大量展示策略

被广泛大量展示的商品通常会占据货架最大的空间（见图12-10）。在应用广泛大量展示策略时，在货架中，排除边角位置，中心区域的大部分空间被用于进行商品的广泛大量展示。在电商App的商品列表页中，被广泛大量展示的商品是数量占比最高的一类商品。

图12-10 超市中被广泛大量展示的商品

广泛大量展示策略适用于基本商品和最畅销商品，这些商品是每个客户都需要，并且会经常、反复购买的商品。大部分客户在制订购物计划时都会以这些商品作为目标和选择商店的依据。

基本商品的广泛大量展示向客户传递了以下3个信息。

◎ 你来对地方了，在这里，你能找到你需要的商品。

◎ 这里的商品种类丰富、数量充足。

◎ 这里的商品"天天低价"。

另外，广泛大量展示带来的大规模销售和较高的库存周转率可以降低商店的运营成本，提高商店在采购时的议价能力，使商店能以更低的价格购进商品，形成价格优势。基本商品是客户进行价格对比的基础，客户会依据基本商品的价格对其他商品和整家商店形成低价的印象。

12.2.2 特别展示策略

特别展示策略适用于新奇商品和流行商品，以及任何有特殊时间和销售要求的商品。与广泛大量展示策略相比，特别展示策略可以人为地突出重点商品，提高重点商品的曝光率和销售速度。

特别展示策略通过以下几种方式吸引客户的注意力。

◎ 运动。

◎ 颜色。

◎ 图案、文字推荐。

◎ 数量。

◎ 灯光效果。

◎ 演示。

因此，在商店的堆头、货架中，运动的、带有特殊背景色和图案的、具有单独照明灯光的商品都使用了特别展示策略。在菜单、价目表中，被特别展示的商品更明显、更容易被发现，展示效果也更好。

在咖啡店的价目表中，带有背景色、图案的当季新品是被特别展示的商品，如手冲咖啡（见图 12-11）。

图 12-11　在咖啡店中被进行特殊展示的手冲咖啡

请思考一下，在一家陌生的餐厅自助点餐时，面对菜单，我们是如何决策的？那些带有推荐标志的、带有图案的商品（见图 12-12）比起用普通文字形式展示的商品更容易被选择。

图 12-12　菜单中被特别展示的商品

12.2.3　组合展示策略

组合展示策略适用于最畅销商品和高毛利商品。1923 年克雷斯吉公司的商店中组合展示的商品如图 12-13 所示。换句话说，高毛利商品只有在被与最畅销商品放在一起时，才能体现出优势。

图 12-13　1923 年克雷斯吉公司的商店中组合展示的商品

组合展示策略背后的逻辑是为客户提供暗示和建议，同时提供一个比价的基础，限定客户选择和思考的范围，排除客户使用其他商品进行对比的可能性。

最畅销商品和高毛利商品总是被放在一起，以相同的价格出现，等待客户对它们进行价格、功能、设计等方面的对比。通常，客户会在对比后选择相同价格下，功能、设计等更具吸引力的商品。

12.2.4 杂乱展示策略

与其他商品展示策略相比，杂乱展示策略最大的特点是商品摆放是随意、混乱和无序的。通常，在应用这种展示策略时，我们不会将商品摆放在货架上，因为那样容易让客户将其与被广泛大量展示的商品混淆。

被杂乱展示的商品通常出现在一个看似被遗弃的购物车中、一个可以移动的托盘中、一个简易的架子上（见图12-14）。杂乱展示策略不需要任何标签和宣传，因为杂乱本身就已经对客户形成了强烈的低价暗示。

图12-14 超市中被杂乱展示的商品

杂乱展示策略与1906年德本汉姆商店的金字招牌、土耳其地毯、皇家饰品一样，都是为了营造场景，杂乱为清仓商品在客户心中建立起低价的印象。

12.2.5 标牌展示策略

无论一家商店的整体布局多么完善，位置和空间分配得多么合理，货架设计得多么成功，总是会有一些位置和空间成为销售的"洼地"。原因可能有很多种，如客户难以到达、商品本身缺乏吸引力、周围的商品太吸引人等。

问题来了，如果商品所在的位置偏僻，很少有客户会到达，那么我们应该使用什么商品展示策略呢？或者说，商品展示策略对这些位置的商品还起作用吗？

答案是肯定的，商品展示策略依然起作用。这时，最合适的商品展示策略是标牌展示策略。标牌展示策略并不是商品本身的摆放和展示策略，而是通过将商品和一些有吸引力的宣传内容、价格等信息印在标牌上，放在客户较多的位置，将客户吸引到销售"洼地"的一种策略。

标牌展示策略的一些变种包括广播展示、海报、地面贴纸或投影（见图 12-15）等。将这些标牌放置在合适的位置，可以将客户带到位置不佳的货架和商品面前。

图 12-15　超市购物通道入口处的标牌（投影）

12.3　色温的"魔术"——商品的照明策略

如果你已经完整地应用了前面介绍的所有商品展示策略，还是没有获得满意的销售额，那么，请抬起头，向上看。

照明是影响视觉印象和营造场景的一个主要因素。换句话说，照明是一种有非常竞争力的营销工具，但常常被很多人忽视。

进入任何一家成功的商店，你抬起头就会发现种类繁多的光源，如图 12-16 所示。这些光源不仅具有照明的作用，还因为被设置成特定的角度和特定的颜色而具有营销作用。仔细分析这些光源，观察不同商品的照明光源，如光源的位置、色温等，就会发现照明在商品销售中的重要性。在电商 App 中进行光源分析比较复杂，因为屏幕上没有明显的光源可供分析，商品的照明策略被融入用户界面、视觉设计等各种细节中，如商品图片的分辨率、颜色等。

图 12-16　超市顶部的照明光源

12.3.1　照明对商店和商品的影响

展示照明是最基本的照明策略。成功的照明策略可以为客户带来安全感，有利于展示商店的良好形象，促进商品的销售。

那么，什么是好的展示照明？笔者总结了 5 个条件，满足这 5 个条件的展示照明就算好的展示照明。

- 能带来安全感。使用充足的照明，保证商店外部、内部环境及其中的商品都清晰可见。
- 友好、中性。使用中性颜色的光源，避免使用客户带有固有印象的颜色，如红色表示禁止、黄色表示警告；同时，避免使用刺眼的照明。
- 有利于展示商店的良好形象。在商店墙壁上制造反射光可以让客户产生空间更大的错觉。
- 有利于商品营销。对被广泛大量展示的商品使用普通照明，对被特别展示的商品使用聚光灯的突出照明可以在视觉上制造差异。
- 能制造愉快的情绪。适当使用彩色光源改变商店内的整体氛围，制造轻松、愉快的气氛，使客户产生愉快的情绪。

12.3.2　如何利用照明促进商品销售

照明策略是如何影响销售额和利润的？答案是利用色温。照明策略通过调节光线的色温来促进商品的销售。

什么是色温？顾名思义，色温就是光线中色彩的温度。光线在被加热到不同的温度时会呈现出不同的颜色，如铁块在被加热时，先变成红色，然后变成黄色，最后变成白色。这些不同的色温成为有效的营销工具。不同商品对应不同的色温，如表 12-1 所示。

表 12-1 不同商品对应的色温

商品	色温 /K
牛排、五花肉、肋排	2500
三文鱼、海白虾	2500
黄鱼、小龙虾、螃蟹	4200
苹果、香蕉、萝卜、西蓝花	3000
吐司、奶酪、切片面包	2700

为什么不同商品需要不同的色温？青菜是绿色的，牛肉是红色的，香蕉是黄色的，面包是棕色的，牛奶是白色的，这是人们大脑中对物品的固有印象，符合这些印象的商品更容易被接受和购买。因此，商品的颜色会影响人们的购买决策。

在真实的商业世界中，许多商品的颜色可能与人们印象中的颜色相去甚远，肉类和蔬菜尤其如此。照明策略通过不同的色温以逼真的方式在商品上呈现出人们印象中的颜色。因此，在销售肉类和面包的柜台，顶部更多地使用暖色的光源，强调肉类的新鲜和面包的诱人（见图 12-17）。而在销售水果和蔬菜的柜台，顶部更多地使用冷色的光源，用于强调水果和蔬菜的干净。

图 12-17 2700K 色温下的面包

在商店中，照明策略通过调节色温，使商品更接近人们心中的固有印象。在电商 App 中，色温就是拍摄不同商品时光源和相机对应的参数值（见图 12-18）。照明策略通过色温影响人们的购买决策。

图 12-18　相机中的色温设置界面

12.4　真实商品的布局和展示策略

"纸上得来终觉浅，绝知此事要躬行。"在看过整体布局策略、位置和空间分配策略、货架设计策略、商品展示策略之后，我们是时候来到真实的商业世界中面对商品的布局和展示策略了。

下面以超市中常见的杂货、肉类和烘焙食品 3 类商品为例，详细介绍每一类商品的布局和展示策略，以及这些策略背后的逻辑。同时，笔者期待你在真实的商业世界中亲身实践并验证这些策略。

12.4.1　杂货的布局和展示策略

杂货的库存在超市的库存中占比最高，一家拥有 15 000 个商品的超市，至少有 7 000 个商品属于杂货；同时，杂货的销售额占比也最高，通常占整个超市销售额的 75% 以上。这是因为人们对杂货有着庞大的需求，据统计，每年人均杂货的消费量约为 440 磅（1 磅 ≈0.45 千克）。

但是，杂货部门的毛利率是所有部门中最低的。因此，杂货必须通过大规模地销售和快速周转来贡献利润。

杂货在库存占比、销售额占比、获得利润的方式等方面的特点决定了其布局和展示策略。杂货在超市中占据最大的销售空间，通过在货架中被广泛大量展示来实现较高的销售额和快速的库存周转。

杂货对超市的销售额和客户心理认知有哪些影响？当杂货出现缺货情况时，最先受到影响的是超市的整体销售额，但受影响最大的是客户的心理。

杂货是需求最频繁的商品，几乎在每一个订单中都会出现。杂货的缺货会让客户感到恼火，即使这些商品并不在其本次的购物清单中，也会使其在心理上产生该超市的商品品类不全的印象。而正准备购买这些杂货的客户，有的人可能会耐心等待补货，但大部分人会选择到其他超市进行购买，并在下一次选择购买目的地时产生犹豫。

12.4.2 肉类的布局和展示策略

当我们计划做一顿正餐时，首先考虑的是主菜，而这些主菜通常是用肉类制作的。肉类通常是一顿正餐中最重要、最昂贵的食材。主菜的食材质量决定了一顿正餐是否美味可口。

但是，肉类不是标准商品。对于肉类，每个人都有非常主观的眼缘和判断。而市场上的大部分肉类除了价格标签，没有任何其他的信息。这就造成肉类质量的巨大差异，这些差异使肉类成为超市塑造形象的主要因素，让那些对肉类质量敏感的客户成为超市最忠诚的长期客户。

新鲜是肉类最重要的衡量标准。最早的肉类部门都是服务型的，由屠夫直接经营。客户告诉屠夫想要的肉类的类型（如部位、肥瘦等），屠夫现场切割肉块、去皮、去骨、切块、剁馅等。有经验的屠夫还会主动提供建议，通过这些建议带来更多的连带销售。如今，这些屠夫被专业的服务人员代替，但对于最新鲜的肉类，超市依然采用服务型的销售方法。

肉类的衡量标准、销售方法等决定了其布局和展示策略。服务型的销售方法使肉类适用于特别展示策略，服务人员对肉类进行切割，本质上是一种特别的商品展示。如果你细心观察就会发现，在肉类的销售区域，一个客户与服务人员的互动会带来更多的客户和潜在的销售。肉类的销售额占比（12%～35%，平均约为20%）决定了肉类在超市中所占的销售空间。

作为吸引忠诚客户的"磁铁"，肉类在超市中通常位于距离入口最远的位置，因此那些购买肉类的客户在到达肉类销售区域前必须经过其他所有类别的商品。

12.4.3 烘焙食品的布局和展示策略

烘焙食品包括面包、饼干、蛋糕等。以面包为例，面包是一种高冲动消费商品，而带有奶油或巧克力、造型可爱的面包更是让人难以拒绝。烘焙食品的销售额占比为 3%～6%，毛利率为 18%～20%，而现场制作的烘焙食品的毛利率为 55%～75%，高于超市中所有商品的平均毛利率。

冲动消费、毛利率高等特点决定了烘焙食品的布局和展示策略。带有包装并且保存时间较长的烘焙食品，如袋装面包、盒装饼干等适用于广泛大量展示策略；现场制作的烘焙食品更适用于特别展示策略，因为现场揉面团和烘烤的过程本身就是一种带有展示性质的商品演示和推荐。

在布局方面，没有包装和现场烘焙的食品的展示位置应该更加靠近入口，展示数量应该更多，在宣传标识上应该更加可见和显眼，与带有包装的烘焙食品形成差别。这种布局迫使客户在选择商品时首先经过高毛利商品。在空间分配方面，根据平效优先的原则，烘焙食品应该占据最大的份额，如图 12-19 所示。

图 12-19　超市中的面包烘焙及销售区域

烘焙食品可以创造场景。在所有创造场景的元素中，烘焙食品是非常重要的一个。与数量庞大的杂货和新鲜的肉类在客户视觉上塑造的印象不同，烘焙食品通过诱人的香气吸引客户，通过嗅觉创造场景，并在商品的视觉、味觉和触觉方面进行补充。

在真实的商业世界中，许多超市将烘焙的香气引入其通风系统中，让这些香气在超市中循环，吸引客户寻找并购买。据测试，现场制作的烘焙食品可以为超市增加 10% 的客流量，其中至少 50% 的客户会选择购买烘焙食品。

以上仅以杂货、肉类和烘焙食品进行了举例，但超市中的商品类别远不止这些。乳品类、水果和蔬菜类、熟食类、冷冻类商品都有各自的特点及对应的布局和展示策略，由于篇幅所限，这里不展开介绍。

【本章知识点小结】

- 在影响销售和利润的各种因素中，20% 来自商品本身的品牌、功能和价格，30% 来自商品的展示、布局和照明策略，50% 来自销售场景中通过视觉、嗅觉、听觉和触觉塑造出的思维框架及对客户心态产生的影响。

- 商店中的光源不仅具有照明的作用，还具有营销作用。通过调节色温可以使商品符合客户大脑中对商品的固有印象，进而促进销售。相同的方法也适用于电商 App 中的商品展示。

- 不同类别的商品对应不同的商品布局和展示策略，不同的商品布局和展示策略向客户传递不同的信息：广泛大量展示表示商品充足、畅销；特别展示表示商品流行、被推荐；组合展示鼓励客户进行对比和联想；杂乱展示表示廉价和高性价比；标牌展示充分利用商店的展示空间，可以提高平效。

【思考和下一步行动】

寻找并验证商品布局和展示策略

正如陆游的那句"汝果欲学诗，工夫在诗外"一样，在真实的商业世界中，销售和利润的秘密永远在商品之外。

从客户看到商店招牌的那一刻起，所有元素便开始组合在一起创造场景，吸引客户的注意力，设计客户的移动路线。每个商品都像一个演员，站在货架特定的位置上，扮演自己的角色，等待被聚光灯照耀，等待被客户挑选。一切都按照"剧本"的策划进行。

这个"剧本"就是本章介绍的商品布局和展示策略。

商品布局和展示策略的最终目标是销售商品。客户从决策到购买的过程是非常复杂的，尤其是在实体店中。要想吸引客户并让客户购买商品，不是先进行简单的数据分析，制定出客户画像或标签，再进行通过广告推送，等着客户自己上门来购买商品这么简单。

无论是奢侈品商店，还是便利店，无论是品牌的旗舰店还是折扣商店，从外观设计到店内的装饰设计，从货架的位置到不同商品所占的空间，从货架的边角到每个商品的摆放方式，甚至到每个商品的照明，其中每一个细节都在影响着客户的购买决策。客户的决策也在影响着商品的周转速度、销售额、毛利率和商店的平效。

客户的购买决策过程、商品布局和展示策略不仅适用于实体店，还适用于网店。从经营者对实体店的定期改造到对网店的定期装修，从商品货架到网店的商品列表页，从商品的组合展示到网店的"穿搭下单"，从商品销售人员到电商平台上的带货主播，其背后的策略是相同的。

在真实的商业世界中，所有的商品布局和展示策略都是经过检验的，都是真实存在的，都是可以被发现、被分析、被学习的。在阅读完本章的内容后，笔者邀请你亲自发现这些策略。

请你到身边的商店去观察商店的布局、每一类商品的位置和所占的空间，检查货架边角与中心位置的商品的区别；对比普通商店与折扣商店、正价商品与清仓商品的布局和展示策略；对比肉类、水果和蔬菜与其他商品在照明策略上的区别。

参考文献

[1] 彼得·德鲁克. 公司的概念 [M]. 慕凤丽, 译. 北京: 机械工业出版社, 2006.

[2] 迈克尔·波特. 竞争战略 [M]. 陈小悦, 译. 北京: 华夏出版社, 2005.

[3] 亚当·斯密. 国富论 [M]. 唐日松, 等译. 北京: 北京联合出版公司, 2013.

[4] 弗雷德里克·泰勒. 科学管理原理 [M]. 马风才, 译. 北京: 机械工业出版社, 2013.

[5] 西蒙·库兹涅茨. 各国的经济增长: 总产值和生产结构 [M]. 常勋, 等译. 北京: 商务印书馆, 1985.

[6] 丹尼尔·贝尔. 后工业社会的来临 [M]. 高铦, 等译. 南昌: 江西人民出版社, 2018.

[7] 商君书 [M]. 石磊, 译注. 北京: 中华书局, 2009.

[8] 亚伯拉罕·马斯洛. 动机与人格 [M]. 3 版. 许余声, 等译. 北京: 中国人民大学出版社, 2013.

[9] 希罗多德. 历史 [M]. 侯毅, 编译. 北京: 北京出版社, 2008.

[10] 福布斯. 福布斯富豪传 [M]. 孔宁, 译. 沈阳: 辽宁人民出版社, 2021.